該資料輯録爲國家社會科學基金重大項目
"東胡系民族歷史文獻整理與研究"（項目號：17ZDA211）
成果之一，本成果獲得内蒙古大學"部省合建"
科研專項高端成果培育項目資助，爲内蒙古大學
鑄牢中華民族共同體意識研究系列叢書

【東胡系民族資料彙編】

張久和　主編

乞伏鮮卑資料輯録

張久和

于伯樂　編

中華書局

圖書在版編目(CIP)數據

乞伏鮮卑資料輯録/張久和,于伯樂編. —北京:中華書局,
2024.12. —(東胡系民族資料彙編/張久和主編). —ISBN 978
-7-101-16938-6

Ⅰ.K289

中國國家版本館 CIP 數據核字第 202441Y7Z2 號

書　　名	乞伏鮮卑資料輯録	
編　　者	張久和　　于伯樂	
叢 書 名	東胡系民族資料彙編	
責任編輯	陳　喬	
裝幀設計	劉　麗	
責任印製	陳麗娜	
出版發行	中華書局	
	（北京市豐臺區太平橋西里 38 號　　100073）	
	http://www.zhbc.com.cn	
	E-mail:zhbc@zhbc.com.cn	
印　　刷	三河市宏達印刷有限公司	
版　　次	2024 年 12 月第 1 版	
	2024 年 12 月第 1 次印刷	
規　　格	開本/920×1250 毫米　1/32	
	印張 8½　插頁 2　字數 170 千字	
國際書號	ISBN 978-7-101-16938-6	
定　　價	48.00 元	

目　録

凡　例

本書包含紀傳體、編年體、典制體史書、大型類書、地理總志以及其他史料中有關乞伏鮮卑之資料，斷限上起乞伏鮮卑見諸史料，下至劉宋元嘉八年、北魏神廳四年（431）乞伏鮮卑所建立的西秦政權滅亡。此後有追述前人前事者，酌情擇要收録。

本書收録範圍，凡各類典籍中有"乞伏"或"乞佛"字樣，及雖無"乞伏"、"乞佛"字樣而其内容爲記載乞伏鮮卑民族或人物之事迹者，概予收録。所收資料，酌分段落，無標點者均加標點。

本書編排方法：以正史爲主，以本紀爲綱，重出者集中排列，歧異者注明。所收録史料過長時，與乞伏鮮卑關係較小之部分，酌情予以省略。

本書主體分爲三部分：

（一）乞伏鮮卑專傳專條

（二）散見史料繫年録

（三）散見未繫年史料

散見史料繫年録每條史料均標注公元紀年，輔以各朝及與該條史料相關的並立政權君主年號，以資對照。同年資料，按月編排，記載相同或相近内容之史料按成書年代排序並予以集中。年代可以判斷大致範圍但不能絶對確定者，一般繫於相當年代之末並作出説明。不能或不宜繫年者，則編入散見未繫年史料。所標年月，以正史爲主，正史無可考者，則據《資治通鑑》或其他史料，具有争議者則以注釋説明。所收資料，酌分段落，所用史料爲影印版本者添加標點符號。影印本文字儘量遵循原著，如有明顯謬誤者，根據其他版本或正史酌情改正。明、清影印本中的避諱字，一般恢復爲原字。對舊字形、俗字以及部分異體字，本系列輯録選用規範繁體字代替。文内凡標注爲脚注之字句，均爲編者所加。

　　本書所收資料，將各史之正文及後人注釋均予收録，如《通鑑》胡三省注即全部收録。注釋及編者自注，俱用小號字體排印。各點校本史料，多附有校勘記，考慮到其學術價值，本系列輯録均予以保留。

乞伏鮮卑專傳專條

《晉書》卷一百二十五《載記第二十五·乞伏國仁》

乞伏國仁,隴西鮮卑人也。在昔有如弗斯、出連、叱盧三部,[一]自漠北南出大陰山,遇一巨蟲於路,狀若神龜,大如陵阜,乃殺馬而祭之,祝曰:"若善神也,便開路;惡神也,遂塞不通。"俄而不見,乃有一小兒在焉。時又有乞伏部有老父無子者,請養爲子,衆咸許之。老父欣然自以有所依憑,字之曰紇干。紇干者,夏言依倚也。年十歲,驍勇善騎射,彎弓五百斤。四部服其雄武,推爲統主,號之曰乞伏可汗託鐸莫何。託鐸者,言非神非人之稱也。其後有祐鄰者,即國仁五世祖也。泰始初,率户五千遷于夏緣,部衆稍盛,鮮卑鹿結七萬餘落,屯于高平川,與祐鄰迭相攻擊。鹿結敗,南奔略陽,祐鄰盡并其衆,因居高平川,祐鄰死,子結權立,徙于牽屯。結權死,子利那立,擊鮮卑吐賴于烏樹山,討尉遲渴權于大非川,收衆三萬餘落。利那死,弟祁埊立。祁埊死,利那子述延立,討鮮卑莫侯于苑川,大破之,降其衆二萬餘落,因居苑川。以叔父軻埊爲師傅,委以國政,斯引烏埊爲左輔將軍,鎮蔡園川,出連高胡爲右輔將軍,鎮至便川,叱盧那胡爲率義將軍,鎮牽屯山。述延死,子傉大寒立。會石勒滅劉曜,懼而遷於麥田无孤山。大寒死,子司繁立,始遷于度堅山。尋爲苻堅將王統所襲,部衆叛降於統。司繁歎謂左右曰:"智不距敵,德不撫衆,劍騎未交而本根已敗,見衆分散,勢亦難全。若奔諸部,必不我容,吾將爲呼韓邪之計矣。"乃詣統降於堅。堅大悦,署爲南單于,留之長安。以司繁叔父吐雷爲勇士護軍,撫其部衆。俄而鮮卑勃寒侵斥隴右,堅以司繁爲使持節、都督討西胡諸軍事、鎮西將軍以討之。勃寒懼而請降,司繁遂鎮勇士川,甚有威惠。

【校勘記】

〔一〕在昔有如弗斯出連叱盧三部　《古今姓氏書辯證》三引《西秦録云》:"有乞伏氏與斯引氏自漠北出陰山。"《元和姓纂》引《西秦録》同,但"斯"作"期"。《通志·氏族略》引《西秦録》作"乞伏國仁之先如弗與出連、斯引、叱靈二(當作三)部自漠北出陰山。"按:《魏書·乞伏國仁傳》但云"其先如弗",無"斯"字,亦不舉三部名,知"斯"字不與上"如弗"連讀。據上引諸書,知《西秦録》所記與如弗同出陰山者有"斯引",據下文國仁初據苑川,即以"斯引烏埿"爲左輔將軍,與出連高胡、叱盧那胡並列,當即斯引、出連、叱盧三部之長。此處原文當作"在昔有如弗與斯引、出連、叱盧三部",脱去"與""引"二字。

司繁卒,國仁代鎮。及堅興壽春之役,徵爲前將軍,領先鋒騎。會國仁叔父步穨叛於隴西,堅遣國仁還討之。步穨聞而大悦,迎國仁於路。國仁置酒高會,攘袂大言曰:"苻氏往因趙石之亂,遂妄竊名號,窮兵極武,跨僭八州。疆宇既寧,宜綏以德,方虚廣威聲,勤心遠略,騷動蒼生,疲弊中國,違天怒人，將何以濟！且物極則虧、禍盈而覆者，天之道也。以吾量之，是役也，難以免矣。當與諸君成一方之業。”及堅敗歸，乃招集諸部，有不附者，討而并之，衆至十餘萬。及堅爲姚萇所殺，國仁謂其豪帥曰：“苻氏以高世之姿而困於烏合之衆，可謂天也。夫守常迷運，先達恥之；見機而作，英豪之舉。吾雖薄德，藉累世之資，豈可睹時來之運而不作乎！”以孝武太元十年自稱大都督、大將軍、大單于、領秦河二州牧，建元曰建義。以其將乙旃音埿爲左相，[二]屋引出支爲右相，獨孤匹蹄爲左輔，武群勇士爲右輔，弟乾歸爲上將軍，自餘拜授各有差。置武城、武陽、安固、武始、漢陽、天水、略陽、滠川、甘松、匡朋、白馬、苑川十二郡，築勇士城以居之。

【校勘記】

〔二〕以其將乙旃音埿爲左相　《通鑑》一〇六“音埿”作“童埿”。

鮮卑匹蘭率衆五千降。明年，南安祕宜及諸羌虜來擊國仁，四面而至。國仁謂諸將曰：“先人有奪人之心，不可坐待其至。宜抑威餌敵，羸師以張之，軍法所謂怒我而怠寇也。”於是勒衆五千，襲其不意，大敗之。祕宜奔還南安，尋與其弟莫侯悌率衆三萬餘户降於國仁，[三]各拜將軍、刺史。

【校勘記】

〔三〕莫侯悌　《通鑑》一〇六“悌”下有“眷”字。《廣韻》十九鐸亦作“莫侯悌眷”，下《乾歸載記》稱“南梁州刺史悌眷爲御史大夫”，即其人。“莫侯”當即“莫何”之異譯，乃官名。此處單作“悌”當是省稱。

苻登遣使者署國仁使持節、大都督、都督雜夷諸軍事、大將軍、大單于、苑川王。國仁率騎三萬襲鮮卑大人密貴、裕苟、提倫等三部於六泉。高平鮮卑没奕于、東胡金熙連兵來襲，相遇于渴渾川，大戰敗之，斬級三千，獲馬五千匹。没奕于及熙奔還，三部震懼，率衆迎降，署密貴建義將軍、六泉侯，裕苟建忠將軍、蘭泉侯、提倫建節將軍、鳴泉侯。

　　國仁建威將軍叱盧烏孤跋擁衆叛，保牽屯山。國仁率騎七千討之，斬其部將叱羅侯，降者千餘户。跋大懼，遂降，復其官位。因討鮮卑越質叱黎于平襄，大破之，獲其子詰歸、弟子復半及部落五千餘人而還。

　　太元十三年，國仁死，在位四年，僞謚宣烈王，廟號烈祖。

　　　　　　　　　　頁三一一三至三一一六、三一三六

《晉書》卷一百二十五《載記第二十五·乞伏乾歸》

　　乾歸，國仁弟也。雄武英傑，沈雅有度量。國仁之死也，其群臣咸以國仁子公府冲幼，宜立長君，乃推乾歸爲大都督、大將軍、大單于、河南王，赦其境内，改元曰太初。立其妻邊氏爲王后，以出連乞都爲丞相，鎮南將軍、南梁州刺史悌眷爲御史大夫，自餘封拜各有差。遂遷于金城。

　　太元十四年，苻登遣使署乾歸大將軍、大單于、金城王。南羌獨如率衆七千降之。休官阿敦、侯年二部各擁五千餘落，據牽屯山，爲其邊害。乾歸討破之，悉降其衆，於是聲振邊服。吐谷渾大人視連遣使貢方物。鮮卑豆留鞬、叱豆渾及南丘鹿結并休官曷呼奴、盧水尉地跋並率衆降于乾歸，皆署其官爵。隴西太守越質詰歸以平襄叛，自稱建國將軍、右賢王。乾歸擊敗之，詰歸東奔隴山。既而擁衆來降，乾歸妻以宗女,署立義將軍。

　　苻登將没奕于遣使結好,以二子爲質,請討鮮卑大兜國。乾歸乃與没奕于攻大兜於安陽城,大兜退固鳴蟬堡,乾歸攻陷之,遂還金城。爲呂光弟寶所攻,敗於鳴雀峽,退屯青岸。寶進追乾歸,乾歸使其將彭奚念斷其歸路,躬貫甲胄,連戰敗之,寶及將士投河死者萬餘人。

　　苻登遣使署乾歸假黄鉞、大都督隴右河西諸軍事、左丞相、大將軍、河南王,領秦梁益涼沙五州牧,加九錫之禮。時登爲姚興所逼,遣使請兵,進封乾歸梁王,命置官司,納其妹東平長公主爲梁王后。乾歸遣其前將軍乞伏益州、冠軍翟瑥率騎二萬救之。會登爲興所殺,乃還師。

　　氐王楊定率步騎四萬伐之。乾歸謂諸將曰:"楊定以勇虐聚衆,窮兵逞欲。兵猶火也,不戢,將自焚。定之此役,殆天以之資我也。"於是遣其涼州牧乞伏軻殫、秦州牧乞伏益州、立義將軍詰歸距之。定敗益州於平川,軻殫、詰歸引衆而退。翟瑥奮劍諫曰:"吾王以神武之姿,開基隴右,東征西討,靡不席卷,威震秦梁,聲光巴漢。將軍以維城之重,受闑外之寄,宜宣力致命,輔寧家國。秦州雖敗,二軍猶全,奈何不思赴救,便逆奔敗,何面目以見王乎!昔項羽斬慶子以寧楚,胡建戮監軍以成功,將軍之所聞也。瑥誠才非古人,敢忘項氏之義乎!"軻殫曰:"向所以未赴秦州者,未知衆心何如耳。敗不相救,軍罰所先,敢自寧乎!"乃率騎赴之。益州、詰歸亦勒衆而進,大敗定,斬定及首虜萬七千級。於是盡有隴西、巴西之地。

　　太元十七年,赦其境内殊死以下,署其長子熾磐領尚書

令，左長史邊芮爲尚書左僕射，右長史祕宜爲右僕射，翟瑥爲
吏部尚書，翟勍爲主客尚書，杜宣爲兵部尚書，王松壽爲民部
尚書，樊謙爲三公尚書，方弘、麴景爲侍中，自餘拜授一如魏
武、晉文故事。猶稱大單于、大將軍。

　　楊定之死也，天水姜乳襲據上邽。至是，遣乞伏益州討
之。邊芮、王松壽言於乾歸曰：“益州以懿弟之親，屢有戰功，
狃於累勝，常有驕色。若其遇寇，必將易之。且未宜專任，示
有所先。”乾歸曰：“益州驍勇，善御衆，諸將莫有及之者，但
恐其專擅耳。若以重佐輔之，當無慮也。”於是以平北韋虔爲
長史、散騎常侍務和爲司馬。至大寒嶺，益州恃勝自矜，不爲
部陣，命將士解甲游畋縱飲，令曰：“敢言軍事者斬！”虔等諫
曰：“王以將軍親重，故委以專征之任，庶能摧彼凶醜，以副具
瞻。賊已垂逼，奈何解甲自寬，宴安酖毒，竊爲將軍危之。”益
州曰：“乳以烏合之衆，聞吾至，理應遠竄。今乃與吾決戰者，
斯成擒也。吾自揣之有方，卿等不足慮也。”乳率衆距戰，益
州果敗。乾歸曰：“孤違蹇叔，以至於此。將士何爲，孤之罪
也。”皆赦之。

　　索虜禿髮如苟率户二萬降之，乾歸妻以宗女。

　　吕光率衆十萬，將伐乾歸，左輔密貴周、左衛莫者羖羝
言於乾歸曰：“光旦夕將至。陛下以命世雄姿，開業洮罕，克
翦群凶，威振遐邇，將鼓淳風於東夏，建八百之鴻慶。不忍小
屈，與姦豎競於一時，若機事不捷，非國家利也。宜遣愛子
以退之。”乾歸乃稱藩於光，遣子敕勃爲質。既而悔之，遂誅
周等。

　　乞伏軻彈與乞伏益州不平，奔於吕光。光又伐之，咸勸

其東奔成紀,乾歸不從,謂諸將曰:"昔曹孟德敗袁本初於官渡,陸伯言摧劉玄德於白帝,皆以權略取之,豈在衆乎! 光雖舉全州之軍,而無經遠之算,不足憚也。且其精卒盡在呂延,延雖勇而愚,易以奇策制之。延軍若敗,光亦遁還,乘勝追奔,可以得志。"衆咸曰:"非所及也。"隆安元年,光遣其子纂伐乾歸,使呂延爲前鋒。乾歸泣謂衆曰:"今事勢窮蹙,逃命無所,死中求生,正在今日。涼軍雖四面而至,然相去遼遠,山河既阻,力不周接,敗其一軍而衆軍自退。"乃縱反間,稱秦王乾歸衆潰,東奔成紀。延信之,引師輕進,果爲乾歸所敗,遂斬之。

秃髮烏孤遣使來結和親。使乞伏益州攻克支陽、鸚武、允吾三城,俘獲萬餘人而還。又遣益州與武衛慕容允、[四]冠軍翟瑥率騎二萬伐吐谷渾視羆,至于度周川,大破之。視羆遁保白蘭山,遣使謝罪,貢其方物,以子宕豈爲質。鮮卑叠掘河內率户五千,自魏降乾歸。

【校勘記】

〔四〕慕容允　《斠注》:《通鑑》一一〇作"慕兀",胡《注》云:"慕兀,《晉書・載記》作慕容兀。蓋亦乞伏氏,《載記》誤也。"按:如胡《注》所云,胡所見本《晉書》作"兀",並不作"允"。

乾歸所居南景門崩,惡之,遂遷于苑川。姚興將姚碩德率衆五萬伐之,入自南安峽。乾歸次于隴西以距碩德。興潛師繼發。乾歸聞興將至,謂諸將曰:"吾自開建以來,屢摧勍敵,乘機藉算,舉無遺策。今姚興盡中國之師,軍勢甚盛。山川阻狹,無縱騎之地,宜引師平川,伺其怠而擊之。存亡之機,在斯一舉,卿等勠力勉之。若梟翦姚興,關中之地盡吾有也。”於是遣其衛軍慕容允率中軍二萬遷于柏陽,鎮軍羅敦將外軍四萬遷于侯辰谷,乾歸自率輕騎數千候興軍勢。俄而大風昏霧,遂與中軍相失,爲興追騎所逼,入于外軍。旦而交戰,爲興所敗。乾歸遁還苑川,遂走金城,謂諸豪帥曰:“吾才非命世,謬爲諸君所推,心存撥亂,而德非時雄,叨竊名器,年踰一紀,負乘致寇,傾喪若斯! 今人衆已散,勢不得安,吾欲西保允吾,以避其鋒。若方軌西邁,理難俱濟,卿等宜安土降秦,保全妻子。”群下咸曰:“昔古公杖策,豳人歸懷;玄德南奔,荊楚繈負。分岐之感,古人所悲,況臣等義深父子,而有心離背! 請死生與陛下俱。”乾歸曰:“自古無不亡之國,廢興命也。苟天未亡我,冀興復有期。德之不建,何爲俱死! 公等自愛,吾將寄食以終餘年。”於是大哭而別,乃率騎數百馳至允吾。禿髮利鹿孤遣弟傉檀迎乾歸,處之於晉興。

南羌梁弋等遣使招之。乾歸將叛,謀泄,利鹿孤遣弟吐雷屯于抪天嶺。乾歸懼爲利鹿孤所害,謂其子熾磐曰:“吾不能負荷大業,致茲顛覆。以利鹿孤義兼姻好,冀存脣齒之援,方乃忘義背親,謀人父子,忌吾威名,勢不全立。姚興方盛,吾將歸之。若其俱去,必爲追騎所及。今送汝兄弟及汝母爲質,彼必不疑。吾既在秦,終不害汝。”於是送熾磐兄弟於西平,乾歸遂奔長安。姚興見而大悦,署乾歸持節、都督河南諸軍事、鎮遠將軍、河州刺史、歸義侯,遣乾歸還鎮苑川,盡以部衆配之。乾歸既至苑川,以邊芮爲長史,王松壽爲司馬,公卿大將已下悉降號爲偏裨。

元興元年,熾磐自西平奔長安,姚興以爲振忠將軍、興晉太守。尋遣使者加乾歸散騎常侍、左賢王。遣隨興將齊難迎呂隆于河西，討叛羌党龍頭于滋川，攻楊盛將苻帛于皮氏堡，並克之。又破吐谷渾將大孩，俘獲萬餘人而還。尋復率衆攻楊盛將楊玉于西陽堡，克之。既而苑川地震裂生毛，狐雉入於寢內，乾歸甚惡之。姚興慮乾歸終爲西州之患，因其朝也，興留爲主客尚書，以熾磐爲建武將軍、行西夷校尉，監撫其衆。

　　熾磐以長安兵亂將始，乃招結諸部二萬七千，築城于嶮峴山以據之。熾磐攻克枹罕，遣使告之，乾歸奔還苑川。鮮卑悦大堅有衆五千，自龍馬苑降乾歸。乾歸遂如枹罕，留熾磐鎮之。乾歸收衆三萬，遷于度堅山。群下勸乾歸稱王，乾歸以寡弱弗許。固請曰：“夫道應符曆，雖廢必興；圖篆所棄，雖成必敗。本初之衆，非不多也，魏武運籌，四州瓦解。尋、邑之兵，非不盛也，世祖龍申，亡新鳥散。固天命不可虛邀，符篆不可妄冀。姚數將終，否極斯泰，乘機撫運，實系聖人。今見衆三萬，足可以疆理秦隴，清蕩洮河。陛下應運再興，四海鵠望，豈宜固守謙沖，不以社稷爲本！願時即大位，允副群心。”乾歸從之。義熙三年，[五]僭稱秦王，赦其境內，改元更始，置百官，公卿已下皆復本位。

　　【校勘記】

　　〔五〕義熙三年　周校：《安帝紀》作“義熙五年”。按：《通鑑》一一五事在五年，《魏書‧太宗紀》在永興元年，亦即晉義熙五年。此處“三年”當是“五年”之譌。

　　遣熾磐討諭薄地延，師次煩于，地延率衆出降，署爲尚書，徙其部落于苑川。又遣隴西羌昌何攻克姚興金城郡，以其驍騎乞伏務和爲東金城太守。乾歸復都苑川，又攻克興略陽、南安、隴西諸郡，徙二萬五千户於苑川、枹罕。姚興力未能西討，恐更爲邊害，遣使署乾歸使持節、散騎常侍、都督隴西嶺北匈奴雜胡諸軍事、征西大將軍、河州牧、大單于、河南王。乾歸方圖河右，權宜受之，遂稱藩于興。

　遣熾磐與其次子中軍審虔率步騎一萬伐秃髮傉檀，師濟河，敗傉檀太子武臺于嶺南，〔六〕獲牛馬十餘萬而還。又攻克興別將姚龍于伯陽堡，王憬于永洛城，〔七〕徙四千餘户於苑川，三千餘户於譚郊。乾歸率步騎三萬征西羌彭利髮於枹罕，師次于奴葵谷，利髮棄其部衆南奔。乾歸遣其將公府追及於清水，斬之。乾歸入枹罕，收羌户一萬三千。因率騎二萬討吐谷渾支統阿若干于赤水，大破降之。

【校勘記】

　〔六〕武臺　“武臺”本名“虎臺”，避唐諱改，參卷一二六校記。

　〔七〕永洛城　《通鑑》一一六“永洛”作“水洛”，胡《注》引《水經·渭水·注》及《元豐九域志》並作“水洛城”。“永”字乃“水”形近而譌。

　乾歸畋于五溪，有鴞集于其手，甚惡之。六年，〔八〕爲兄子公府所弑，并其諸子十餘人。公府奔固大夏，熾磐與乾歸弟廣武智達、揚武木奕于討之。〔九〕公府走，達等追擒於嵻㟍南山，并其四子，轘之於譚郊。葬乾歸于枹罕，僞謚武元王，在位二十四年。〔一〇〕

【校勘記】

　〔八〕六年　周校：《紀》作“八年”。《通鑑》一一六事在

八年,《魏書·太宗紀》在永興四年,亦即晉義熙八年。此處
“六年”乃“八年”之譌。

〔九〕揚武　各本“揚”作“陽”。“揚武”乃軍號,今據
《通鑑》一一六改。

〔一○〕在位二十四年　乾歸稱河南王在太元十三年,至
義熙八年,共二十五年。

頁三一一六至三一二二、三一三六

《晉書》卷一百二十五《載記第二十五·乞伏熾磐》

熾磐,乾歸長子也。性勇果英毅,臨機能斷,權略過人。
初,乾歸爲姚興所敗,熾磐質於禿髮利鹿孤。後自西平逃而
降興,〔一一〕興以爲振忠將軍、興晉太守,又拜建武將軍、行西
夷校尉,留其衆鎮苑川。及乾歸返政,復立熾磐爲太子,領冠
軍大將軍、都督中外諸軍、録尚書事。後乾歸稱藩于姚興,興
遣使署熾磐假節、鎮西將軍、左賢王、平昌公,尋進號撫軍大
將軍。

【校勘記】

〔一一〕後自西平逃而降興　各本“西平”作“南平”。周
校:當作“西平”。按:上《乾歸載記》明言“元興元年,熾磐
自西平奔長安”,是時禿髮利鹿孤居西平。周説是,今據上
文改。

乾歸死,義熙六年,〔一二〕熾磐襲僞位,大赦,改元曰永康。
署翟勍爲相國,麴景爲御史大夫,段暉爲中尉,弟延祚爲禁中
録事,樊謙爲司直。罷尚書令、僕射、尚書、六卿、侍中、散騎
常侍、黃門郎官,置中左右常侍、侍郎各三人。

【校勘記】

〔一二〕義熙六年　"六年"乃"八年"之譌,見本卷校記。

　　義熙九年,遣其龍驤乞伏智達、平東王松壽討吐谷渾樹洛干於澆河,大破之,獲其將呼那烏提,虜三千餘戶而還。又遣其鎮東曇達與松壽率騎一萬,東討破休官權小郎、吕破胡于白石川,虜其男女萬餘口,進據白石城,休官降者萬餘人。後顯親休官權小成、吕奴迦等叛保白坑,曇達謂將士曰:"昔伯珪憑嶮,卒有滅宗之禍;韓約肆暴,終受覆族之誅。今小成等逆命白坑,宜在除滅。王者之師,有征無戰,粤爾興人,勠力勉之!"衆咸拔劍大呼,於是進攻白坑,斬小成、奴迦及首級四千七百,隴右休官悉降。遣安北烏地延、冠軍翟紹討吐谷渾別統句旁于泣勤川,大破之,俘獲甚衆。熾磐率諸將討吐谷渾別統支旁于長柳川,掘達于渴渾川,〔一三〕皆破之,前後俘獲男女二萬八千。

【校勘記】

〔一三〕掘達　《册府》二三一、《通鑑》一一六"掘達"並作"掘達"。

　　僭立十年,〔一四〕有雲五色,起於南山。熾磐以爲己瑞,大悦,謂群臣曰:"吾今年應有所定,王業成矣!"於是,繕甲整兵,以待四方之隙。聞禿髮傉檀西征乙弗,投劍而起曰:"可以行矣!"率步騎二萬襲樂都。禿髮武臺憑城距守,熾磐攻之,一旬而克。遂入樂都,論功行賞各有差。遣平遠犍虔率騎五千追傉檀,徙武臺與其文武及百姓萬餘戶于枹罕。傉檀遂降,署爲驃騎大將軍、左南公。隨傉檀文武,依才銓擢之。熾磐既兼傉檀,兵强地廣,置百官,立其妻禿髮氏爲王后。

【校勘記】

〔一四〕僭立十年　《安紀》,熾磐立於義熙八年,其滅僞檀在十年。《校文》據此謂相拒僅三載,安得曰"僭立十年",知"僭立"乃"義熙"二字之譌。按:《校文》説或是,但《御覽》一二七引《西秦録》所謂"有雲五色"云云及滅僞檀在熾磐之永康三年,則其誤或不在"僭立"二字,而在"三年"譌"十年"。

十一年,熾磐攻克沮渠蒙遜河湟太守沮渠漢平,[一五]以其左衛匹達爲河湟太守,[一六]因討降乙弗窟乾而還。遣其將曇達、王松壽等討南羌彌姐康薄于赤水,降之。

【校勘記】

〔一五〕河湟　周校:《蒙遜載記》作"湟河",爲是。按:《秃髮僞檀載記》、《通鑑》一一七並作"湟河",《地理志》上有湟河,無河湟,周説是。參卷八七校記。

〔一六〕匹達　《斠注》:元本作"四達"。按:南北監本、明周若年本(以下簡稱周本)作"四達",《通鑑》一一七、一一八、《通志》一九一並作"匹達"。

熾磐攻湼川,師次沓中,沮渠蒙遜率衆攻石泉以救之。熾磐聞而引還,遣曇達與其將出連虔率騎五千赴之。蒙遜聞曇達至,引歸,遣使聘于熾磐,遂結和親。又遣曇達、王松壽等率騎一萬伐姚艾于上邽。曇達進據蒲水,艾距戰,大敗之,艾奔上邽。曇達進屯大利,破黄石、大羌二戍,徙五千餘户于枹罕。

令其安東木奕于率騎七千討吐谷渾樹洛干于塞上,破其弟阿柴於堯扞川,俘獲五千餘口而還,洛干奔保白蘭山而死。熾磐聞而喜曰:"此虜矯矯,所謂有豕白蹢。往歲曇達東征,姚艾敗走;今木奕于西討,黠虜遠逃。境宇稍清,姦凶方殄,股肱惟良,吾無患矣。"於是以曇達爲左丞相,其子元基爲右丞相,麴景爲尚書令,翟紹爲左僕射。遣曇達、元基東討姚艾,降之。

至是,乙弗鮮卑烏地延率户二萬降于熾磐,署爲建義將軍。地延尋死,弟他子立,以子軻蘭質于西平。他子從弟提孤等率户五千以西遷,叛于熾磐。涼州刺史出連虔遣使喻之,提孤等歸降。熾磐以提孤姦猾,終爲邊患,税其部中戎馬六萬匹。後二歲而提孤等扇動部落,西奔出塞。他子率户五千入居西平。

先是,姚艾叛降蒙遜,蒙遜率衆迎之。艾叔父儁言于衆曰:"秦王寬仁有雅度,自可安土事之,何爲從涼主西遷?"衆咸以爲然,相率逐艾,推儁爲主,遣使請降。熾磐大悦,徵儁爲侍中、中書監、征南將軍,封隴西公,邑一千户。

使征西孔子討吐谷渾覓地于弱水南,[一七]大破之。覓地率衆六千降于熾磐,署爲弱水護軍。遣其左衛匹逵、建威梯君等討彭利和于漒川,大破之,利和單騎奔仇池,獲其妻子。徙羌豪三千户于枹罕,漒川羌三萬餘户,皆安堵如故。

【校勘記】

〔一七〕孔子　各本"孔子"作"他子",張元濟校勘記云,所見另一宋本作"孔子"。按:《册府》二三一、《通鑑》一一八、《通志》一九一並作"孔子",今從之。

元熙元年,立其第二子慕末爲太子,[一八]領撫軍大將軍、都督中外諸軍事,大赦境内,改元曰建弘,其臣佐等多所封

授。熾磐在位七年而宋氏受禪，[一九]以宋元嘉四年死。[二〇]
子慕末嗣僞位，在位四年，[二一]爲赫連定所殺。

【校勘記】

〔一八〕元熙元年立其第二子慕末爲太子　《通鑑》
一一九此事在宋永初元年，《御覽》一二七引《西秦録》在熾
磐之建弘元年，並即晉元熙二年，疑“元”字譌。

〔一九〕熾磐在位七年而宋氏受禪　熾磐於義熙八年即
位，至元熙二年劉裕代晉，應作“在位九年”。

〔二〇〕以宋元嘉四年死　《通志》一九一“四年”作“五
年”。《通鑑》一二一亦系於五年。《御覽》一二七引《西秦
録》云熾磐卒在建弘九年，《魏書·世祖紀》在神廳元年，並
當宋元嘉五年。此處“四年”當是“五年”之譌。

〔二一〕在位四年　各本“四”作“三”。《斠注》：慕末在
位，自戊辰至辛未，實爲四年。按：《通鑑》一二二記夏殺慕
末在元嘉八年六月，《斠注》說是。《册府》二一九、《通志》
一九一並作“四年”。今據改。

始，國仁以孝武太元十年僭位，至慕末四世，凡四十有六
載而滅。[二二]

【校勘記】

〔二二〕凡四十有六載而滅　《通志》一九一“四十有六”
作“四十有七”。國仁以太元十年立，慕末以元嘉八年滅，作
“四十七載”是。但慕末降夏據《魏書·世祖紀》實在正月，
不計此年，則作“四十六載”未爲甚誤。

史臣曰：夫天地閉，大祿生；雲雷屯，群凶作。自晉室遘
孽，胡兵肆禍，封域無紀，干戈是務。國仁陰山遺噍，難以義

服，伺我陁危，長其陵暴。向使偶欽明之運，遭雄略之主，已當褫魂沙漠，請命虆街，豈暇竊據近郊，經綸王業者也。

乾歸智不及遠，而以力詐自矜。陷呂延之師，奸謀潛斷；俘視羆之衆，威策遄舉。便欲誓汧隴之餘卒，窺崤函之奧區，秣疲馬而宵征，蒭勃敵而朝食。既而控弦鳴鏑，厥志未逞，沮岸崩山，其功已喪。履重氛於外難，幸以計全；貽巨釁於蕭墙，終成凶禍，宜哉！

熾磐叱咤風雲，見機而動，牢籠儁傑，決勝多奇，故能命將掩澆河之酋，臨戎襲樂都之地，不盈數載，遂隆僭業。覽其遺迹，盜亦有道乎！

頁三一二三至三一二六、三一三九

《魏書》卷九十九《列傳第八十七·乞伏國仁》

鮮卑乞伏國仁，出於隴西。其先如弗自漠北南出。五代祖祐鄰并兼諸部，部衆漸盛。父司繁，擁部落降於苻堅，以爲南單于，又拜鎮西將軍，鎮勇士川。司繁死，國仁代統任。苻堅之伐司馬昌明，以國仁爲前將軍，領騎先鋒。及堅之敗，國仁叔步頹叛於隴右，堅令國仁討之，步頹大悅，迎而推之，招集部落，衆十餘萬。太祖時，私署大都督，大將軍，大單于，秦州、河州牧，號年建義，署置官屬，分部内爲十一郡，築勇士城以都之。

國仁死，弟乾歸統事，自署大都督、大將軍、大單于、河南王，改年爲太初，署百官。登國中，遷於金城。南門自壞，乾歸惡之，遷於苑川。尋爲姚興所破，又奔枹罕，遂降姚興，興拜爲河州刺史，封歸義侯。尋還苑川。乾歸乃背姚興，私

稱秦王，置百官，年號更始。遣使請援，太宗許之。後乾歸田
於五谿，梟集其手，尋爲兄子公府所殺。子熾磐殺公府，代
統位。

熾磐，自稱大將軍、河南王，改年爲永康。後襲禿髮傉檀
於樂都，滅之，乃私署秦王，置百官，改年爲建洪。〔四〕後遣其
尚書郎莫胡、〔五〕積射將軍乞伏又寅等貢黃金二百斤，請伐赫
連昌，世祖許之。及世祖平統萬，熾磐乃遣其叔平遠將軍泥
頭、弟安遠將軍度質於京師，又使其中書侍郎王愷、丞相從事
中郎烏訥闐奉表貢其方物。熾磐死，子暮末統任。

【校勘記】

〔四〕改年爲建洪　《北史》卷九三“洪”作“弘”，當是魏
收避魏諱改“洪”，下暮末改年永洪，《北史》也作“永弘”。不
再出校記。

〔五〕後遣其尚書郎莫胡　《北史》卷九三《西秦傳》
“莫”下有“者”字。按“莫者”是複姓，見《元和姓纂》卷
一四、《廣韻》卷九鐸韻、《通志·氏族略》，這裏當脫“者”字。

暮末，字安石跋。既立，改年爲永洪。其尚書隴西辛進
曾隨熾磐遊於後園，進彈鳥丸，誤傷暮末母面，至是殺進五
族二十七人。暮末弟殊羅蒸熾磐左夫人禿髮氏，暮末知而禁
之。殊羅懼，與叔父什寅謀殺暮末。禿髮氏盜門鑰於內，鑰
誤，門者告暮末，收其黨與盡殺之。欲鞭什寅，什寅曰：“我負
汝死，不負汝鞭。”暮末怒，刳其腹，投尸於河。什寅母弟白養
及去列頗有怨言，又殺之。政刑酷濫，內外崩離，部民多叛，
人思亂矣。後爲赫連定所逼，遣王愷、烏訥闐請迎於世祖，世
祖許以安定以西、平涼以東封之。暮末乃焚城邑，毀寶器，率

户萬五千至高田谷,爲赫連定所拒,遂保南安。世祖遣使迎之,暮末衛將軍吉毗固諫,以爲不宜內徙,暮末從之。赫連定遣其北平公韋伐率衆一萬攻南安,城內大饑,人相食。神廳四年,暮末及宗族五百餘人出降,送於上邽。

頁二一九八至二二〇〇、二二一一

《北史》卷九十三《列傳第八十一·僭僞附庸·西秦乞伏氏》

乞伏國仁,隴西人也。其先如弗,[三六]自漠北南出。五世祖佑鄰,并兼諸部,衆漸盛。父司繁,擁部落降苻堅,堅以爲南單于,又拜鎮西將軍,鎮勇士川。司繁死,國仁爲將軍。及堅敗,國仁叔步頹叛於隴右。堅令國仁討之,步頹大悅,迎而推之,部衆十餘萬。道武時,私署大都督、大將軍、大單于、秦河二州牧,[三七]號年建義,署置官屬。分部內爲十一郡,築勇士城以都之。

【校勘記】

〔三六〕其先如弗　諸本"如弗"倒作"弗如",《魏書》卷九九《乞伏國仁傳》作"如弗",《晉書》卷一二五《乞伏國仁載記》作"如弗斯",今據乙。

〔三七〕秦河二州牧　諸本"秦"訛作"泰",據《魏書》《晉書載記》改。

國仁死,弟乾歸統事,自署大都督、大將軍、大單于、河南王,改年爲太初,置百官。登國中,遷於金城。城門自壞,乾歸惡之,遷於苑川。尋爲姚興所破,又奔枹罕,遂降姚興。拜爲河州刺史,封歸義侯。尋遣還苑川。乾歸乃背姚興,私稱秦王,置百官,號年更始。遣使請援,明元許之。〔三八〕田于五溪,有梟集其手,尋爲其兄子公府所殺。

【校勘記】

〔三八〕明元許之　百衲本脱"明"字,南、北、汲、殿四本誤倒作"元明",《魏書》作"太宗",即明元帝。今據乙。

子熾盤殺公府,代統任。熾盤自稱大將軍、河南王,改年爲永康。後襲秃髮傉檀於樂都,滅之,乃私署秦王,置百官,改年爲建弘。後遣其尚書郎莫者胡、積射將軍乞伏又寅貢金二百斤,請伐赫連昌,太武許之。及統萬事平,熾盤乃遣其叔平遠將軍泥頭、弟安遠將軍安度質於京師。又使其中書侍郎王愷、丞相從事中郎烏訥闐奉表貢其方物。熾盤死,子慕末統任。

慕末字安石跋。既立,改年爲永弘。其尚書隴西辛進嘗隨熾盤遊後園,進彈鳥,丸誤傷慕末母面。至是,誅進五族二十七人。慕末弟殊羅蒸熾盤左夫人秃髮氏,慕末知而禁之。殊羅與叔父什寅謀殺慕末,使秃髮氏盜門籥。籥誤,門不開。門者以告,慕末收其黨,盡殺之。欲鞭什寅,什寅曰:"我負汝死,不負汝鞭。"慕末怒,刳其腹,投尸於河。什寅母弟白養及去列,頗有怒言,又殺之。政刑酷濫,内外崩離,部人多叛。

後爲赫連定所逼,遣王愷、烏訥闐請迎於太武。太武許以安定以西,平涼以東封之。慕末乃焚城邑,毁寶器,率户萬五千至高田谷。爲赫連定所拒,遂保南安。太武遣師迎之,慕末衛將軍吉毗固諫,以爲不宜内徙,慕末從之。赫連定遣其北平公韋代率衆萬人攻南安。城内大飢,人相食。神麚四年,慕末及宗族五百餘人出降,送于上邽,遂爲定滅。

頁三○八○至三○八一、三一○四

《太平御覽》卷第一百二十七《偏霸部十一·西秦》

西秦乞伏國仁

崔鴻《十六國春秋·西秦録》曰:乞伏國仁,隴西鮮卑人。其先自漠北南出太陰山。五世祖拓鄰,晉太始初率户五萬遷居高平川。鄰卒,子結權立,遷于牽屯。權卒,子利那立。那卒,弟祁埿立。祁埿卒,利那子述延立,遷于苑川。述延卒,祁埿子傉大寒立,石勒之滅劉曜也,懼而遷于麥田無孤山。寒卒,子司繁立,秦始皇中遷于度堅山。建元七年,秦將王統來伐,繁率騎三萬拒統于苑川,統潛襲度堅山,部民五萬餘落悉降于統。繁乃詣統歸降,苻堅拜南單于,留之長安。後以爲鎮西將軍,鎮勇士川,甚有威惠之稱。

司繁卒,國仁即位。聞苻堅征晉奔敗,仁收衆至十餘萬。又聞堅爲姚萇所殺,於是自稱大都督、大將軍、大單于、領秦河二州牧,改秦建元二十一年爲建義元年。置武陵、苑川等十一郡,築勇士都城以都之。三年,苻登遣使拜仁大將軍、苑川王。四年六月,薨,僞諡曰烈王,廟號烈祖。

乞伏乾歸

崔鴻《十六國春秋·西秦録》曰:乞伏乾歸,國仁弟。雄武有度略。仁薨,群僚以仁子公府幼稚,乃立乾歸爲將軍、大單于、河南王,大赦,改四年爲太初元年。立妻邊氏爲后,以南川侯出連乙都爲丞相。九月遷于金城。

二年正月，苻登遣使拜爲大將軍、金城王。六年，立子熾磐爲太子。七年，登遣使授左丞相、河南王、假黄鉞、加九錫之禮。十月，氐王楊定步騎四萬來伐，歸勒衆而進，大敗定軍，斬定及首級萬有七千。於是盡有隴西之地。十二月，僭稱秦王，大赦。八年，吕光來伐，歸乃稱番，遣子勃勃爲質，既而悔之。十三年，秦征西大將軍姚碩德率衆來伐，入自南安峽。乾歸次于隴西以拒碩德。興潛師繼發。乾歸聞兵將至，自率輕騎數千候興。俄與中軍相失，爲興追騎所逼，戰敗。遁歸苑川，乃率騎數百馳至允吾。秃髮利鹿孤迎歸，處之于晉。歸將叛，謀泄，懼爲利鹿孤所害，謂其子熾磐曰："姚興將盛，吾將歸之。今送汝兄弟及汝母爲質。"於是送熾磐兄弟於西平，歸遂奔長安。姚興大悦，拜持節都督河南諸軍事、河州刺史、歸義侯。十四年，姚興遣歸還鎮苑川，盡以部民配之。十八年正月，乾歸至自長安。十九年五月，苑川地震裂。十一月，又朝長安。二十年，姚興慮乾歸終爲西州之患，留拜主客尚書，以其子熾磐爲西夷校尉，行河州刺史。二十一年，磐以長安亂，將始，乃招結諸部，築城于嶔琅山以據之。更始元年，歸隨姚興如平流。磐攻抱罕，克之，遂遣使來告歸□奔還苑川。遂如抱罕，留熾磐鎮之。歸將衆二萬遷于度堅山，諸將勸稱王。七月，僭稱秦王，大赦，改年，置百官，公卿以下皆復本位。四年五月，歸畋于五谿山，有梟集于其手，歸惡之。六月，爲兄子公府所殺，公府出奔。磐遷于抱罕，遣弟廣武將軍智達追擒公府于嶔峴山南，輾裂之。八月，葬乾歸于抱罕平陵。僞謚武元王，廟號高祖。

乞伏熾磐

崔鴻《十六國春秋·西秦録》曰：乞伏熾磐，乾歸太子。歸薨，自稱大將軍、河南王、改元爲永康元年。以尚書令翟就爲相國，封拜各有差。二年，討吐谷渾別統屈達于渴渾川，大破之，俘獲男女二萬三千。三年正月，有五色雲起於南山。熾磐悦，謂群臣曰："吾今年應有所定，王業成矣！"於是繕甲整兵，以待四方之隙。五月，僞檀西征，率步騎二萬襲樂都，僞檀降。遂并南涼，兵強地廣。十月，僭即秦王位，置百官，立妻吐蕃氏爲王后。四年，熾磐子元基自長安逃歸，拜尚書左僕射。建弘元年，立第二子慕末爲太子，領撫軍。改元，大赦。九年，磐寢疾，顧命太子慕末，乃薨于外寢。六月，葬武平陵。諡文昭王，廟號太祖。

乞伏慕末

崔鴻《十六國春秋·西秦録》曰：乞伏慕末，字安石，熾磐之太子。幼而好學，有文才。建弘年立爲太子。磐薨，僭即秦王位，大赦，改年爲永弘元年。二月，立萬載爲太子。三年九月，部民多叛，末焚城邑，毀寶器，率户五千東如上邽，爲赫連定所拒，遂國南安。十一月，魏遣尚書庫結率騎五千迎末。衛軍吉毗固諫，以爲不宜，遂内徙從之。庫結引還。四年，赫連定遣其叔北平公韋代率衆一萬攻南安。城内大飢，人相食，傳侍中乞伏延祚、吏部尚書乞伏跋跋踰城奔代，末乃銜璧出降。送于上邽，及宗族五百餘人，悉爲赫連所誅。自國仁建義元年乙酉歲，至辛未，四十七載。

《晉書》曰：熾磐在位七年而宋氏受禪，以宋元嘉四年死。

子慕末嗣，在位三年，爲赫連定所殺。始，國仁以孝武太元十年僭位，至慕末，四世，凡四十有六載而滅。

頁二九八至三〇〇

《册府元龜》卷二百一十九《僭僞部·姓系·乞伏》

西秦乞伏國仁，隴西鮮卑人也。在昔有如弗斯、出連、叱盧三部自漠北南出大陰山，遇一巨蟲於路，其狀若神龜，大如陵阜，乃殺馬而祭之，祝曰："若善神也，便開路；惡神也，遂塞不通。"俄而不見，乃有一小兒在焉。時又有乞伏部有老父無子者請養爲子，衆咸許之，老父欣然自以有所依憑，字之曰紇干。紇干者，夏言依倚也。年十歲，驍勇善射，彎弓五百斤，四部服其雄武，推爲統主號之曰：乞伏可汗託鐸莫何。託鐸者，言非神非人之稱也。其後有祐鄰者，即國仁五世祖也。晉武帝泰始初，率户五千遷於夏緣，部衆稍盛。鮮卑鹿結七萬餘落屯於高平川，與祐鄰迭相攻擊。鹿結敗，南奔略陽，祐鄰盡并其衆因居高平川。祐鄰死，子結權立。徙於牽屯。結權死，子利那立。擊鮮卑吐賴於烏樹山，討尉遲渴權於大非川，收衆三萬餘落。利那死，弟祁埿立。祁埿死，利那子述延立。討鮮卑莫侯於苑川，大破之，降其衆二萬餘落。因居苑川，以叔父軻埿爲師傅，委以國政，斯引烏埿爲左輔將軍鎮蔡園川，出連高胡爲右輔將軍鎮至便川，叱盧那胡爲率義將軍鎮牽屯山。述延死，子傉大寒立。會石勒滅劉曜，懼而遷於麥田無孤山。大寒死，子司繁立。始遷於度堅山，尋爲苻堅將王統所襲，部衆叛降於統，司繁歎謂左右曰："智不距敵，德不撫衆，劍騎未交而本根已敗，見衆分散勢亦難全，若奔

諸部,必不我容,吾將爲呼韓邪之計矣。"乃詣統降於堅。堅
悅,署爲南單于,留之長安。以司繁叔父吐雷爲勇士護軍,撫
其部衆。俄而鮮卑勃寒侵斥隴右,堅以司繁爲使持節、都督
討西胡諸軍事、鎮西將軍以討之。勃寒懼而請降,司繁遂鎮
勇士川,甚有威惠。司繁卒,國仁代鎮。孝武太元十年,自稱
大都督、大將軍、大單于,領秦、涼二州牧,在位四年。弟乾歸
嗣,乾歸在位二十四年。子熾磐嗣,熾磐在位十五年。子慕
末嗣,慕末在位四年爲赫連定所殺。始國仁以孝武太元十年僭位
至慕末凡四世四十有六載而滅。

頁二六二六頁至二六二七

《册府元龜》卷二百一十九《僭僞部·年號·西秦》

西秦乞伏國仁初爲苻堅秦川牧。以晉孝武太元十年,
自稱大都督、大將軍、大單于、領秦、河二州牧。改元曰:建
義。明年苻登遣使署國仁苑川王。在位四年,弟乾歸立。乞
伏乾歸自爲大單于、河東王,赦其境内改元曰:太初。晉義熙
三年,僭稱秦王,赦其境内,改元曰:更始。在位二十四年,太
初二十年,更始四年。子熾磐嗣。乞伏熾磐襲僞位,大赦,改元
曰永康。晉義熙六年也。晉元熙元年熾磐立,其第二子慕末爲
太子,領撫軍大將軍、都督中外諸軍事,大赦境内,改元曰:建
弘。熾磐在位十五年,乞伏慕末嗣僞位,三年爲赫連定所殺。
本傳無年號。

頁二六三三

《通志》卷一百九十一《載記六·西秦》

乞伏國仁,隴西鮮卑人也。在昔有如弗斯、出連、叱盧三部自漠北南出大陰山,遇一巨蟲於路,狀若神龜,大如陵阜,乃殺馬而祭之,祝曰:"若善神也,便開路;惡神也,遂塞不通。"俄而不見,乃有一小兒在焉。時又有乞伏部有老父無子者,請養為子,衆咸許之。老父欣然自以有所依憑,字之曰紇于。紇于者,夏言依倚也。年十歲,驍勇善騎射,彎弓五百斤。四部服其雄武,推為統主,號之曰乞伏可子託鐸莫何。託鐸者,言非神非人之稱也。其後有祐鄰者,即國仁五世祖也。泰始初,率户五千遷于夏緣,部衆稍盛。鮮卑鹿結七萬餘落,屯于高平川,與祐鄰迭相攻擊。鹿結敗,南奔略陽。祐鄰盡并其衆,因居高平川。祐鄰死,子結權立,徙于牽屯。結權死,子利那立,擊鮮卑吐賴于烏樹出,討尉遲渴權于大非川,收衆三萬餘落。利那死,弟祁埵立。祁埵死,利那子述延立,討鮮卑莫侯于苑川,大破之,降其衆二萬餘落,因居苑川。以叔父軻埴為師傅,委以國政,斯引烏埵為左輔將軍,鎮蔡園川,出連高胡為右輔將軍,鎮至便川,叱盧那胡為率義將軍,鎮牽屯山。述延死,子傉大寒立。會石勒滅劉曜,懼而遷于麥田無孤山。大寒死,子司繁立,始遷于度堅山。尋為苻堅將王統所襲,部衆叛降於統。司繁歎謂左右曰:"智不距敵,德不撫衆,劍騎未交而本根已敗,見衆分散,勢亦難全。若奔諸部,必不我容,吾將為呼韓邪之計矣。"乃詣統降于堅。堅大悅,署為南單于,留之長安。以司繁叔父吐雷為勇士護軍,撫其部衆。俄而鮮卑勃寒侵斥隴右,堅以司繁為使持節、都

督討西胡諸軍事、鎮西將軍以討之。勃寒懼而請降,司繁遂
鎮勇士川,甚有威惠。司繁卒,國仁代鎮。及堅興壽春之役,
徵爲前將軍,領先鋒騎。會國仁叔父步頹叛於隴西,堅遣國
仁還討之。步頹聞而大悦,迎國仁於路。國仁置酒高會,攘
袂大言曰:"苻氏往因趙石之亂,遂妄竊名號,窮兵極武,跨僭
八州。疆宇既寧,宜綏以德,方虛廣威聲,勤心遠略,騷動蒼
黎,疲弊中國,違天怒人,將何以濟! 且物極以虧,禍盈而覆
者,天之道也。以吾量之,是役也,難以免矣。當與諸君成一
方之業。"及堅敗歸,乃招集諸部,有不附者,討而并之,衆至
十餘萬。及堅爲姚萇所殺,國仁謂其豪帥曰:"苻氏以高世之
姿而困於烏合之衆,可謂天也。夫守常迷運,先達耻之;見機
而作,英豪之舉。吾雖薄德,藉累世之資,豈可睹時來之運而
不作乎!"以孝武太元十年自稱大都督、大將軍、大單于、領
秦、河二州牧,建元曰建義。以其將乙旃音埿爲左相,屋引出
支爲右相,獨孤匹蹄爲左輔,武群勇士爲右輔,弟乾歸爲上將
軍,自餘拜授各有差。置武城、武陽、安固、武始、漢陽、天水、
略陽、滠川、甘松、匡朋、白馬、苑川十二郡,築勇士城以居之。
鮮卑匹蘭率衆五千降。明年,南安祕宜及諸羌虜來擊國仁,
四面而至,國仁謂諸將曰:"先人有奪人之心,不可坐待其至,
宜抑威餌敵,羸師以張之,軍法所謂怒我而怠寇也。"於是勒
衆五千襲其不意,大敗之,祕宜奔還南安。尋與其弟莫侯悌
率衆三萬餘戸降於國仁,各拜將軍、刺史。苻登遣使者署國
仁使持節、大都督雜夷諸軍事、大將軍、大單于、苑川王。國
仁率騎三萬襲鮮卑大人密貴、裕苟、提倫等三部于六泉。高
平鮮卑没奕于、東胡金熙連兵來襲,相遇于渴渾川,大戰敗

之,斬級二千獲馬五千匹。没奕于及熙奔還,三部震懼,率衆
迎降,署密貴建義將軍、六泉侯,裕苟建忠將軍、蘭泉侯,提
倫建節將軍、鳴泉侯。國仁建威將軍叱盧烏孤跋擁衆叛,保
牽屯山。國仁率騎七千討之,斬其部將叱羅侯,降者千餘户。
跋大懼,遂降,復其官位。因討鮮卑越質叱黎于平襄,大破
之,獲其子詰歸、弟子復半及部落五千餘人而還。太元十三
年,國仁死,在位四年,僞謚宣烈王,廟號烈祖。

　　乾歸,國仁弟也。雄武英傑,沈雅有度量。國仁之死也,
其群臣咸以國仁子公府冲幼,宜立長君,乃推乾歸爲大都督、
大將軍、大單于、河南王,赦其境内,改元曰:太初。立其妻邊
氏爲王后,以出連乞都爲丞相、鎮南將軍、南梁州刺史悌眷爲
御史大夫,自餘封拜各有差。遂遷于金城。太元十四年,苻
登遣使署乾歸大將軍、大單于、金城王。南羌獨如率衆七千
降之。休官阿敦、侯年二部各擁五千餘落,據牽屯山,爲其邊
害。乾歸討破之,悉降其衆,於是聲振邊服。吐谷渾大人視
連遣使貢方物。鮮卑豆留鞬、叱豆渾及南邱鹿結并休官曷呼
奴、盧水尉地拔並率衆降于乾歸,皆署其官爵。隴西太守越
質詰歸以平襄叛,自稱建國將軍、右賢王。乾歸擊敗之,詰歸
東奔隴山。既而擁衆來降,乾歸妻以宗女,署立義將軍。苻
登將没奕于遣使結好,以二子爲質,請討鮮卑大兜國。乾歸
乃與没奕于攻大兜於安陽城,大兜退固鳴蟬堡,乾歸攻陷之,
遂還金城。爲呂光弟寶所攻,敗於鳴雀峽,退屯青岸。寶進
追乾歸,使其將彭奚念斷其歸路,躬貫甲胄,連戰敗之,寶及
將士投河死者萬餘人。苻登遣使署乾歸假黄鉞、大都督隴右
河西諸軍事、左丞相、大將軍、河南王領秦、梁、益、涼、沙五州

牧加九錫之禮。時登爲姚興所逼，遣使請兵，進封乾歸梁王，
命置官司，納其妹東平長公主爲梁王后。乾歸遣其前將軍乞
伏益州、冠軍翟瑥率騎二萬救之。會登爲興所殺，乃還師。
氐王楊定率步騎四萬伐之。乾歸謂諸將曰："楊定以勇虐聚
衆，窮兵逞欲。兵，猶火也，不戢，將自焚。定之此役，殆天以
之資我。"於是遣其涼州牧乞伏軻殫、秦州牧乞伏益州、立義
將軍詰歸距之。定敗益州於平川，軻殫、詰歸引衆而退。翟
瑥奮劍，責軻殫等以不赴救之罪，軻殫懼，率騎赴之。益州、
詰歸亦勒衆而進，大敗定，斬定及首虜萬七千級。於是盡有
隴西、巴西之地。太元十七年，赦其境內殊死已下，署其長子
熾磐領尚書令，左長史邊芮爲尚書左僕射，右長史祕宜爲右
僕射，翟瑥爲吏部尚書，翟勍爲主客尚書，杜宣爲兵部尚書，
王松壽爲民部尚書，樊謙爲三公尚書，方弘、麴景爲侍中，自
餘拜授一如魏武、晉文故事。猶稱大單于、大將軍。楊定之
死也，天水羌乳襲據上邽。至是，遣乞伏益州討之。益州狃
於累勝不爲備，爲乳所敗，諸將請罪，乾歸引過歸己，皆赦之。
索虜禿髮如苟率戶二萬降之，乾歸妻以宗女。呂光率衆十萬
將伐，乾歸左輔密貴周、左衛莫者殺羝勸乾歸遣愛子以退光
師，乾歸從之，乃稱藩於光，遣子敕勍爲質。既而悔之，遂誅
周等。乞伏軻殫與乞伏益州不平，奔于呂光。光又伐之，咸
勸其東奔成紀。乾歸不從，謂諸將曰："昔曹孟德敗袁本初於
官渡，陸伯言摧劉元德於白帝，皆以權略取之，豈在衆乎？光
雖舉全州之軍，而無經遠之算，不足憚也。且其精卒盡在呂
延，延雖勇而愚，易以奇策制之。延軍若敗，光亦遁還，乘勝
追奔，可以得志。"衆咸曰："非所及也。"隆安元年，光遣其

子纂伐乾歸,使吕延爲前鋒。乾歸泣謂衆曰:"今事勢窮蹙,
逃命無所,死中求生,正在今日。涼軍雖四面而至,然相去遼
遠,山河既阻,力不周接,敗其一軍而衆軍自退。"乃縱反間,
稱秦王乾歸衆潰,東奔成紀。延信之,引師輕進,果爲乾歸
所敗,遂斬之。秃髮烏孤遣使來結和親。使乞伏益州攻克支
陽、鸇武、允吾三城俘獲萬餘人而還。又遣益州與武衛慕容
允、冠軍翟瑥率騎二萬伐吐谷渾視羆,至于度周川,大破之。
視羆遁堡白蘭山,遣使謝罪,貢其方物,以了亶豈爲質。鮮卑
叠掘河内率户五千自魏降乾歸。乾歸所居南景門崩,惡之,
遂遷于苑川。姚興將姚碩德率衆五萬伐之,入自南安峽。乾
歸次于隴西以距碩德,興潛師繼發。乾歸聞興將至謂諸將曰:
"吾自開建以來屢摧勍敵,乘機藉算,舉無遺策。今姚興盡中
國之師,軍勢甚盛,山川阻狹無縱騎之地,宜引師平川伺其殆
而擊之。存亡之機在斯一舉,卿等勠力勉之,若梟翦姚興,關
中之地盡吾有也。"於是遣其衛軍慕容允率中軍二萬遷于柏
陽,鎮軍羅敦將外軍四萬遷于侯辰谷,乾歸自率輕騎數千候
興軍勢。俄而大風昏霧,遂與中軍相失,爲興追騎所逼,入于
外軍。旦而交戰,爲興所敗,乾歸遁還苑川。遂走金城,與諸
豪帥大哭而別,乃率騎數百馳至允吾。秃髮利鹿孤遣弟俱檀
迎乾歸,處之於晉興。南羌梁弋等遣使招之。乾歸將叛,謀
泄,利鹿孤遣弟吐雷屯于抴天嶺。乾歸懼爲利鹿孤所害,謂
其子熾磐曰:"吾不能負荷大業,致兹顛覆。以利鹿孤義兼姻
好,冀存唇齒之援,方乃忘義背親,謀人父子,忌吾威名,勢不
全立。姚興方盛,吾將歸之。若其俱去,必爲追騎所及。今
送汝兄弟及汝母爲質,彼必不疑吾,既在秦,終不害汝。"於是

送熾磐兄弟於西平，乾歸遂奔長安。姚興見而大悦，署乾歸
持節、都督河南諸軍事、鎮遠將軍、河州刺史、歸義侯。遣乾
歸還鎮苑川，盡以部衆配之。乾歸既至苑川，以邊芮爲長史，
王松壽爲司馬，公卿大將已下悉降號爲偏裨。元興元年，熾
磐自西平奔長安，姚興以爲振忠將軍、興晉太守。尋遣使者
加乾歸散騎常侍、左賢王。遣隨興將齊難迎吕隆于河西，討
叛羌党龍頭于滋川，攻楊盛將苻帛于皮氏堡，並克之。又破
吐谷渾將大孩俘獲萬餘人而還。尋復率衆攻楊盛將楊玉于
西陽堡，克之。既而苑川地震裂生毛，狐雉入于寢内，乾歸甚
惡之。姚興慮乾歸終爲西州之患。因其朝也，興留署主客尚
書，以熾磐爲建武將軍、行西夷校尉，監撫其衆。熾磐以長安
兵亂將始，乃招結諸部二萬七千，築城于嶮峴山以據之。熾
磐攻克枹罕，遣使告之。乾歸奔還苑川。鮮卑悦大堅有衆
五千自龍馬苑降乾歸，乾歸遂如枹罕，留熾磐鎮之。乾歸收
衆三萬，遷于度堅山。群下勸乾歸稱王，乾歸以寡弱弗許，固
請乃從之。義熙三年，僭稱秦王，赦其境内，改元更始，置百
官公卿已下皆復本位。遣熾磐討諭薄地延，師次煩于，地延
率衆出降，署爲尚書，徙其部落于苑川。又遣隴西羌昌何攻
克姚興金城郡，以其驍騎乞伏務和爲東金城太守。乾歸復都
苑川。又攻克興略陽、南安、隴西諸郡徙二萬五千户於苑川、
枹罕。姚興力未能西討，恐更爲邊害，遣使署乾歸使持節、散
騎常侍、都督隴西嶺北匈奴雜胡諸軍事、征西大將軍、河州
牧、大單于、河南王。乾歸方圖河右權宜受之，遂稱藩於興。
遣熾磐與其次子中軍審虔率騎一萬，伐禿髮傉檀師濟河，敗
傉檀太子武臺于嶺南，獲牛馬十餘萬而還。又攻克興別將姚

龍于伯陽堡，王憬于永洛城，徙四千餘户於苑川，三千餘户于譚郊。乾歸率步騎三萬征西羌彭利髮于枹罕，師次于奴葵谷利髮棄其部衆南奔，乾歸遣其將公府追及于清水，斬之。乾歸入枹罕收羌户一萬三千。因率騎二萬討吐谷渾支統阿若干于赤水，大破降之。乾歸畋于五㟎，有梟集于其手，甚惡之。六年，爲兄子公府所弑，并其諸子十餘人。公府奔固大夏，熾磐與乾歸弟廣武智達、陽武木奕于討之，公府走，達等追擒于嶻嶭南山，并其四子，輦之於譚郊。葬乾歸于枹罕，僞諡武元王，在位二十四年。

熾磐，乾歸長子也。性勇果英毅，臨機能斷，權略過人。初乾歸爲姚興所敗，熾磐質於禿髮利鹿孤，後自南平逃而降興。興以爲振忠將軍、興晉太守又拜建武將軍、行西夷校尉，留其衆鎮苑川。及乾歸返政，復立熾磐爲太子，領冠軍大將軍、都督中外諸軍、録尚書事。後乾歸稱藩于姚興，興遣使署熾磐假節、鎮西將軍、左賢王、平昌公，尋進號撫軍大將軍。乾歸死，義熙六年，熾磐襲僞位。大赦改元曰：永康。署翟勍爲相國，麴景爲御史大夫，段暉爲中尉，弟延祚爲禁中録事，樊謙爲司直。罷尚書令、僕射、尚書、六卿、侍中、散騎常侍、黃門郎官，置中、左、右常侍、侍郎各三人。義熙九年，遣其龍驤乞伏智達、平東王松壽討吐谷渾樹洛于於澆河，大破之，獲其將呼那烏提，虜三千餘户而還。又遣其鎮東曇達與松壽，率騎一萬東討破休官權小郎、吕破胡于白石川，虜其男女萬餘口，進據白石，城休官降者萬餘人。後顯親休官權小成、吕奴迦等叛保白坑，曇達謂將士曰：“昔伯珪憑嶮卒有滅宗之禍，韓約肆暴終受覆族之誅。今小成等逆命白坑，宜在除滅，王者之師，有征無戰，粵爾興人，戮力勉之。"衆咸拔劍大呼，於是進攻白坑斬小成、奴迦及首級四千七百，隴右休官悉降。遣安北烏地延、冠軍翟紹討吐谷渾別統句旁于泣勤川，大破之，俘獲甚衆。熾磐率諸將討吐谷渾別統支旁于長柳川，掘達于渴渾川，皆破之，前後俘獲男女二萬八千。僭立十年，有雲五色起于南山，熾磐以爲己瑞，大悦謂群臣曰："吾今年應有所定，王業成矣。"於是繕甲整兵，以待四方之隙。聞秃髮傉檀西征乙弗，投劍而起曰："可以行矣。"率步騎二萬襲樂都，秃髮武臺憑城距守，熾磐攻之，一旬而克。遂入樂都，論功行賞各有差。遣平遠犍虔率騎五千追傉檀，徙武臺與其文武及百姓萬餘户于枹罕。傉檀遂降，署爲驃騎大將軍、左南公，隨傉檀文武，依才銓擢之。熾磐既兼傉檀，兵强地廣，置百官立其妻秃髮氏爲王后。十一年，熾磐攻克沮渠蒙遜河湟太守沮渠漢平，以其左衛匹達爲河湟太守。因討降乙弗窟乾而還。遣其將曇達、王松壽等討南羌彌姐康薄于赤水，降之。熾磐攻漒川，師次沓中，沮渠蒙遜率衆攻石泉以救之，熾磐聞而引還。遣曇達與其將出連虔率騎五千赴之。蒙遜聞曇達至，引歸。遣使聘于熾磐，遂結和親。又遣曇達、王松壽等率騎一萬伐姚艾于上邽，曇達進據蒲水，艾距戰，大敗之，艾奔上邽。曇達進屯大利，破黄石、大羌二戍，徙五千餘户于枹罕。令其安東木奕于率騎七千討吐谷渾樹洛于塞上，破其弟阿柴於堯扞川，俘獲五千餘口而還，洛于奔保白蘭山而死。熾磐聞而喜曰："此虜矯矯，所謂有豕白蹢。往歲曇達東征，姚艾敗走，今木奕于西討，黠虜遠逃，境宇稍清，姦凶方殄，股肱惟良，吾無患矣。"於是以曇達爲左丞相，其子元基爲右丞相，麴景爲尚書令，翟紹爲左僕射，遣曇達、元基東討姚艾降之。至是乙弗鮮卑烏地延率户二萬降於熾磐，署爲建義將軍。地延尋死，弟他子立。以子軻蘭質于西平，他子從弟提孤等率户五千以西遷叛于熾磐。涼州刺史出連虔遣使喻之，提孤等歸降。熾磐以提孤姦猾終爲邊患，稅其部中戎馬六萬匹。後二歲而提孤等扇動部落，西奔出塞，他子率户五千入居西平。先是姚艾叛降蒙遜，蒙遜率衆迎之。艾叔父儁言於衆曰：“秦王寬仁有雅度，自可安土事之，何爲從涼主西遷？”衆咸以爲然，相率逐艾，推儁爲主。遣使請降，熾磐大悦，徵儁爲侍中、中書監、征南將軍，封隴西公邑一千户。使征西他子討吐渾覓地于弱水南，大破之，覓地率衆六千降於熾磐，署爲弱水護軍。遣其左衛匹達、建威梯君等討彭利和于湟川，大破之，利和單騎奔仇池，獲其妻子，徙羌豪三千户于枹罕，湟川羌三萬餘户，皆安堵如故。元熙元年，立其第二子慕末爲太子，領撫軍大將軍、都督中外諸軍事，大赦境内，改元曰：建弘。其臣佐等多所封授。熾磐在位七年而宋氏受禪。以宋元嘉五年死。

慕末即位，改年永弘，立其妻梁氏爲王后，子萬載爲王太子。初尚書隴西辛進嘗隨熾磐遊後園，進彈烏丸，誤傷慕末母面。至是，慕末誅進五族二十七人。慕末弟殊羅烝熾磐左夫人禿髮氏，慕末知而禁之。殊羅與叔父什寅謀殺慕末，使禿髮氏盜門籥，籥誤，門不開。門者以告，慕末收其黨盡殺之，欲鞭什寅，什寅曰：“我負汝死，不負汝鞭。”慕末怒刳其腹，投尸於河。什寅母弟日養及去列頗有怒言，又殺之。政刑酷濫，内外崩離，部人多叛。元嘉七年，慕末爲赫連定所攻,遣其中書侍郎王愷、從事中郎烏訥闐間道請迎於魏太武。太武許以安定以西平涼以東封之。慕末乃焚城邑,毀寶器率户萬五千至高田谷,爲赫連定所拒,遂保南安,其故地皆入于吐谷渾。魏人遣師迎之,慕末衛將軍吉毗固諫以爲不宜内徙,慕末從之。八年,赫連定遣其叔父北平公韋伐,率衆萬人攻南安,城内大饑,人相食。侍中出連輔政等奔赫連定師。慕末窮蹙輿櫬出降,韋伐送于上邽。慕末太子司直焦楷奔廣寧,泣謂其父遺曰:"大人荷國寵靈,居藩鎮重任,今本朝顛覆,豈得不帥見衆,唱大義以殄寇讎?"遺曰:"今主上已陷賊庭,吾非愛死而忘義,顧以大兵追之是趣絕其命也。不如擇王族之賢者,奉以爲主而伐之,庶有濟也。"楷乃築壇誓衆,二旬之間衆至萬餘人。會遺病卒楷不能獨舉事,亡奔河西。赫連定遂殺慕末,夷其族。慕末在位四年,始國仁以晉孝武太元十年僭位至慕末四世凡四十有七載而滅。

頁三〇七四至三〇七七

《文獻通考》卷三百四十二《四裔考十九・乞伏》

乞伏國仁,隴西鮮卑也。[三六]在昔有如弗與斯引、出連、叱盧三部,[三七]自漠北南出大陰山,遇一巨蟲於路,狀若神龜,大如陵阜,俄而不見,乃有一小兒在焉。時有乞伏部有老父無子者,請養爲子,衆咸許之。字曰"紇干"。紇干者,夏言依倚也。年十歲,驍勇善騎射,四部伏其雄武,推爲統主,號之曰"乞伏可汗託鐸莫何"。[三八]託鐸,言非神非人之稱也。其後有祐鄰者,即國仁五世祖也。泰始初,率户五千遷於夏緣,部衆稍盛。又併鹿結部七萬餘落。祐鄰孫利那擊鮮卑吐

賴及尉遲渴權,收衆三萬餘落。傳至其孫偯大寒,會石勒滅
劉曜,懼而遷於麥田無孤山。大寒死,子司繁立,爲苻堅所
破,率部衆悉降於堅,堅署爲南單于、都督討西胡諸軍事、鎮
勇士川。司繁卒,國仁代鎮。堅南伐敗於壽春,國仁乃招集
諸部,〔三九〕有不附者,討而并之,衆至十餘萬。〔四〇〕以晉孝武
太元十年,自稱大都督、大將軍、大單于、領秦河二州牧,置武
城、武陽、安固、武始、漢陽、天水、略陽、漒川、甘松、匡朋、白
馬、苑川十二郡。國仁卒,弟乾歸嗣爲大都督、〔四一〕大將軍、
大單于、河南王,遷於金城。乾歸聲震邊服。吐谷渾大人及
鮮卑皆率衆歸之,盡有隴西、巴西之地。以義熙五年,〔四二〕僭
稱秦王。後爲兄子公府所殺,子熾磐襲位十七年卒,〔四三〕子
慕末襲位四年,〔四四〕爲赫連定所殺。自國仁至慕末四世,凡
四十六年而滅。

【校勘記】

〔三六〕乞伏國仁隴西鮮卑也　《晉書》卷一二五《乞伏
國仁載記》"鮮卑"後有"人"字。

〔三七〕在昔有如弗與斯引出連叱盧三部　"與""引"二
字原脱,據《通志·氏族略》引《西秦録》補。

〔三八〕號之曰乞伏可汗託鐸莫何　"莫何"二字原脱,
據《晉書》卷一二五《乞伏國仁載記》補。

〔三九〕國仁乃招集諸部　"部"原作"郡",據《晉書》卷
一二五《乞伏國仁載記》改。

〔四〇〕衆至十餘萬　"餘萬"二字原倒,據《晉書》卷
一二五《乞伏國仁載記》乙正。

〔四一〕弟乾歸嗣爲大都督　"弟"原作"子",據《晉書》

卷一二五《乞伏國仁載記》改。

〔四二〕以義熙五年　"五"原作"三"。按《魏書》卷三
《太宗紀》，永興元年"乞伏乾歸據金城自稱秦王"，永興元年
即晉義熙五年；《資治通鑑》卷一〇五《晉紀三七》義熙五年
七月："乞伏乾歸即秦王位，大赦，改元更始。"此處"三"爲
"五"之誤，據改。

〔四三〕子熾磐襲位十七年卒　"十"字原脱。按《資治
通鑑》卷一一六《晉紀三八》，義熙八年八月，"乞伏熾磐自稱
大將軍、河南王，大赦，改元永康"；卷一二一《宋紀三》，元嘉
五年，"五月，秦文昭王熾磐卒"。義熙八年至元嘉五年，前後
共十七年，據補。

〔四四〕子慕末襲位四年　"四"原作"三"。按《資治通
鑑》卷一二二《宋紀四》，元嘉八年六月"夏主殺乞伏慕末及
其宗族五百人"，熾磐元嘉五年襲位，元嘉八年被殺，前後四
年；《册府元龜》卷二一九《僭僞部·姓系》亦云，"慕末在位
四年，爲赫連定所殺"，據改。

頁九四七四至九四七五、九四九〇

《十六國春秋》卷八十五《西秦録一·乞伏國仁》

乞伏國仁，隴西鮮卑人也。其先有如弗斯引、出連、叱盧
三部，自漠北南出太陰山，遇一巨蟲於路，狀若神龜，大如陵
阜，乃殺馬而祭之，祝曰："若善神也，便當開路；若惡神也，遂
塞不通。"俄而不見，乃有一小兒在焉。時又有乞伏部有老父
無子者，請養爲子，衆咸許之。老父欣然自以爲有所依憑，字
之曰紇干。紇干者，夏言依倚也。年十歲，驍勇善騎射，彎弓

五百斤。四部服其雄武，推爲統主，號之曰乞伏可汗託鐸莫何。託鐸者，言非神非人之稱也。

其後國仁五世祖祐鄰者，晉泰始初，率户五千遷於夏緣，部衆稍盛。鮮卑鹿結七萬餘落，屯於高平川，與祐鄰迭相攻擊。鹿結敗，南奔略陽，祐鄰盡并其衆，因居高平川。祐鄰死，子結權立，徙於牽屯。結權死，子利那立，擊鮮卑吐賴於烏樹山，討尉遲渴權於大非川，并收其衆三萬餘落。利那死，弟祁埂立。祁埂死，利那子述延立，討鮮卑莫侯於苑川，大破之，降其衆二萬餘落，因居苑川。侵併鄰部，士馬強盛。以叔父軻埂爲師傅，委以國政，弗斯引烏埂爲左輔將軍，鎮蔡園川，出連高胡爲右輔將軍，鎮至便川，叱盧那胡爲率義將軍，鎮牽屯山。述延死，子傉大寒立，會石勒滅劉曜，懼而遷於麥田無孤山晉記作元孤山。大寒死，子司繁立，秦皇始中遷於度堅山。建元七年秦將益州刺史王統來伐，司繁帥騎三萬拒統於苑川。統潛襲度堅山，部衆五萬餘落悉降於統。司繁歎謂左右曰："智不拒敵，德不撫衆，劍騎未交而本根已敗，見衆分散，勢亦難全，若奔諸部，必不我容，吾將爲呼韓邪之計矣！"乃擁部落亦詣統降堅。堅大悅，署爲南單于，留之長安。以司繁從叔吐雷爲勇士護軍，撫其部衆。俄而鮮卑勃寒侵斥隴右，堅以司繁爲使持節、都督征討西胡諸軍事、鎮西將軍討之。勃寒懼而請降，遂使司繁鎮勇士川，甚有威惠。

司繁卒，子國仁立。堅興壽春之役，徵爲前將軍，領先鋒騎。會國仁叔父步頹叛於隴右，堅遣國仁還討之。步頹聞之大喜，迎國仁於路。國仁置酒高會，攘袂大言曰："苻氏往因趙石之亂，遂妄竊名號，窮兵黷武，跨僭八州。疆宇既寧，宜綏以德,方虛廣威聲,勤心遠略,騷動蒼生,疲敝中國,違天怒人,將何以濟!且物極則虧禍,盈而覆者,天之道也。以吾量之,是役也,難以免矣。吾當與諸君共成一方之業。”及堅敗歸,國仁遂迫脅部落有不從者,擊而併之,衆至十餘萬。建義元年,苻堅爲姚萇所殺。國仁謂其豪帥曰:“苻氏以高世之資而困於烏合之衆,可謂天也。夫守常迷運,先達耻之;見機而作,英豪之舉。吾雖薄德,藉累世之資,豈可睹時來之運而不作乎。”

遂以晉孝武太元十年自稱大都督、大將軍、大單于、領秦河二州牧,改秦建元二十一年爲建義元年,署置官屬。以其將乙旃童埿童一作音爲左相,屋引出支爲右相,獨孤匹蹄爲左輔,武群勇士爲右輔,弟乾歸爲上將軍,自餘拜授各有差。乃分其地,置武城、武陽、安固、武始、漢陽、天水、略陽、洮川、甘松、匡朋、白馬、苑川十二郡,築勇士都城以居之。鮮卑匹蘭帥衆五千來降。

建義二年春正月,南安祕宜帥諸羌胡五萬餘人來擊,四面而至。國仁謂諸將曰:“先人有奪人之心,不可坐待其至。宜抑威餌敵,羸師以張之,軍法所謂怒我而怠寇也。”於是勒衆五千,襲其不意,大敗之。祕宜奔還南安。秋七月,祕宜與其弟莫侯悌眷率衆三萬餘戶來降。國仁拜祕宜鎮東將軍、東秦州刺史,悌眷鎮南將軍、南梁州刺史。

建義三年春三月,秦苻登遣使署國仁使持節、大都督、都督雜夷諸軍事、大將軍、大單于、苑川王。夏五月,國仁帥騎三萬襲鮮卑大人密貴、裕苟、提倫等三部於六泉。秋七月,高平鮮卑没弈干、東胡金熙連兵來襲,相遇于渴渾川,大戰敗之,斬級三千,獲馬五千四。没弈干及熙奔還,三部振懼,率眾迎降。署密貴爲建義將軍、六泉侯，裕苟爲建忠將軍、蘭泉侯，提倫爲建節將軍、鳴泉侯。是年，國仁造刀一口，銘曰建義，隸書。

建義四年春三月，國仁建威將軍叱盧烏孤跋擁眾叛，保牽屯山。國仁率騎七千討之，斬其部將叱羅侯，降者千餘戶。跋大懼，請降，復其官爵。夏四月，討鮮卑越質叱黎於平襄，大破之，獲其子詰歸、弟子復半及部落五千餘人而還。六月，國仁死，在位四年，僞謚宣烈王，廟號烈祖。

頁一至五

《十六國春秋》卷八十五《西秦錄一‧乞伏乾歸》

乞伏乾歸，國仁之弟也。雄武英傑，沈雅有度略。國仁死，群臣咸以國仁子公府尚幼，宜立長君，共推乾歸爲大都督、大將軍、大單于、河南王，大赦境內，改元太初。秋七月，立妻邊氏爲王后，署置百官，仿漢制，以南川侯出連乞都爲丞相，鎮南將軍、南梁州刺史悌眷爲御史大夫，金城邊芮爲左長史，東秦州刺史祕宜爲右長史，武始翟勍爲左司馬，翟瑥爲右司馬，略陽王松壽爲主簿，從弟軻彈爲梁州牧，弟益州爲秦州牧，屈眷爲河州牧，自餘封拜各有差。九月，乾歸遷都金城。

太初二年春正月，秦苻登遣使署乾歸爲大將軍、大單于、金城王，時晉太元十四年也。夏四月，南羌獨如率眾七千來降，休官阿敦、侯年二部各擁五千餘落據牽屯山，爲其邊害。乾歸討破之，悉降其眾，於是聲振邊疆。鮮卑豆留鞬、叱豆渾及南丘鹿結并休官曷呼奴、盧水尉地拔併率眾來降，乾歸皆署其官爵。冬十一月，枹罕羌彭奚念帥眾來附，乾歸以奚念爲北河州刺史。

太初三年夏四月,吐谷渾王視連遣使稱臣於乾歸,貢其方物。乾歸拜視連爲沙州牧、白蘭王。秋九月,視連死,子視羆立。視羆英果有雄略,以其父祖慈仁,爲四鄰所侵,嘗從容謂博士駦苞曰:"《易》云:'動靜有常,剛柔斷矣。'先王以仁宰世,不任威刑,所以剛柔靡斷,取輕鄰敵,當仁不讓,豈宜拱默者乎?今將秣馬厲兵,爭衡中國,先生以爲何如?"苞曰:"大王之言,高世之略,秦隴英豪所願聞也。"於是虛襟撫納,衆赴如歸。冬十月,乾歸遣使拜視羆爲使持節、都督罷涸已西諸軍事、沙州牧、白蘭王。視羆不受,謂使者曰:"自晉道不綱,姦雄競逐,劉石虐亂,秦燕跋扈,河南王處形勝之地,宜當糾合義兵以懲不順,奈何私相假署,擬僭群兇!寡人承五祖之休烈,控弦之士二萬,方欲掃氛秦隴,清彼沙涼。然後飲馬涇渭,戮問鼎之豎,以一丸泥封東關,閉燕趙之路,迎天子于西京,以盡遐藩之節,終不能如季孟、子陽妄自尊大。爲吾白河南王,何不立勳帝室,策名王府,建當年之功,留芳來葉耶?"使還言之,乾歸大怒,然憚其強,猶與結好。十一月,隴西太守越質詰歸據平襄叛,自稱建國將軍、右賢王。

太初四年春正月,乾歸率衆擊詰歸,敗之。詰歸東奔隴山。既而擁衆來降,乾歸以宗女妻之,署立義將軍。秋七月,秦苻登驃騎將軍没奕干遣使結好,以二子爲質,請共擊鮮卑大兜國。乾歸許之,遂與没奕干攻大兜于安陽城,大兜退固鳴蟬堡,乾歸攻陷之,大兜微服遁走,收其部衆而還,歸没奕干二子。没奕干尋叛,東合劉衛辰。八月,乾歸率騎一萬討没奕干,没奕干奔他樓城,乾歸射之,中目。冬十月,三河王呂光遣弟右將軍呂寶乘虛攻金城,乾歸聞之,引還。爲寶所襲,敗於鳴雀峽,退屯青岸。

太初五年秋八月,呂寶進攻乾歸。乾歸使北河州刺史彭奚念斷其歸路,躬貫甲胄,連戰敗之,寶及將士投河死者萬餘人。光又遣子虎賁中郎將呂纂襲擊彭奚念,纂復敗績,奔遁。

太初六年春正月,休官權千成爲秦所逼遣使請降,乾歸署爲東秦州刺史、休官大都統、顯親公。夏六月,乾歸立其子熾磐爲太子,熾磐勇略明决,過於其父。

太初七年春正月,秦苻登遣使署乾歸假黃鉞、大都督、都督隴右河西諸軍事、左丞相、大將軍、河南王,領秦梁益涼沙五州牧,加九錫之禮。夏六月,苻登爲姚興所逼,遣其子汝陰王崇爲質於乾歸,請救,進封乾歸梁王,命置官司,納其妹東平長公主爲梁王后。乾歸遣前將軍乞伏益州、冠軍將軍翟瑥率騎士二萬救之。聞登爲秦所殺,引還。冬十月,秦苻崇爲乾歸所逐,奔隴西王楊定。定留司馬邵疆守秦州,率步騎四萬與崇共攻乾歸。乾歸遣涼州牧軻彈、秦州牧益州、立義將軍詰歸率騎三萬拒之。具翟瑥傳益州與定戰敗於平川,軻彈詰歸欲引兵退,冠軍翟瑥奮劍止之,軻彈率騎往赴,益州、詰歸亦勒兵繼進,定遂大敗。斬定及崇首虜萬七千級,於是盡有隴西、巴西之地。

太初八年春正月,乾歸自稱秦王,赦其境內殊死已下,以太子熾磐領尚書令,出連乞都爲丞相,左長史邊芮爲尚書左僕射,右長史祕宜爲右僕射,翟瑥爲吏部尚書,翟勍爲主客尚書,杜宣爲兵部尚書,王松壽爲民部尚書,樊謙爲三公尚書,方弘、麴景爲侍中,自餘拜授皆如魏武、晉文故事。然猶稱大將軍、大單于，邊芮等領府佐如故。夏四月，索虜禿髮如苟率戶二萬來降，乾歸妻以宗女。六月，遷都於西城。秋七月，三河王呂光率眾十萬來伐，左輔將軍密貴周，右衛將軍莫者羖羝言於乾歸曰：“光旦夕將至。陛下以命世雄姿，開業洮罕，克剪群凶，威振遐邇，將鼓淳風於東夏，建八百之鴻慶。不忍小屈，與姦豎競於一時，若機事不捷，恐非國家之利也。宜遣愛子以退之。”乾歸乃稱藩於光，遣子敕勃《載記》作勃勃爲質。既而悔之，殺貴周及羖羝。

太初九年春正月，休官權萬世帥眾來降。冬十月，涼州牧乞伏軻彈與秦州牧乞伏益州不平，軻彈奔涼。是歲，乾歸所署立義將軍越質詰歸帥戶二萬叛降於秦，顯親公權千成帥眾攻秦上邽不克，退保略陽。姚碩德擊之，千成亦降。

太初十年春正月，涼王呂光以乾歸數反覆舉兵來伐，使呂延爲前鋒。群臣咸勸其東奔成紀，以避其銳，乾歸不從，謂諸將曰：“昔曹孟德敗袁本初於官渡，陸伯言摧劉玄德於白帝，皆以權略取之，軍之勝敗，在於巧拙不在眾寡。光雖舉全州之軍而無經遠之略，不足憚也。且其精銳盡在呂延，延勇而無謀，易以奇策制之。延軍若敗，光亦遁還，乘勝追奔，可以得志。”眾咸曰：“非所及也。”二月，光軍於長最，遣子呂纂帥步騎三萬攻金城，乾歸率眾二萬救之。未至，纂等拔金城。光別將梁恭等以甲卒萬餘出陽武下峽，與秦州刺史没奕干攻其東，以爲掎角之勢。呂延以枹罕之眾攻陷臨洮、武始、河關。乾歸泣謂諸將曰：“今事勢窮蹙，逃命無所，死中求生，正在今日。涼軍雖四面而至，然相去遼遠，山河既阻，力不周接，敗其一軍眾軍自退。”乃縱反間，紿延稱秦王乾歸眾潰，東奔成紀。延信之，引騎輕進，遂大敗之，斬延於陣。夏六月，乾歸徵北河州刺史彭奚念爲鎮衛將軍，以鎮西將軍屋列破光一作屋弘爲河州牧，定州刺史翟瑥爲晉興太守，鎮枹罕。冬十月，秦長水校尉姚珍來奔，乾歸以女妻之。

　　太初十一年春正月，乾歸遣秦州牧益州攻涼支陽、鸇武、允吾三部，皆克之，虜萬餘人而還。夏六月，禿髮烏孤遣使來結和親，涼散騎常侍郭廉來奔，乾歸以爲建忠將軍兼散騎常侍。秋九月，乾歸遣秦州牧益州、武衛將軍慕兀《載記》作慕容允、冠軍將軍翟瑥率騎二萬伐吐谷渾。冬十月，益州等與吐谷渾王視羆戰於度周川，大破之。視羆退保白蘭山，遣使謝罪，貢其方物，以子宕豈爲質，乾歸以宗女妻之。

　　太初十二年夏四月，鮮卑叠掘河内率户五千自魏來降乾歸，以河内爲叠掘都統，以宗女妻之。秋七月，丞相、南川宣公出連乞都卒。冬十月，乾歸以金城太守辛静爲右丞相。

　　太初十三年春正月乙亥，乾歸所居金城南景門無故自崩，甚惡之，遂遷都苑川，大赦境内。夏五月，秦姚興遣征西姚碩德率衆五萬來伐，入自南安峽。乾歸率諸將拒之，次於隴西。興復遣別將潛師繼發。秋七月，乾歸聞興將至，謂諸將曰：“吾自開建以來，屢摧勍敵，乘機藉筭，舉無遺策，今姚興盡中國之師，軍勢甚盛。山川阻狹，無縱騎之地，宜引師平川，伺其殆而擊之。存亡之機，在斯一舉，諸君勠力勉之。若梟剪姚興，關中之地盡吾有也。”於是遣武衛將軍慕兀等屯守，秦軍樵采路絶，秦姚興潛引兵來救。乾歸聞之，復使慕兀率中軍二萬遷屯柏陽，鎮軍將軍羅敦率外軍四萬遷屯侯辰谷，自率輕騎數千前候軍勢。會大風昏霧，遂與中軍相失，爲追騎所逼，入於外軍。且與秦戰，爲興所敗，遁歸苑川，部衆三萬六千皆降於秦。興進軍枹罕，乾歸遂走金城，謂諸豪帥曰："吾才非命世，謬爲諸君所推，心存撥亂而德非時雄，叨竊名號已踰一紀，負乘致寇，傾喪若斯。今衆已散敗，勢不得安，吾欲西保允吾，以避其鋒。若方軌西邁，理難俱濟，卿等留此，各以其衆降秦，保全妻子，勿吾隨也。"群下咸曰："昔古公杖策，邠人歸懷；玄德南奔，荆楚襁負。分岐之感，古人所悲，況臣等義深父子，而有心離背，死生願從陛下。"乾歸曰："自古無不亡之國，不敗之家，廢興命也。苟天未亡我，庶幾異日克復舊業，復與卿等相見有期。德之不建，何爲俱死，公等自愛，吾今將寄食於人以終餘年。"乃大哭而別，遂帥騎數百馳至允吾，乞降於武威王利鹿孤。利鹿孤遣車騎俧檀迎之，置於晉興，待以上賓之禮。秦兵既退，南羌梁弋等密遣使來招，乾歸將應之，其臣屋引阿洛以告晉興太守陰暢，暢馳白利鹿孤，利鹿孤遣弟吐雷率騎三千屯捫天嶺。乾歸懼爲利鹿孤所殺，謂太子熾磐曰："吾不能負荷大業，致茲顚覆。以利鹿孤義兼親好，冀存脣齒之援，乃忘義背親，謀人父子，忌吾威名，勢不全立。今姚氏方强，吾將歸之。若盡室俱去，必爲追騎所及。吾送汝兄弟及汝母爲質，彼必不疑，吾既在長安，彼終不敢害汝也。"於是送熾磐兄弟於西平。八月，乾歸南奔枹罕遂降於秦。冬十一月，乾歸至長安，姚興見而大悦，署爲持節、都督河南諸軍事、鎮遠將軍、河州刺史，封歸義侯。久之，熾磐欲逃詣乾歸，武威王利鹿孤遣兵追獲，將殺之，廣武公俧檀勸曰："子而歸父無足深責，宜宥之以示大度。"利鹿孤從之。

太初十四年春二月，秦姚興遣乾歸還鎮苑川，盡以其故部衆配之。夏四月，乾歸至苑川，以邊芮爲長史，王松壽爲司馬，翟勍爲尚書令，公卿大將已下悉降號僚佐偏裨。

太初十五年夏四月，熾磐自西平奔歸苑川，南涼王傉檀歸其妻子。乾歸使熾磐入朝於秦，姚興署爲振忠將軍、興晉太守。尋遣使者加乾歸散騎常侍、左賢王。

太初十六年秋七月，秦遣乾歸以所部甲卒隨齊難等迎吕隆於河西。冬十一月，討叛羌党龍頭於滋川拔之。

太初十九年秋九月，攻仇池楊盛將苻帛於皮氏堡，克之。盛率兵來救，戰於竹嶺爲盛所敗。

晉義熙元年春正月，自此以後四年併從建康年號。乾歸朝於秦。吐谷渾將大孩一名烏紇堤。屢寇乾歸邊境，乾歸怒，率騎討之，大孩大敗，俘斬萬餘口而還。大孩走保南涼，死於胡園。視罷世子樹洛干帥其餘衆數千家奔歸莫何川，自稱大都督、車騎大將軍、大單于、吐谷渾王。化行所部，衆庶樂業，號爲戊寅可汗，沙渢雜種莫不歸附。乃宣言曰："孤先祖避地於此，暨孤七世，思與群賢共康休緒。今士馬桓桓，控弦數萬，孤將振威梁益。稱霸西戎，觀兵三秦，遠朝天子，諸君以爲何如？"衆咸曰："此盛德之事也，願大王自勉！"乾歸聞而甚忌之。秋八月，乾歸率衆攻仇池，爲楊盛所敗。尋復率衆攻盛將楊玉於西陽堡，克之。

義熙二年秋七月，苑川地震裂生毛，狐雉入於寢内，百草皆自反，乾歸甚惡之。冬十二月，復入朝於秦。

義熙三年春正月，秦姚興慮乾歸寖强難制，終爲西州之患。因其朝也，留爲主客尚書。以世子熾磐爲建武將軍、行西夷校尉,監撫其部衆,鎮苑川。秋七月,禿髮傉檀叛秦,遣使來邀,熾磐斬其使,送之長安,秦甚嘉之。冬十一月,秦河州刺史彭奚念叛降禿髮傉檀,秦以熾磐行河州刺史。

義熙四年夏五月,秦遣乾歸以鎮遠將軍從廣平公弼等帥步騎襲傉檀。冬十月,熾磐以秦政寖衰,兵亂將始。且畏秦之攻襲,乃招結諸部二萬七千,築城於嵷峴山而據之。十一月,熾磐攻彭奚念於枹罕,爲奚念所敗而還。

更始元年春三月,熾磐入秦見太原公懿於上邽。彭奚念乘虛來襲,熾磐聞之,怒不告懿而歸,擊奚念,破之,遂圍枹罕。乾歸從秦王興如平凉,熾磐攻枹罕克之,遂遣使告乾歸,乾歸逃還苑川。鮮卑悦大堅有衆五千,自龍馬苑來降。夏四月,乾歸如枹罕,留熾磐鎮之,收其部衆,得二萬人徙都度堅山。秋七月,群下勸乾歸稱王,乾歸以寡弱弗許,固請曰:"夫道應符歷,雖廢必興;圖籙所棄,雖成必敗。本初之衆,非不多也,魏武運籌,四州瓦解。尋邑之兵,非不盛也,世祖龍申,亡新鳥散。固天命不可虛邀,符籙不可妄冀。姚數將終,否極斯泰,乘機撫運,實係聖人。今見衆三萬,足可疆理秦隴,清蕩洮河。陛下應運再興,四海鵠望,豈宜固守謙冲,不以社稷爲本。願時即大位,允副群心。"乾歸從之。遂以晉義熙五年僭稱秦王,赦其境内,改元更始,置百官,公卿已下悉復本位。冬十月,復立夫人邊氏爲王后,世子熾磐爲太子,領冠軍大將軍,仍命熾磐爲都督中外諸軍、録尚書事,以屋引破光爲河州刺史,鎮枹罕,以南安焦遺爲太子太師與參軍國大謀,録其子華爲尚書民部郎。

更始二年春正月,遣熾磐討論薄地延師次煩于,地延率衆出降，署爲尚書，徙其部衆於苑川。三月，遣隴西羌昌何攻秦金城郡，拔之，以驍騎將軍乞伏務和爲東金城太守。秋七月乙丑，乾歸討越質屈機等十餘部，降其衆二萬五千，徙於苑川。八月，乾歸復都苑川。九月，攻秦略陽、南安、隴西諸郡皆克之，徙民萬五千户於苑川及枹罕。冬十月，鮮卑僕渾、羌句豈、輸報、鄧若等帥户二萬來降。

更始三年春二月，乾歸徙鮮卑僕渾部三千餘户於度堅城，以子敕勃爲秦興太守鎮撫之。秦姚興力未能西討，恐更爲邊害，遣太常索稜爲太尉、領隴西内史，使來招諭。乾歸感之，遣使送所掠守宰謝罪乞降。秦復遣使署乾歸爲使持節、散騎常侍、都督隴西嶺北護羌匈奴雜胡諸軍事、征西大將軍、河州牧、大單于、河南王。太子熾磐假節、鎮西將軍、左賢王、平昌公。乾歸方圖河右，權宜受之，復稱藩于秦。夏四月，乾歸徙羌句豈等部衆五千餘户於叠蘭城，以兄子阿柴爲興國太守鎮撫之。五月，復以子木奕干爲武威太守，鎮嶮峴城。秋七月，遣平昌公熾磐及次子中軍將軍審虔率步騎一萬伐秃髮傉檀。八月，熾磐率師濟河，敗傉檀太子虎臺於嶺南，獲牛馬十萬餘而還。冬十月，攻秦略陽太守姚龍於柏陽堡，克之。十一月，進攻南平太守王憬於永洛—作水洛城。城，又克之，徙民四千餘户於苑川，三千餘户於譚郊。遣中軍將軍審虔帥衆二萬城譚郊。十二月，西羌彭利髮據枹罕自稱大將軍、河州牧，乾歸率騎三萬討之，戰於枹罕，不克。

更始四年春正月，乾歸復討利髮，師次奴葵谷，利髮棄其部衆南奔，乾歸遣兄子振威將軍公府追擊，至於清水，斬之。乾歸入枹罕，收羌户一萬三千以審虔爲河州刺史，鎮枹罕而還。二月戊巳，乾歸徙都譚郊，命平昌公熾磐鎮苑川。因率騎二萬討吐谷渾支統阿若干于赤水，大破之。樹奕干請降，乾歸拜爲平狄將軍、赤水都護，又以其弟吐護真爲捕虜將軍、層城都尉，阿若干爲護軍都尉。夏五月，熾磐率衆攻禿髮傉檀三河太守吳陰於白土，克之，以出累代爲太守。六月，乾歸畋於五谿，有梟集於其手心，甚惡之。遂爲兄子公府所弒，并殺諸子十餘人。公府奔固大夏，熾磐遣其弟廣武將軍智達、陽武將軍木奕干率騎三千討之。以其弟曇達爲鎮東將軍，鎮譚郊，驍騎將軍婁機鎮苑川，熾磐帥文武及民二萬餘户遷於枹罕。先是，乾歸未亡時枹罕、金城見鼠有數萬頭將諸小鼠各銜馬屎，群移而渡洮灅二水悉止，枹罕自是二年而熾磐徙居之。秋七月，智達等擊破公府於大夏，公府奔叠蘭城就其弟阿柴，智達等攻拔之。斬阿柴父子五人，公府奔嶘嵼南山，追獲之，并其四子轘之於譚郊。八月，葬乾歸於枹罕，僞諡武元王，廟號高祖，在位二十四年。

頁五至十一

《十六國春秋》卷八十六《西秦録二·乞伏熾磐》

乞伏熾磐，乾歸長子也，性勇果英毅，臨機能斷，權略過人。初，乾歸爲姚興所敗，熾磐質於禿髮利鹿孤。後自南平逃而降興，興署爲振忠將軍、興晉太守。又拜建武將軍、行西夷校尉，留其部衆鎮苑川。及乾歸返政，復立熾磐爲太子，領冠軍大將軍、都督中外諸軍、録尚書事。後乾歸稱藩於秦，興遣使署熾磐假節、鎮西將軍、左賢王、平昌公，尋進號撫軍大將軍。乾歸死，遂襲僞位，自稱大將軍、河南王，大赦境内，改元永康。九月，署尚書令翟勍爲相國，侍中太子詹事麴景爲御史大夫，段暉爲中尉，弟延祚爲禁中録事，樊謙爲司直。罷尚書令、僕射、尚書、六卿、侍中、散騎常侍、黄門郎等官，置中左右常侍、侍郎各三人。

永康二年春三月，熾磐遣龍驤將軍智達、平東將軍王松壽討吐谷渾樹洛干於澆河，大破之，獲其將呼那烏提，虜三千餘户而還。又遣鎮東將軍曇達與平東將軍王松壽率騎一萬，東討休官權小郎、吕破胡於白石川，大破之，進據白石城，降其衆萬餘人。顯親公休官權小成、吕奴迦等二萬餘户叛，據白坑，負固不服，曇達進攻，克之，斬小成奴迦及首級四千七百，隴右休官悉降。秦太尉索稜以隴西來降，熾磐以稜爲太傅。夏四月，遣安北將軍烏地延、冠軍將軍翟紹討吐谷渾别統句勤—作旁。於泣勤川，大破之，俘虜甚衆。秋七月，熾磐率諸將討吐谷渾别統支旁於長柳川，虜旁及其民五千餘户而還。九月，擊吐谷渾别統掘逵於渴渾川，大破之，俘獲男女二萬三千。冬十月，掘逵率其餘衆來降。

永康三年春正月，有五色雲起於南山。熾磐以爲己瑞，大悦，謂群臣曰：“吾今年應有所定，王業成矣！”於是繕甲整兵，以待四方之隙。夏五月，熾磐聞南涼秃髮傉檀西征乙弗，拔劍而起曰：“可以行矣！”群臣咸以爲不可，太府主簿焦襲曰：“傉檀不顧近患而貪遠利，我今伐之，絶其西路，使不得還救，則虎臺傉檀子。獨守窮城，可坐擒也。此天亡之時，必不可失！”熾磐從之。率步騎二萬襲樂都，秃髮虎臺憑城拒守，熾磐四面攻之，一旬而克。遂入樂都，論功行賞將士各有差。遣平遠將軍犍虔率騎五千追傉檀，以鎮南將軍謙屯爲都督河右諸軍事、涼州刺史鎮樂都，禿髮赴單爲西平太守鎮西平，赴單，烏孤之子也。趙恢爲廣武太守鎮廣武，曜武將軍王基爲晉興太守鎮浩亹，徙虎臺與其文武及百姓萬餘户於枹罕。六月，傉檀勢屈請降。既至，遣使郊迎待以上賓之禮。秋七月，署傉檀爲驃騎大將軍、左南公。南涼文武隨才銓擢。冬十月，熾磐既兼傉檀，兵强地廣，復稱秦王，署置百官。十一月，立妃禿髮氏爲王后。

　　永康四年春三月，河西王沮渠遜攻拔廣武郡。熾磐遣將軍魋尼寅邀於浩亹，爲蒙遜所擊，死之。又遣將軍折斐等率騎二萬據勒姐嶺，復爲遜所擒。夏四月，熾磐子元基〔一作/元方〕自長安逃歸，以爲尚書左僕射。五月，熾磐率衆三萬攻湟河，沮渠漢平遣司馬隗仁乘夜襲擊，大敗。熾磐將引還，先遣老弱，漢平長史焦昶、將軍段景潛召熾磐，熾磐復攻之。昶、景因説漢平出降，仁勒壯士百餘據南門樓，三日不下，力屈擒之。熾磐怒欲斬之，散騎常侍武威段暉諫曰："仁臨難不畏死，忠臣也。宜宥之以勵事君。"乃囚之。隗仁在西秦五年，段暉又爲之説，熾磐免之，使還姑臧。六月，以左衛將軍匹逵爲湟河太守，因討乙弗窟乾降其三千餘户而還。署尚書右僕射出連虔爲都督嶺北諸軍事、涼州刺史，以涼州刺史謙屯爲鎮軍大將軍、河州牧。秋七月，以秦州刺史曇達爲尚書令，光禄勳王松壽爲秦州刺史。冬十一月，熾磐遣尚書令曇達、秦州刺史王松壽等率騎一萬討南羌彌姐康薄於赤水，降之。遂以王孟保爲略陽太守，鎮赤水。

　　永康五年春正月，熾盤攻秦洮陽公彭利和於漒川，次師沓中，沮渠蒙遜率衆攻石泉來援，熾磐聞而引還。二月，尚書令曇達與涼州刺史出連虔率騎五千救石泉,遜聞曇達等至亦引兵去。遂遣使來聘,與熾磐結和親。夏四月,曇達王松壽等率騎一萬擊秦上邽,進據蒲水,秦州刺史姚艾率衆來拒大戰破之,艾奔上邽。曇達進屯大利,破黃石、大羌二戍,徙其民五千餘戶於枹罕。冬十月,使秦州刺史王松壽鎮馬頭,以逼秦之上邽。十二月,遣使詣太尉劉裕,求擊秦以自效,裕拜熾磐平西將軍、河南公。

永康六年春二月,遣安東將軍木奕干率騎五千討吐谷渾樹洛干於塞上,破其弟阿柴於堯扞川,俘獲五千餘口而還。樹洛干奔保白蘭山,慚憤發疾而死,熾磐聞而喜曰:"此虜矯矯,所謂有豕白蹢也。往歲曇達東征,姚艾敗走,今年木奕干西討,黠虜遠逃,境宇稍清姦凶方殄,股肱惟良,吾無患矣!"秋七月,相國翟勃卒。八月,以尚書令曇達爲左丞相,子左僕射元基爲右丞相,御史大夫麴景爲尚書令,侍中翟紹爲左僕射。冬十月,遣曇達、元基東討秦故將姚艾,艾遣使稱藩,熾磐以爲征東大將軍、秦州牧。徵王松壽爲尚書右僕射。

永康七年春正月,以木奕干爲沙州刺史鎮樂都。二月,乙弗鮮卑烏地延率戶二萬來降,署爲建義將軍。地延尋死,弟他子立,以子軻蘭質於西平。他子從弟提孤等率戶五千以西遷,叛。涼州刺史出連虔遣使諭之,提孤等歸降,熾磐以提孤姦猾,終爲邊患,稅其部中戎馬六萬匹。後二歲,提孤等扇動部落西奔出塞。他子率戶五千入居西平。冬十月,姚艾叛秦,降西河王蒙,遜蒙遜率衆迎之,艾叔父儁言於衆曰:"秦王寬仁有雅度,自可安居事之,何爲從涼主西遷?"衆咸以爲然,相率逐艾,推儁爲主,復遣使請降。熾磐大悦,徵儁爲侍中、中書監、征南將軍,封隴西公,邑一千户。以左丞相曇達都督洮罕以東諸軍事、征東大將軍、秦州牧,鎮南安。冬十一月,熾磐東巡。十二月。徙上邽民五千餘户於枹罕。

永康八年夏四月,使征西將軍他子率騎五千討吐谷渾覓地於弱水南,大破之。覓地率衆五千來降,拜弱水護軍。秋九月,左衛將軍匹達、建威將軍梯君等討彭利和於漒川,大破之,利和單騎奔仇池,獲其妻子。徙羌豪三千户於枹罕,漒川羌三萬餘户皆安堵如故。冬十月,以尚書右僕射王松壽爲益州刺史鎮漒川。

建弘元年春正月,立次子暮末爲太子,仍兼領撫軍大將軍、都督中外諸軍事,大赦境内,改元建弘,其臣佐等多所封授。秋七月甲辰,宋初受禪,詔以熾磐爲安西大將軍、秦王。九月,振武將軍王基等襲河西王蒙遜胡園戍,俘二千餘户而還。

建弘二年春正月,遣征北將軍木奕干、輔國將軍、右丞相元基率騎攻上邽,遇霖雨而還。夏四月,吐谷王阿柴遣使來降,熾磐署阿柴爲征西大將軍、開府儀同三司、安州牧、白蘭王。秋七月,河西王蒙遜率衆來伐,使征北將軍木奕干等帥步騎拒之,斬首二千而還。冬十二月,遣征西將軍他子等率騎二萬,擊契汗禿真於羅川。

建弘三年春正月,征西他子等大破契汗禿真獲男女二萬口,牛羊五十餘萬頭。禿真率騎數千,西奔其別部。樹奚帥户五千來降。夏四月乙亥,以折衝將軍是辰爲西胡校尉,築列渾城於汁羅以鎮之。秋九月,遣征北將軍出連虔等率騎六千,擊沮渠城都於五澗。冬十月,出連虔與城都戰,擒之。

十二月,徵秦州牧曇達爲左丞相、征東大將軍。

建弘四年春三月,熾磐謂其群臣曰:"今宋雖奄有江南,夏人雄據關中,皆不足與也。獨魏主奕世英武,賢能爲用,且讖云:'恒代之北當有真人'吾將舉國而事之。"乃遣尚書郎莫者阿胡、積弩一作射將軍又寅等入見於魏,貢黃金二百斤,并陳伐夏方略,太宗許之。

建弘五年夏四月,熾磐遣鎮南將軍吉毗等帥步騎一萬,南伐白苟、車孚、崔提、旁爲四國,皆來降附。秋七月,遣太子暮末率征北將軍木奕干等步騎三萬,出貌渠谷攻河西白草嶺、臨松郡皆破之,徙民二萬餘口而還。

建弘六年夏四月,遣平遠將軍叱盧犍等襲河西,戰於臨松,擒其將沮渠白蹄,徙其民五千餘户於枹罕。秋七月,遣鎮南將軍吉毗等南擊黑水羌酋丘擔,大破之。冬十月,丘擔率衆來降,熾磐署擔爲歸善將軍,拜折衝將軍信帝爲平羌校尉以鎮之。

建弘七年春正月,熾磐復遣使如魏,請用師於夏。秋八月,熾磐伐河西至廉川,遣太子暮末等率步騎三萬攻西安不克。又攻番禾,河西王沮渠遜發兵來禦。夏主赫連昌遣征南大將軍呼盧古將騎二萬攻苑川,車騎大將軍韋代將騎三萬攻南安,熾磐聞之引還。九月,徙其境内老弱畜産於澆河及莫河仍寒川,留左丞相曇達守枹罕。韋代攻拔南安,獲秦州刺史翟爽、南安太守李亮,吐谷渾掘逵等帥部衆二萬餘落叛,奔昂川附於吐谷渾王慕璝。冬十月,左丞相曇達與夏呼盧古戰於嶫峴山,曇達兵敗。十一月,呼盧古、韋代進攻枹罕,熾磐遷保定連,呼盧古入南城,鎮東將軍趙壽生帥死士三百人力戰却之。呼盧古、韋代又攻沙州刺史出連虔於湟河,虔遣後軍將軍萬年擊敗之。又攻西平執安西將軍庫洛干,阬戰士五千餘人,掠其民二萬餘户而去。十二月,征南將軍吉毗鎮南漒,隴西人辛澹帥户三千據城逐毗,毗走還枹罕,澹南奔仇池。

　　建弘八年春正月,山羌率衆叛。二月,熾磐遣左丞相曇達招慰武始諸羌,征南將軍吉毗招慰洮陽諸羌,羌人執曇達送夏,吉毗爲羌所擊,奔還,士馬死傷者什有六七。三月,熾磐以輔國將軍段暉爲涼州刺史鎮樂都,平西將軍麴景爲沙州刺史鎮西平,寧朔將軍出連輔政爲梁州刺史鎮赤水。夏六月,熾磐還枹罕。秋七月,熾磐謂群臣曰:"孤知赫連氏必無成,冒險歸魏,今果如孤言。"八月,熾磐遣叔父平遠將軍墾頭、弟安遠將軍安度爲質於魏。又使中書侍郎王愷、丞相從事中郎烏訥闟奉表貢其方物。九月,氐王楊玄遣將軍符白,作圍梁州刺史出連輔政於赤水,城中糧盡,民執輔政以降,輔政至駱谷,逃還。冬十月,熾磐以驍騎將軍吳漢爲平南將軍、梁州刺史鎮南漒。十二月,梁州刺史吳漢爲群羌所攻,帥户二千奔還枹罕。

　　建弘九年春正月,商州刺史、領澆河太守姚濬叛降河西。熾磐以尚書焦嵩代濬,帥騎三千討之。二月,嵩爲吐谷渾元緒所執。夏五月,熾磐寢疾,謂太子暮末曰:"吾死之後,汝能保境則善矣。沮渠城都爲蒙遜所親重,汝宜歸之。"熾磐在位八年而宋氏受禪,以元嘉五年六月卒,暮末嗣立,僞諡文昭王,葬於武平陵,廟號太祖。

《十六國春秋》卷八十六《西秦録二·乞伏暮末》

乞伏暮末，暮一作慕。字安石，熾磐第二子也。以元熙元年立爲太子，領撫軍大將軍、都督中外諸軍事。熾磐卒，暮末即位，大赦境内，改元永弘。一作洪。署右丞相元基爲侍中、相國、都督中外諸軍、録尚書事，鎮軍大將軍、河州牧謙屯爲驃騎大將軍，徵安北將軍、涼州刺史段暉爲輔國大將軍、御史大夫，叔父右禁將軍千年爲鎮北將軍、涼州牧鎮湟河，以征北將軍木奕干爲尚書令、車騎大將軍，以征南將軍吉毗爲尚書僕射、衛大將軍。秋七月，河西王沮渠蒙遜因秦喪來伐，西平太守麹承謂之曰：“殿下若先取樂都，則西平必爲殿下之有。西平苟望風請服，亦明主之所疾也。”遜乃釋西平，攻樂都。相國元基帥騎三千救之，甫入城，而西河兵至，攻其外城，克之。絶其水道，城中饑渴，死者大半。東羌乞提從元基救樂都，陰與河西通謀，下繩引内其兵，登城百有餘人，鼓譟燒門。元基率左右奮擊，河西兵退，暮末大懼。八月，遣使詣蒙遜，許歸沮渠城都以求和，遜引還。遣使入秦吊祭。暮末厚資城都，遣將軍王伐送之。蒙遜疑之，使恢武將軍沮渠奇珍伏兵於捫天嶺，執伐并其騎士三百人。既而蒙遜遣尚書郎王杼送伐還秦，并遺暮末馬千匹及錦罽銀繒。九月，暮末遣記室郎中馬艾如河西報聘。冬十月，涼州牧千年，嗜酒殘虐，不恤政事，暮末遣使讓之，千年懼，奔河西。暮末以叔父光禄大夫沃陵爲涼州牧，鎮湟河。

永弘二年春正月，暮末遣征虜將軍出連輔政等守西平，政等未至，蒙遜率衆拔之，執太守麹承。二月，立妃梁氏爲王后，子萬載爲太子；殺尚書隴西辛進并其五族二十七人，追恨其射傷母面也。夏五月，河西王蒙遜率衆來伐，暮末留相國元基守枹罕，遷保定連。南安太守翟承伯等據罕開谷以應遜，暮末擊破之，進至冶城。西安太守莫者幼眷據汗川以叛，暮末討之，爲幼眷所敗，還於定連。蒙遜進至枹罕，遣太子興國攻定連。六月，暮末逆擊興國於冶城，擒之，追擊蒙遜至於譚郊。吐谷渾王慕璝遣其弟没利延將騎五千會蒙遜來伐暮末，遣輔國大將軍段暉邀擊之，復大破之。秋七月，蒙遜遣使送穀三十萬斛，來贖世子興國，暮末不許。尋以興國爲散騎常侍，以妹平昌公主妻之。冬十月，暮末弟軻殊羅烝熾磐左夫人，暮末禁之，因與叔父什寅謀叛暮末，收其黨與殺之，并殺什寅、禿髮氏。十二月，地震野草皆自反。

　　永弘三年春三月，什寅母弟前將軍白養，及鎮衛將軍去列，以什寅之死頗有怨言，暮末皆殺之。秋九月，西秦自正月不雨，至於九月，兼之政刑酷濫，内外崩離，部民流叛者不可勝計。冬十月，暮末爲河西王蒙遜所逼，遣中書侍郎王愷、從事中郎烏訥闐請迎於魏，世祖許以平涼以東、安定以西封之。暮末乃焚城邑、毀寶器，帥户萬五千東如上邽。至高田谷，時給事黄門侍郎郭恒謀劫沮渠興國以叛，事覺，誅之。夏主赫連定聞暮末將至，發兵來拒，暮末留保南安，其故地皆入於吐谷渾。冬十一月，世祖遣尚書庫結率騎五千來迎，暮末衛大將軍吉毗固諫，以爲不宜内徙，暮末從之，庫結引還。南安諸羌萬餘人謀叛，推安南將軍、都督八郡諸軍事、廣寧太守焦遺爲主，遺不從。乃劫遺族子長城護軍焦亮爲主，率衆攻南安。暮末請救於氐王楊難當。難當遣將軍苻獻帥騎三千救之，暮末與之合擊諸羌。諸羌潰散，亮奔廣寧，暮末進軍攻之。以手令與焦遣使取亮。十二月，遣斬亮首出降，暮末進遣號鎮國將軍。秦略陽太守弘農楊顯以郡降夏。

永弘四年春正月，夏主赫連定擊暮末將姚獻，獻敗，遂遣叔父北平公韋代率衆一萬攻南安。城內大饑，人相食，侍中、征虜將軍出連輔政，侍中、右衛將軍乞伏延祚，吏部尚書乞伏跋踰城奔夏。暮末窮蹙，輿櫬出降，并沮渠興國送於上邽。夏六月，夏主殺暮末及其宗族五百人。時魏神𪊴四年也。先是，熾磐都長安，端門外有一井，人常宿汲水亭之下，而夜聞磕磕有聲，驚起，照視瓮中如血，中有丹魚，長可三寸而有寸光，東羌西虜共相攻伐，至是而亡。國仁以孝武太元十年僭位，至暮末四世，凡四十六年。

頁十一至十六

《十六國春秋》卷八十七《西秦録三》

乞伏益州

乞伏益州，乾歸之弟也。乾歸時爲前將軍、秦州牧。楊定之死也，天水姜乳襲據上邽，乾歸遣益州帥騎六千討之，左僕射邊芮，民部尚書王松壽言於乾歸曰：“益州以懿弟之親，屢有戰功，狃於累勝，常有驕色，若其遇寇，必將易之。且未宜專任，示有所先。”乾歸曰：“益州驍勇善御衆，諸將莫有及之者。但恐其專擅耳，若以重佐輔之，當無慮也。”於是以平北將軍韋虔爲長史，散騎常侍左禁將軍務和爲司馬。至大寒嶺，益州恃勝自矜，不爲部陳，聽將士解甲，遊畋縱飲，令曰：“敢言軍事者斬。”虔等諫曰：“王以將軍親重，故委以專征之任，

庶能摧彼凶暴，以副具瞻。賊已垂逼，奈何解甲自寬，宴安酖
毒，竊爲將軍危之。"益州曰："乳以烏合之衆，今聞吾至，理應
遠竄。乃與吾決戰者，斯成擒耳。吾自揣之有方，卿等不足慮
也。"既而乳率衆逆擊，益州果敗。乾歸曰："孤違蹇叔，以至
於此，將士何爲，孤之罪也。"皆赦之。後復率衆攻涼拔支陽、
鸇武、允吾三郡，虜衆萬餘。又與武衞慕兀等率騎伐吐谷渾，
破視羆於度周川，質其子宕豈，引兵而還，封平遠侯。尋卒。

頁一至二

乞伏曇達

　　乞伏曇，熾磐之弟也。仕爲秦州牧、鎮東將軍鎮譚郊，封
襄武侯。與平東將軍王松壽帥騎一萬討破休官權小郎、吕破
胡於白石川，虜其男女萬餘口，進據白石城，休官降者萬餘人。
後顯親休官權小成、吕奴迦等叛，保白坑，曇達謂將士曰："昔
伯珪憑嶮，卒有滅宗之禍；韓約肆暴，終受覆族之誅。今小成
等逆命白坑，宜在除滅，王者之師，有征無戰，粤爾輿人，戮力
勉之。"衆咸拔劍大呼，於是率衆攻白坑，斬小成、奴迦及首級
四千七百，隴右悉降。後又帥衆討降南羌彌姐康薄於赤水。
沮渠蒙遜來攻石泉，曇達與別將出連虔率騎五千救之，蒙遜引
還。尋與王松壽率步騎一萬攻姚艾於上邽，進據蒲水，大破
之，遂屯大利，破黃石、大羌二戌。遷尚書令，轉爲左丞相，尋
遷都督枹罕以東諸軍事、征東大將軍、秦州牧鎮南安。復徵爲
左丞相、征東大將軍鎮枹罕。赫連勃勃遣征南大將軍呼盧古率
騎二萬來伐，曇達率衆擊之，戰於嶔岅山，敗績，諸羌執送勃勃。

頁二至三

邊氏

乾歸妻,邊氏金城人,左長史邊芮之妹也。乾歸僭立,遂以太初元年立爲王后。及乾歸奔降於秦,降號太妃。既而返政,復爲王后。

頁三

禿髮氏

王后禿髮氏,傉檀之女,太子虎臺之妹也。傉檀既降熾磐,納爲王后,拜傉檀爲左南公,甚禮遇之,虎臺亦被優寵。未幾,令人鴆殺傉檀。河西王蒙遜遣人誘虎臺,許以番禾、西安二郡處之,且借之兵使伐秦,報其父讎,復取故地。虎臺陰許之,事覺,熾磐以后弟之故待之如初,后密與虎臺謀曰:"秦本我之仇讎,雖以婚姻之故,待之如此,盖時宜耳。先王之薨,又非天命,遺令不治者,欲全濟子孫故也。爲人子者,豈可臣妾於仇讎而不思報復乎?"乃與武衛將軍越質洛城謀弒熾磐,后妹爲熾磐左夫人,有寵,知其謀而告之。熾磐殺后及虎臺等十餘人。

頁三至四

禿髮氏

左夫人禿髮氏,利鹿孤之宗女也。先是,熾磐爲質於涼,利鹿孤妻之,熾磐後奔允街,禿髮傉檀復遣歸之,遂爲左夫人,有寵於熾磐。讒殺其姐及虎臺後,禿髮氏與暮末弟軻殊羅私通,暮末知而禁之,軻殊羅懼,遂與叔父什寅謀殺暮末,奉沮渠興國以奔河西。使禿髮氏盜門鑰於內,鑰誤,門不得

開,門者以告。暮末收其黨與盡殺之,而赦軻殊羅,什寅鞭
之。什寅曰:"我負汝死,不負汝鞭!"暮末怒,刳其腹,投尸
於河水。禿髮氏乃自殺。

頁四

段暉

　　段暉,字長祚,武威姑臧人,漢太尉潁八世孫也。身長
八尺餘,師事歐陽湯,湯甚器愛之。有一童子與暉同志,居二
年,童子辭歸,從暉請馬,暉戲作木馬與之,童子甚悦,謝暉
曰:"吾太山府君子也,奉敕游學,今將欲歸,煩子厚贈無以報
德,子後位至常伯,封侯非報也,且以爲好。"言終便乘木馬騰
空而去,暉乃自知必將貴也。遂仕乞伏熾磐爲散騎常侍。從
征沮渠蒙遜湟河太守沮渠漢平,漢平出降,司馬隗仁勒壯士
百餘,據城自守,熾磐進擊之,衆寡不敵,遂爲所擒,熾磐欲
斬之,暉諫曰:"仁臨難履危,奮不顧命,忠之至也。"乃宥之。
遷暉輔國大將軍、涼州刺史、御史大夫、西海侯。暮末即位,
國政衰亂,暉與子承根奔吐谷慕瑣,後遂歸魏。

頁四至五

常垣

　　常垣,河内溫人,魏太常卿林五世孫也。父珍,苻堅南
安太守,因世亂,遂居涼州。垣仕乞伏世爲鎮遠將軍,大夏鎮
將、顯美侯。

頁五

翟瑥

翟瑥，武始人，仕乾歸爲冠軍將軍。初，氐王楊定率步騎四萬來伐，乾歸謂諸將曰：“楊定以勇虐聚衆，窮兵逞欲，兵猶火也，不戢，將自焚。定之此役，殆天以之資我也。”於是遣涼州牧乞伏軻彈、秦州牧乞伏益州、立義將軍詰歸拒之，以瑥爲冠軍將軍、右司馬。前鋒始交，益州爲定所敗，軻彈、詰歸欲引而還，瑥奮劍諫曰：“主上以神武之資開基隴右，東征西討，靡不席捲，威振秦梁，聲光巴漢，將軍以維城之重，受閫外之寄，當宣力致命，輔寧國家。今秦州雖敗，二軍尚全，奈何不思赴救，望風奔散，何面目以見主上乎？昔項羽斬卿子以寧楚；胡建戮監軍以成功，將軍之所聞也。瑥誠才非古人，獨不能以便宜斬將軍乎！”軻彈謝曰：“向所以未赴秦州者，未知衆心何如耳，敗不相救，軍罰所先，果能若是敢自愛死。”乃率騎赴之。益州、詰歸亦勒衆而進，大敗定兵，斬定及首級一萬七千。轉吏部尚書、定州刺史，俄遷晉興太守，鎮枹罕。

頁六至七

焦遺

焦遺，子華、楷。南安人。乾歸時仕爲太子太師，與參軍國大謀。乾歸曰：“焦生非特名儒，乃王佐之才也。”謂熾磐曰：“汝事之當如事吾也。”因命熾磐拜遺於床下。遺子華，至孝，遺曾病甚，冬中思食瓜，華忽夢人謂之曰：“聞爾父思瓜，故送助養汝，從此進之。”華跪受寤而瓜果在手，香美非常，遺食之而病愈。乾歸欲以女妻之，辭曰：“凡娶妻者，欲與之共事二親也。今以王姬之貴，下嫁蓬茅之士，誠非其匹，臣懼其闕於中饋,非所願也。”乾歸曰:“卿之所行,古人之事,孤女不足以强卿。”乃以華爲尚書民部郎。遺後遷安南將軍、都督八郡諸軍事、廣寧太守。暮末末年,南安諸羌共推遺爲主,遺不從,遂劫遺族子亮叛,攻南安。暮末擊破之,遺殺亮出降,進號鎮國將軍。次子楷,仕爲太子司直。暮末降夏,楷奔廣寧,泣謂其父遺曰:“大人荷國寵靈,居藩鎮重任。今本朝顛覆,豈得不帥見衆唱大義以殄寇仇!”遺曰:“今主上已陷賊庭,吾非愛死而忘義,顧以大兵追之,是趣絶其命也。不如擇王族之賢者,奉以爲主而伐之,庶有濟也。”楷乃築壇誓衆,二旬之間,赴者萬餘人。會遺病卒,楷不能獨舉事,亡奔於河西。

頁七至八

辛進

辛進,字國都,隴西人也。仕熾磐至尚書。初爲散騎常侍,從熾磐遊於後園凌霄觀,進彈飛鳥,誤中暮末之母,傷其面。及暮末即位,問傷母面之由,母以狀告,暮末大怒,即日收進,殺之,并其五族二十七人。

頁八

《十六國春秋别本》卷十四《西秦録》

乞伏國仁,隴西鮮卑人。其先自漢北南出太陰山。五世有祐鄰者,晉太始初率户五萬遷居高平川。鄰卒,子結權立。遷於牽屯。結權卒,子利那立。利那卒,弟祁埿立。祁埿卒,利那子述延立。遷於苑川。述延卒,祁埿子傉太寒立。石勒之滅劉曜也,懼而遷於麥田元孤山。太寒卒,子司繁立。秦始皇中遷於度堅山。建元七年，秦將王統來伐，繁率騎三萬拒統於苑川，統潛襲度堅山，部民五萬餘落悉降於統，司繁乃詣統歸降苻堅，拜南單于，留之長安。後以爲鎮西將軍，鎮勇士川，甚有威惠之稱。司繁卒，國仁即位，聞堅征晉奔敗，國仁牧衆至十餘萬。又聞堅爲姚萇所殺，於是自稱大都督、大將軍、大單于、領秦、河二州牧，改秦建元二十一年爲建義元年，置武陵、苑川等十一郡，築勇士都城以都之。三年，苻登遣使拜仁大將軍、苑川王。四年六月，薨。僞諡曰烈王，廟號烈祖。

乞伏乾歸，國仁弟，雄武有度略。仁薨，群寮以仁子公府幼稚，乃立乾歸爲將軍、大單于、河南王、大赦。改建義四年爲太初元年，立邊氏爲后。以南川侯出連乞都爲丞相。九月，遷於金城。二年正月，苻登遣使拜爲大將軍、金城王。六年，立子熾盤爲太子。七年，登遣使授左丞相、河南王、假黄鉞加九錫之禮。十月，氐王楊定步騎四萬來伐，乾歸勒衆而進，大敗定軍，斬定及首級萬有七千。於是盡有隴西之地。十二月，僭稱秦王，大赦。八年，呂光來伐，歸乃稱蕃，遣子勃勃爲質，既而悔之。十三年，秦征西大將軍姚碩德率衆來伐，入自南安峽。歸次於隴西以拒碩德。興潛師繼發，乾歸聞兵將至，率輕騎數千候興。俄與中軍相失，爲興追騎所逼，戰敗遁歸苑川。乃率騎數百馳上允吾。秃髮利鹿孤處歸之於晉興。乾歸將叛，謀泄，懼爲利鹿孤所害，謂其子熾盤曰：“姚興將盛，吾將歸之，今送汝兄弟及汝母爲質。”於是送熾盤兄弟於西平，乾歸遂奔長安。姚興大悦，拜持節都督河南諸軍事、河州刺史、歸義侯。十四年，遣乾歸還鎮苑川，盡以部民配之。十八年正月，乾歸至長安。十九年正月，又朝長安。五月，苑川地震裂。二十年，姚興慮乾歸終爲四州之思，留拜上客尚書。以其子熾盤爲西夷校尉、行河州刺史。二十一年，熾盤以長安亂將始，乃招結諸部，築城於嵻㟅山以據之。

更始元年，乾歸隨姚興如平流，熾盤攻枹罕，克之。遂遣使來告乾歸，乾歸奔還苑川，遂如枹罕，留熾盤鎮之。乾歸將衆二萬遷於度堅山，諸將勸稱王。七月，僭補秦王，大赦，改年，置百官公卿以下皆復本位。四年五月，乾歸畋於五雞山，有梟集於其手，乾歸惡之。六月，爲兄子公府所殺。公府出奔，熾盤遷於枹罕，遣弟廣武將軍智達追擒公府於嵻㟅山南，轘裂之。八月，葬乾歸於枹罕陵。仍僞諡武元王，廟號高祖。

乞伏熾盤，乾歸長子。乾歸薨自稱大將軍、河南王，改元爲永康元年。以尚書令翟勒爲相國，封拜各有差。二年，熾盤討吐谷渾別統旁行長柳川，掘達於渴渾川，大破之，俘獲男女二萬二千。三年正月，有五色雲起於南山，盤大悅謂群臣曰：“吾今年應有所定，王業成矣！”於是繕甲整兵，以伺四方之隙。五月，聞傉檀西征，率步騎二萬襲樂都，傉檀降，遂并南涼，兵强地廣。十月，僭即秦王位，置百官，立妻禿髮氏爲王后。四年，熾盤子元基自長安逃歸，拜尚書左僕射。

建弘元年，立第二子慕末爲太子，領撫軍大將軍、都督諸大軍事。改元，大赦。熾盤寢疾，顧命太子慕末，乃薨於外寢。六月，葬武平陵。諡文昭王，廟號太祖。

乞伏慕末，字安石，熾盤之第二子，幼而好學，有文才。建弘元年立爲太子，熾盤薨，僭即秦王位，大赦，改年爲承弘元年。二月，立萬載爲太子。三年九月，部民多叛。慕末

焚城邑，毀寶器，率戶五千東如上封，爲赫連定所拒，遂圍安
南。十一月，魏遣尚書庫結率騎五千迎慕末，衛軍吉毗固諫，
以爲不宜。遂下令止之，庫結引還。四年，赫連定遣其叔北
平公韋伐率衆一萬攻南安。城內大饑，人相食。傳侍中乞伏
延祚，吏部尚書乞伏跋跋踰城奔。末乃銜璧出降，送於上邽。
及宗族五百餘人悉爲赫連所誅。自國仁建義元年乙酉歲至
辛未四十七年。

頁一一六八至頁一一七〇

《十六國春秋輯補》卷八十五《西秦錄一·乞伏國仁》

　　乞伏國仁，隴西鮮卑人也。其先有如弗、斯引、出連、叱
盧三部，〔一〕自漠北南出大陰山，遇一巨蟲於路，狀若神龜，大
如陵阜。乃殺馬而祭之，祝曰：“若善神也，便開路；惡神也，
遂塞不通。”俄而不見，乃有一小兒在焉。時又有乞伏部有老
父無子者，請養爲子，衆咸許之。老父欣然自以有所依憑，字
之曰紇干。〔二〕紇干者，夏言依倚也。年十歲，驍勇善騎射，
彎弓五百斤，四部服其雄武，推爲統主，號之曰乞伏可汗託鐸
莫何。託鐸者，言非神非人之稱也。其後有祐一作“拓”。鄰
者，〔三〕即國仁五世祖也。晉泰始初，率戶五萬一作“千”。遷於
夏緣，〔四〕部衆稍盛。鮮卑鹿結七萬餘落，屯於高平川，〔五〕與
祐鄰迭相攻擊。鹿結敗，南奔略陽，祐鄰盡併其衆，因遷居高
平川。祐鄰卒，子結一作“詰”。權立，〔六〕遷於牽屯。結權卒，
子利那立，擊鮮卑吐賴於烏樹山，討尉遲渴權於大非川，收衆
三萬餘落。利那卒，弟祁埿立。祁埿卒，利那子述延立，討鮮
卑莫侯於苑川，大破之，降其衆二萬餘落，因遷於苑川。以叔

父軻埿爲師傅,委以國政;斯引烏埿爲左輔將軍,鎭蔡園川;出連高胡爲右輔將軍,鎭至便川;叱盧那胡爲率義將軍,鎭牽屯山。述延卒,祁埿—無此二字。子傉大寒立。〔七〕石勒之滅劉曜也,懼而遷於麥田元—作"無"。孤山。〔八〕大寒卒,子司繁立,秦皇始中遷於度堅山。〔九〕

【校勘記】

〔一〕其先有如弗斯引出連叱盧三部　屠本卷八五同,《載記》"其先"作"在昔",無"引"字。《通志》卷二九《氏族略》引《西秦録》作:"乞伏國仁之先如弗與出連、斯引、叱靈二部自漢北出陰山。"《通志》"二"當作"三",載記蓋脱"與"、"引"二字,説詳中華本校勘記。

〔二〕字之曰紇干　"紇干",原作"紇于",據《載記》改。下同。

〔三〕其後有祐鄰者　"祐鄰",《載記》《纂録》同,《偏霸部》作"拓鄰"。

〔四〕率户五萬遷於夏緣　"五萬",《偏霸部》同,《載記》作"五千"。

〔五〕屯於高平川　"高平川",原作"高平州",下同,誤。《載記》皆作"高平川",《偏霸部》無此句,下句亦作"高平川",今據改。

〔六〕子結權立　"結權",《載記》《纂録》同,《偏霸部》作"詰權"。原注原作"一作'詰'",然諸書未見作"詰"者,《纂録》校語亦謂"一作'詰'",今據改。

〔七〕祁埿子傉大寒立　《偏霸部》同,《載記》無"祁埿"二字。

〔八〕懼而遷於麥田元孤山　"元孤山",《載記》同,《偏霸部》作"無孤山"。

〔九〕秦皇始中　《纂録》同,《偏霸部》作"秦始皇中",顯誤倒,《載記》作"始"。按,皇始,前秦苻健年號。

建元七年,秦將王統來伐,司繁率騎三萬拒統於苑川。統潛襲度堅山,部民五萬餘落悉降於統。〔一〇〕司繁歎謂左右曰:"智不距敵,德不撫衆,劍騎未交而本根已敗,見衆分散,勢亦難全。若奔諸部,必不我容,吾將爲呼韓邪之計矣。"乃詣統歸降於苻堅。堅大悦,署爲南單于,留之長安。以司繁叔父吐雷爲勇士護軍,撫其部衆。俄而鮮卑勃寒侵斥隴右,堅以司繁爲使持節、都督討西胡諸軍事、鎮西將軍以討之。勃寒懼而請降,司繁遂鎮勇士川,甚有威惠之稱。〔一一〕

【校勘記】

〔一〇〕建元七年至悉降於統　見《偏霸部》,《載記》作:"尋爲苻堅將王統所襲,部衆叛降于統。"

〔一一〕甚有威惠之稱　"之稱",見《偏霸部》,《載記》無。

司繁卒,國仁即位代鎮。〔一二〕及堅興壽春之役,徵爲前將軍,領先鋒騎。會國仁叔父步頹叛於隴西,堅遣國仁還討之。步頹聞而大悦,迎國仁於路。國仁置酒高會,攘袂大言曰:"苻氏往因趙石之亂,遂妄竊名號,窮兵極武,跨僭八州。疆宇既寧,宜綏以德,方虛廣威聲,勤心遠略,騷動蒼生,疲弊中國,違天怒人,將何以濟!且物極則虧、禍盈而覆者,天之道也。以吾量之,是役也,難以免矣。當與諸君成一方之業。"聞堅征晉奔敗,〔一三〕國仁乃招集諸部,有不附者討而并之,收衆至十餘萬。

【校勘記】

〔一二〕即位代鎮　《偏霸部》作“即位”,《載記》作“代鎮”。

〔一三〕聞堅征晉奔敗　《偏霸部》同,《載記》作“及堅敗歸”。

乙酉。建義元年　又聞堅爲姚萇所殺,[一四]國仁謂其豪帥曰:“苻氏以高世之姿而困於烏合之衆,可謂天也。夫守常迷運,先達耻之,見機而作,英豪之舉。吾雖薄德,藉累世之資,豈可睹時來之運而不作乎!”於是以孝武太元十年自稱大都督、大將軍、大單于,領秦河二州牧,改秦建元二十一年爲建義元年。[一五]以其將乙斾音埿爲左相,屋引出支爲右相,獨孤匹蹄爲左輔,武群勇士爲右輔,弟乾歸爲上將軍,自餘拜授各有差。置武成、武陽、安固、武始、漢陽、天水、略陽、滠川、甘松、匡朋、白馬、苑川十二郡,[一六]築勇士都城以都之。[一七]鮮卑匹蘭率衆五千降。

【校勘記】

〔一四〕又聞堅爲姚萇所殺　“又聞”,《偏霸部》同,《載記》作“及”。

〔一五〕改秦建元二十一年爲建義元年　《偏霸部》同,《載記》作“建元曰建義”。

〔一六〕置武成至十二郡　《載記》同,《偏霸部》作“置武陵苑川等十一郡”。

〔一七〕築勇士都城以都之　《偏霸部》同,《載記》作“築勇士城以居之”。

丙戌。二年〔一八〕 南安祕宜及諸羌虜來擊國仁,四面而至。國仁謂諸將曰:"先人有奪人之心,不可坐待其至,宜抑威餌敵,羸師以張之。軍法所謂怒我而怠寇也。"於是勒衆五千,襲其不意,大敗之。祕宜奔還南安,尋與其弟莫侯悌眷率衆三萬餘户降於國仁,〔一九〕各拜將軍、刺史。

【校勘記】

〔一八〕二年 《載記》作"明年"。

〔一九〕莫侯悌眷 屠本卷八五、《通鑑》卷一〇六同,《載記》作"莫侯悌"。按《乞伏乾歸載記》有"鎮南將軍、南梁州刺史悌眷"。

丁亥。三年〔二〇〕 苻登遣使者拜國仁使持節、大都督、都督雜夷諸軍事、大將軍、大單于、苑川王。國仁率騎三萬襲鮮卑大人密貴、裕苟、提倫等三部於六泉。高平鮮卑没奕干、〔二一〕東胡金熙連兵來襲,相遇於渴渾川,大戰敗之,斬級三千,獲馬五千匹。没奕干及熙奔還,三部震懼,率衆迎降。署密貴建義將軍、六泉侯,裕苟建忠將軍、蘭泉侯,提倫建節將軍、鳴泉侯。

【校勘記】

〔二〇〕三年 見《偏霸部》,《載記》無。

〔二一〕没奕干 屠本卷八五同,《載記》作"没奕于",下同。

戊子。四年 國仁建威將軍叱盧烏孤跋擁衆叛,保牽屯山。國仁率騎七千討之,斬其部將叱羅侯,〔二二〕降者千餘户。跋大懼,遂降,復其官位。因討鮮卑越質叱黎於平襄,大破之,獲其子詰歸、弟子復半及部落五千餘人而還。

太元十三年六月,^[二三]國仁薨。在位四年,僞諡宣烈王,^[二四]一無"宣"字。廟號烈祖。

【校勘記】

〔二二〕叱羅侯　原作"叱盧侯",據《載記》改。

〔二三〕六月　見《偏霸部》,《載記》無。

〔二四〕宣烈王　《載記》同,《偏霸部》作"烈王"。

頁九五五至九六〇

《十六國春秋輯補》卷八十六《西秦録二·乞伏乾歸》

乞伏乾歸,國仁弟也。雄武英傑,沈雅有大量。^[一]國仁之薨也,其群寮咸以國仁之子公府幼稚,^[二]宜立長君,乃推乾歸爲大都督、大將軍、大單于、河南王,大赦其境内,改四年爲太初元年。^[三]立其妻邊氏爲王后,以南川侯出連乞都爲丞相,^[四]鎮南將軍、南梁一作"涼"。州刺史莫侯悌眷九字亦見《廣韻》引。爲御史大夫,^[五]自餘封拜各有差。

九月,^[六]遷於金城。

【校勘記】

〔一〕沈雅有大量　"大量",《載記》作"度量",《偏霸部》作"度略"。

〔二〕國仁之薨至公府幼稚　"薨",《偏霸部》同,《載記》作"死"。"群寮",《偏霸部》同,《載記》作"群臣"。"幼稚",《偏霸部》同,《載記》作"冲幼"。

〔三〕改四年爲太初元年　《偏霸部》同,《載記》作"改元曰太初"。

〔四〕南川侯　見《偏霸部》,《載記》無。

〔五〕南梁州刺史　《載記》同。《廣韻》卷五《鐸韻》“莫”字：“《西秦録》有左衛將軍莫者殺羝、南凉州刺史莫侯悌眷”。

〔六〕九月　見《偏霸部》，《載記》無。

己丑。二年晉太元十四年。　正月，[七]苻登遣使拜乾歸爲大將軍、大單于、金城王。

【校勘記】

〔七〕二年正月　《偏霸部》同，《載記》作“太元十四年”。

南羌獨如率衆七千降之，休官阿敦、侯年二部各擁五千餘落據牽屯山，爲其邊害。乾歸討破之，悉降其衆，於是聲振邊服。吐谷渾大人視連遣使貢方物。鮮卑豆留鞬、叱豆渾及南丘鹿結，並休官曷呼奴、盧水尉地拔並率衆降於乾歸，皆署其官爵。

庚寅。三年　隴西太守越質詰歸以平襄叛，自稱建國將軍、右賢王。

辛卯。四年　乾歸擊敗之，詰歸東奔隴山。既而擁衆來降，乾歸妻以宗女，署立義將軍。

苻登將没奕干遣使結好，以二子爲質，請討鮮卑大兜國。乾歸乃與没奕干攻大兜於安陽城，大兜退固鳴蟬堡，乾歸攻陷之，遂還金城。

爲吕光弟寶所攻，敗於鳴雀峽，退屯青岸。

壬辰。五年　寶進追乾歸，乾歸使其將彭奚念斷其歸路，躬貫甲冑，連戰敗之，寶及將士投河死者萬餘人。

癸巳。六年　立子熾磐爲太子。[八]

【校勘記】

〔八〕六年立子熾磐爲太子　見《偏霸部》,《載記》無。

甲午。七年　苻登遣使署乾歸假黄鉞、大都督隴右河西諸軍事、左丞相、大將軍、河南王,領秦梁益涼沙五州牧,加九錫之禮。時登爲姚興所逼,遣使請兵,進封乾歸梁王,命署官司,納其妹東平長公主爲梁王后。〔九〕乾歸遣其前將軍乞伏益州、冠軍翟瑥率騎二萬救之。會登爲興所殺,乃還師。

【校勘記】

〔九〕東平長公主　"長"字原無,據《載記》補。

十月,〔一○〕氐王楊定率步騎四萬來伐。乾歸謂諸將曰:"楊定以勇虐聚衆,窮兵逞欲。兵猶火也,不戢,將自焚。定之此役,殆天以之資我也。"於是遣其涼州牧乞伏軻殫、秦州牧乞伏益州、立義將軍詰歸距之。定敗益州於平川,軻殫、詰歸引衆而退。翟瑥奮劍諫曰:"吾王以神武之姿,開基隴右,東征西討,靡不席卷,威震秦梁,聲光巴漢。將軍以維城之重,受閫外之寄,宜宣力致命,輔寧家國。秦州雖敗,二軍猶全,奈何不思赴救,便逆奔散,何面目以見王乎!昔項羽斬慶子以寧楚,胡建戮監軍以成功,將軍之所聞也。瑥誠才非古人,敢忘項氏之義乎!"軻殫曰:"向所以未赴秦州者,未知衆心何如耳。敗不相救,軍罰所先,敢自寧乎!"乃率騎赴之。益州、詰歸亦勒衆而進,大敗定軍,斬定及首級萬有七千。於是盡有隴西之地。〔一一〕

【校勘記】

〔一○〕十月　見《偏霸部》,《載記》無。

〔一一〕隴西之地　《偏霸部》同,《載記》作"隴西巴西之地”，疑誤。

以太元十九“九”原誤“七”。年十二月僭稱秦王，[一二]大赦其境内殊死已下。署其長子熾磐領尚書令，左長史邊芮爲尚書左僕射，右長史祕宜爲右僕射，“僕射祕宜”四字亦見《廣韻》。[一三]翟瑥爲吏部尚書，翟勍爲主客尚書，杜宣爲兵部尚書，王松壽爲民部尚書，樊謙爲三公尚書，方弘、[一四]麴景爲侍中，自餘拜授一如魏武、晉文故事。猶稱大單于、大將軍。

【校勘記】

〔一二〕以太元十九年十二月僭稱秦王　《載記》作“太元十七年”，《偏霸部》作“十二月僭稱秦王”，事在乾歸太初七年，即晉太元十九年。

〔一三〕見《廣韻》卷四《至韻》“祕”字。

〔一四〕方弘　原作“方引”，據《載記》改。

乙未。八年[一五]　楊定之死也，天水姜乳襲據上邽。至是，遣乞伏益州討之。邊芮、王松壽言於乾歸曰：“益州以懿弟之親，屢有戰功，狃於累勝，常有驕色。若其遇寇，必將易之。且未宜專任，示有所先。”乾歸曰：“益州驍勇善御衆，諸將莫有及之者，但恐其專擅耳。若以重佐輔之，當無慮也。”於是以平北韋虔爲長史，散騎常侍務和爲司馬。至大寒嶺，益州恃勝自矜，不爲部陣，命將士解甲游畋縱飲，令曰：“敢言軍事者斬。”虔等諫曰：“王以將軍親重，故委以專征之任，庶能摧彼凶醜，以副具瞻。賊已垂逼，奈何解甲自寬，宴安酖毒，竊爲將軍危之！”益州曰：“乳以烏合之衆，聞吾至，理應遠竄。今乃與吾決戰者，斯成擒也。吾自揣之有方，卿等不足慮也。”乳率衆距戰，益州果敗。乾歸曰：“孤違蹇叔，以至於此。將士何爲,孤之罪也。"皆赦之。

【校勘記】

〔一五〕八年　見《偏霸部》,《載記》無。

索虜禿髮如苟率户二萬降之,乾歸妻以宗女。

呂光率衆十萬來伐乾歸,^{〔一六〕}左輔密貴周、左衛將軍莫者殺瓱八字亦見《廣韻》引。^{〔一七〕}言於乾歸曰:"光旦夕將至,陛下以命世雄姿,開業洮、罕,克剪群凶,威振遐邇,將鼓淳風於東夏,建八百之鴻慶,不忍小屈,與奸豎競於一時,若機事不捷,非國家利也。宜遣愛子以退之。"乾歸乃稱藩於光,遣子勃勃爲質。^{〔一八〕}既而悔之,遂誅周等。

丙申。九年　乞伏軻殫與乞伏益州不平,奔於呂光。光又伐之,咸勸其東奔成紀,乾歸不從,謂諸將曰:"昔曹孟德敗袁本初於官渡,陸伯言摧劉玄德於白帝,皆以權略取之,豈在衆乎!光雖舉全州之衆,而無經遠之算,不足憚也。且其精卒盡在呂延,延雖勇而愚,易以奇策制之。延軍若敗,光亦遁還,乘勝追奔,可以得志。"衆咸曰:"非所及也。"

【校勘記】

〔一六〕來伐乾歸　《載記》作"將伐乾歸",《偏霸部》作"來伐"。

〔一七〕見《廣韻》卷五《鐸韻》"莫"字。

〔一八〕遣子勃勃爲質　"勃勃",《偏霸部》同,《載記》作"敕勃"。

丁酉。十年^{〔一九〕}晉隆安元年。　光遣其子纂伐乾歸,使呂延爲前鋒。乾歸泣謂諸將曰:"今事勢窮蹙,逃命無所,死中求生,正在今日。涼軍雖四面而至,然相去遼遠,山河既阻,力不周接，敗其一軍而衆軍自退。”乃縱反間，稱秦王乾歸衆潰，東奔成紀。延信之，引師輕進，果爲乾歸所敗，遂斬之。戊戌。

【校勘記】

〔一九〕十年　《載記》作“隆安元年”。

十一年　禿髮烏孤遣使來結和親。使乞伏益州攻剋支陽、鸚武、允吾三城，俘獲萬餘人而還。又遣益州與武衞慕容允、冠軍翟瑥率騎二萬伐吐谷渾視羆，至於度周川，大破之。視羆遁堡白蘭山，遣使謝罪，貢其方物，以子宕豈爲質。

己亥。十二年　鮮卑叠掘河内率户五千，自魏降乾歸。

庚子。十三年〔二○〕　乾歸所居南景門崩，惡之，遂遷於苑川。

【校勘記】

〔二○〕十三年　見《偏霸部》，《載記》無。

秦姚興征西大將軍姚碩德率衆五萬來伐，〔二一〕入自南安峽，乾歸次於隴西以距碩德。興潛師繼發，乾歸聞興將至，謂諸將曰：“吾自開建以來，屢摧勍敵，乘機籍算，舉無遺策。今姚興盡中國之師，軍勢甚盛，山川阻狹，無縱馳之地，宜引師平川，伺其殆而擊之。存亡之機，在斯一舉，卿等勠力勉之！若梟剪姚興，關中之地盡吾有也。”於是遣其衞軍慕容允率中軍二萬遷於柏陽，鎮軍羅敦將外軍四萬遷於侯辰谷，乾歸自率輕騎數千候興軍勢。俄而大風昏霧，遂與中軍相失，爲興追騎所逼，入於外軍。且而交戰，爲興所敗。乾歸遁還苑川，遂走金城，謂諸豪帥曰：“吾才非命世，謬爲諸君所推，心存撥亂，而德非時雄，叨竊名器，年踰一紀，負乘致寇，傾喪若斯。今人衆已散，勢不得安，吾欲西保允吾以避其鋒。若方軌西邁,理難俱濟,卿等宜安土降秦,保全妻子。"群下咸曰:"昔古公杖策,豳人歸懷;玄德南奔,荊楚襁負。分岐之感,古人所悲,況臣等義深父子,而有心離背!請死生與陛下俱。"乾歸曰:"自古無不亡之國,廢興命也。苟天未亡我,冀興復有期。德之不建,何爲俱死!公等自愛,吾將寄食以終餘年。"於是大哭而別,乃率騎數百馳至允吾。禿髮利鹿孤遣弟俱檀迎乾歸,處之於晉興。

【校勘記】

〔二一〕秦姚興征西大將軍姚碩德率衆五萬來伐　《偏霸部》無"姚興",《載記》作:"姚興將姚碩德率衆五萬伐之。"

南羌梁弋等遣使招之,乾歸將叛,謀泄,利鹿孤遣弟吐雷屯於拊天嶺。乾歸懼爲利鹿孤所害,謂其子熾磐曰:"吾不能負荷大業,致兹顛覆。以利鹿孤義兼姻好,冀存唇齒之援,乃忘義背親,謀人父子,忌吾威名,勢不全立。姚興方盛,吾將歸之。若其俱去,必爲追騎所及。今送汝兄弟及汝母爲質,彼必不疑。吾既在秦,終不害汝。"於是送熾磐兄弟於西平,乾歸遂奔長安。姚興見而大悦,拜乾歸持節、都督河南諸軍事、鎮遠將軍、河州刺史、歸義侯。

辛丑。太初十四年〔二二〕　姚興遣乾歸還鎮苑川,盡以部衆配之。乾歸既至苑川,以邊芮爲長史,王松壽爲司馬,公卿大將已下悉降號爲偏裨。

五月,乾歸隨姚碩德伐涼。〔二三〕此節依《通鑑考異》引《十六國·西秦春秋》補。

【校勘記】

〔二二〕十四年　見《偏霸部》,《載記》無。

〔二三〕五月乾歸隨姚碩德伐涼　《載記》無,見《通鑑》卷一一二隆安五年吕隆降秦事,《考異》引《十六國·西秦春秋》。

壬寅。十五年〔二四〕晉元興元年。　熾磐自西平奔長安,姚興以爲振忠將軍、興晉太守,尋遣使者加乾歸散騎常侍、左賢王。

【校勘記】

〔二四〕十五年　《載記》作“元興元年”。

癸卯。十六年　遣隨興將齊難迎吕隆於河西。討叛羌党龍頭於滋川。

甲辰。十七年　攻楊盛將苻帛於皮氏堡,克之。〔二五〕

【校勘記】

〔二五〕克之　《載記》作“並克之”,又上文無“十七年”,謂並克苻帛及党龍頭。

乙巳。十八年晉義熙元年。　正月,乾歸至自長安。〔二六〕破吐谷渾將大孩,俘獲萬餘人而還。尋復率衆攻楊盛將楊玉於西陽堡,克之。

【校勘記】

〔二六〕十八年正月乾歸至自長安　見《偏霸部》,《載記》無。

丙午。十九年晉義熙二年。

五月,〔二七〕苑川地震裂生毛,百草皆自反,〔二八〕以上亦見御覽八百八十及九百九十四,據補。狐雉入於寢内,乾歸甚惡之。

十一月,又朝於長安。〔二九〕

【校勘記】

〔二七〕十九年五月　見《偏霸部》,《載記》無。

〔二八〕百草皆自反　《載記》《偏霸部》無,《御覽》卷九九四引《十六國春秋·西秦録》云:"永和二年,國中地震,百草皆自及。"按西秦無永和年號,晉永和二年亦不及西秦,而後秦姚泓有永和二年,疑《御覽》卷九九四誤《後秦録》爲《西秦録》,《輯補》又誤補於此。

〔二九〕十一月又朝於長安　見《偏霸部》,《載記》無。

丁未。二十年〔三〇〕義熙三年。　姚興慮乾歸終爲西州一作"川"。之患,〔三一〕因其朝也,留拜主客尚書,以其子熾磐爲建武將軍、西夷校尉,行河州刺史,〔三二〕監撫其衆。

【校勘記】

〔三〇〕二十年　見《偏霸部》,《載記》無。

〔三一〕西州　《載記》《纂録》《偏霸部》、屠本卷八五皆同,未見作"西川"者。

〔三二〕行河州刺史　見《偏霸部》,《載記》無。

戊申。二十一年〔三三〕義熙四年。　熾磐以長安兵亂將始,乃招結諸部一萬七千,築城於嶔岅山以據之。

【校勘記】

〔三三〕二十一年　見《偏霸部》,《載記》無。

己酉。更始元年　乾歸隨姚興如平涼。〔三四〕熾磐攻枹罕,克之,遂遣使來告乾歸,乾歸奔還苑川。〔三五〕鮮卑悦大堅有衆五千,自龍馬苑降乾歸。乾歸遂如枹罕,留熾磐鎮之。乾歸收衆三萬,遷於度堅山,群下勸乾歸稱王,乾歸以寡弱弗許。固請曰:"夫道應符歷,雖廢必興,圖籙所棄,雖成必敗。本初之衆，非不多也，魏武運籌，四州瓦解；尋、邑之兵，非不盛也，世祖龍升，亡新鳥散。故天命不可虛邀，符籙不可妄冀。姚數將終，否極始泰，乘機撫運，實係聖人。今見衆三萬，足可以疆理秦隴，清蕩洮河。陛下應運再興，四海鵠望，豈宜固守謙沖，不以社稷爲本！願時即大位，允副群心。”乾歸從之。以義熙五一誤“三”。年七月僭稱秦王，〔三六〕大赦其境内，改元更始，置百官，公卿以下皆復本位。

【校勘記】

〔三四〕更始元年乾歸隨姚興如平涼　《偏霸部》“平涼”作“平流”，餘同，《載記》無此句。

〔三五〕熾磐攻枹罕至奔還苑川　《偏霸部》同，《載記》語稍略。

〔三六〕以義熙五年七月僭稱秦王　“義熙五年”，《載記》作“義熙三年”。“七月”，見《偏霸部》，《載記》無。

庚戌。二年　遣熾磐討諭薄地延，師次煩于，地延率衆出降，署爲尚書，徙其部落於苑川。又遣隴西羌昌何攻剋姚興金城郡，以其驍騎乞伏務和爲東金城太守。乾歸復都苑川，又攻克興略陽、南安、隴西諸郡，徙二萬五千户於苑川、〔三七〕枹罕。

【校勘記】

〔三七〕二萬五千户　“户”字原無，據《載記》補。

辛亥。三年　姚興力未能西討，恐更爲邊害，遣使署乾歸使持節、〔三八〕散騎常侍、都督隴西嶺北匈奴雜胡諸軍事、征西大將軍、河州牧、大單于、河南王。乾歸方圖河右，權宜受之，遂稱藩於興。

【校勘記】

〔三八〕使持節　原作“持節”,據《載記》改。

遣熾磐與其次子中軍審虔率步騎一萬伐秃髮傉檀,〔三九〕師濟河,敗傉檀太子武臺於嶺南,獲牛馬十餘萬而還。又攻克興别將姚龍於伯陽堡,王憬於永洛城,徙四千餘户於苑川,三千餘户於譚郊。乾歸率步騎三萬征西羌彭利髮於枹罕。

【校勘記】

〔三九〕秃髮傉檀　“傉”字原無,據《載記》補。

壬子。四年〔四〇〕　師次於奴葵谷,利髮棄其部衆南奔。乾歸遣其將公府追及於清水,斬之。乾歸入枹罕,收羌户一萬三千。因率騎二萬討吐谷渾支統阿若干於赤水,大破降之。

五月,〔四一〕乾歸畋於五谿山,〔四二〕有梟集於其手,乾歸甚惡之。六月,〔四三〕爲兄子公府所弑,並其諸子十餘人。公府出奔固大夏,〔四四〕熾磐遷於枹罕,遣弟《載記》作“乾歸弟”。廣武將軍智達、揚武木奕干討之。〔四五〕公府走,達等追擒於嵻峎山南,並其四子,轘裂之於譚郊。八月,葬乾歸於枹罕元平陵,僞謚武元王,廟號高祖。〔四六〕在位二十四年。

【校勘記】

〔四〇〕四年　見《偏霸部》,《載記》無。

〔四一〕五月　見《偏霸部》,《載記》無。

〔四二〕五谿山　《偏霸部》同,《載記》作“五谿”。

〔四三〕六月　《偏霸部》同,《載記》作“六年”。

〔四四〕公府出奔固大夏　《載記》作“公府奔固大夏”,《偏霸部》作“公府出奔”。

〔四五〕揚武木奕干　《載記》作“陽武木奕于”。

〔四六〕八月至廟號高祖　"八月"、"元平陵"、"廟號高祖"，並見《偏霸部》，《載記》無。

頁九六一至九七三

《十六國春秋輯補》卷八十七《西秦録三·乞伏熾磐》

乞伏熾磐，乾歸長子也。性勇果英毅，臨機能斷，權略過人。初，乾歸爲姚興所敗，熾磐質於秃髪利鹿孤。後自南平逃而降興，興以爲振忠將軍、興晉太守，又拜建武將軍，行西夷校尉，留其衆鎮苑川。及乾歸返政，復立熾磐爲太子，領冠軍大將軍、都督中外諸軍、録尚書事。後乾歸稱藩於姚興，興遣使署熾磐假節、鎮西將軍、左賢王、平昌公，尋進號撫軍大將軍。

乾歸薨，義熙八原誤"六"。年，〔一〕熾磐襲僞位，自稱大將軍、河南王，〔二〕大赦，改年爲永康元年。〔三〕以尚書令翟勍爲相國，〔四〕麴景爲御史大夫，段暉爲中尉，弟延祚爲禁中録事，樊謙爲司直，封拜各有差。〔五〕罷尚書令、僕射、尚書、六卿、侍中、散騎常侍、黄門郎官，置中左右常侍、侍郎各三人。

【校勘記】

〔一〕八年　《載記》作"六年"。

〔二〕自稱大將軍河南王　見《偏霸部》，《載記》無。

〔三〕改年爲永康元年　《偏霸部》同，《載記》作"改元曰永康"。

〔四〕尚書令翟勍　《偏霸部》"翟勍"作"翟就"，《載記》無"尚書令"。按《通鑑》卷一一六作"翟勍"。

〔五〕封拜各有差　見《偏霸部》，《載記》無。

癸丑。永康二年[六]晉義熙九年。　遣其龍驤乞伏智達、平東王松壽討吐谷渾樹洛干於澆河,大破之,獲其將呼那烏提,虜三千餘户而還。又遣其鎮東曇達與松壽率騎一萬東討,破休官權小郎、吕破胡于白石川,虜其男女萬餘口,進據白石城,休官降者萬餘人。後顯親休官權小成、吕奴迦等叛保白坑,曇達謂將士曰:“昔伯珪憑險,卒有滅宗之禍;韓約肆暴,終受覆族之誅。今小成逆命白坑,宜在除滅,王者之師,有征無戰,粤爾興人,戮力勉之!”衆咸拔劍大呼,於是進攻白坑,斬小成、奴迦及首級四千七百,隴右休官悉降。遣安北烏地延、冠軍翟紹討吐谷渾别統句旁于泣勤川,大破之,俘獲甚衆。熾磐率諸將討吐谷渾别統支旁於長柳川,掘達於渴渾川,皆破之,前後俘獲男女二萬三千。[七]

【校勘記】

〔六〕永康二年　《載記》作“義熙九年”。

〔七〕熾磐率諸將至男女二萬三千　“掘達”,《載記》同,《偏霸部》作“屈達”,又《册府》卷二三一、《通鑑》卷一一六並作“掘達”。“二萬三千”,《載記》作“二萬八千”,《偏霸部》未及討支旁事而云:“磐討吐谷渾别統屈達于渴渾川,大破之,俘獲男女二萬三千”。按《通鑑》謂破支旁後“虜旁及其民五千餘户而還”,破掘達後“虜男女二萬三千”,蓋即《載記》所謂“前後俘獲男女二萬八千”,湯球誤改《載記》。

甲寅。三年晉義熙十年。　正月,[八]有五色雲起於南山,熾磐以爲己瑞,大悦,謂群臣曰:“吾今年應有所定,王業成矣!”於是繕甲整兵,以伺四方之隙。

五月,[九]聞秃髮傉檀西伐乙弗,投劍而起曰:“可以行矣！”率步騎二萬襲樂都，秃髮武臺憑城距守，熾磐攻之，一旬而克。遂入樂都，論功行賞各有差。遣平遠犍虔率騎五千追傉檀，徙武臺與其文武及百姓萬餘户於枹罕。傉檀遂降，署爲驃騎大將軍、左南公，隨傉檀文武依才銓擢之。

熾磐既并南涼，〔一〇〕兵强地廣，十月，僭即秦王位，〔一一〕置百官，立其妻秃髮氏爲王后。〔一二〕

【校勘記】

〔八〕三年正月　《偏霸部》同，《載記》作“僭立十年”，疑誤。

〔九〕五月　見《偏霸部》，《載記》無。

〔一〇〕熾磐既并南涼　“并南涼”，《偏霸部》同，《載記》作“兼傉檀”。

〔一一〕十月僭即秦王位　見《偏霸部》，《載記》無。

〔一二〕立其妻秃髮氏爲王后　“秃髮氏”，《載記》同，《偏霸部》作“吐蕃氏”。

乙卯。四年〔一三〕義熙十一年。　熾磐子元基自長安逃歸，拜尚書左僕射。〔一四〕熾磐攻剋沮渠蒙遜河湟太守沮渠漢平，以其左衛匹逵爲河湟太守，因討降乙弗窟乾而還。遣其將曇達、王松壽等討南羌彌姐康薄於赤水，降之。

【校勘記】

〔一三〕四年　《偏霸部》同，《載記》作“十一年”，謂義熙十一年。

〔一四〕熾磐子元基至尚書左僕射　見《偏霸部》，《載記》無。

丙辰。五年　熾磐攻漒川，師次沓中，沮渠蒙遜率衆攻石泉以救之。熾磐聞而引還,遣曇達與其將出連虔率騎五千赴之。蒙遜聞曇達至,引歸,遣使聘於熾磐,遂結和親。又遣曇達、王松壽等率騎一萬伐姚艾於上邽。曇達進據蒲水,艾距戰,大敗之,艾奔上邽。曇達進屯大利,破黄石、大羌二成,徙五千餘户於枹罕。

令其安東木奕干率騎七千討吐谷渾樹洛干於塞上,破其弟阿柴於堯扞川,俘獲五千餘口而還。洛干奔保白蘭山而死。熾磐聞而喜曰:"此虜矯矯,所謂有豕白蹢。往歲曇達東征,姚艾敗走;今木奕干西討,黠虜遠逃。境宇稍清,姦凶方殄,股肱惟良,吾無患矣。"於是以曇達爲左丞相,其子元基爲右丞相,麴景爲尚書令,翟紹爲左僕射。遣曇達、元基東討姚艾,降之。

丁巳。六年　乙弗鮮卑烏地延率户二萬降於熾磐,署爲建義將軍。地延尋死,弟他子立,以子軻蘭質於西平。他子從弟提孤等率户五千以西遷叛於熾磐。涼州刺史出連虔遣使喻之,提孤等歸降。熾磐以提孤姦滑,終爲邊患,税其部中戎馬六萬匹。後二歲而提孤等扇動部落,西奔出塞。他子率户五千入居西平。

先是,姚艾叛降蒙遜,蒙遜率衆迎之。艾叔父儁言於衆曰:"秦王寬仁有雅度,自可安土事之,何爲從涼主西遷?"衆咸以爲然,相率逐艾,推儁爲主,遣使請降。熾磐大悦,徵儁爲侍中、中書監、征南將軍,封隴西公,邑一千户。

戊午。七年　使征西他子討吐谷渾覓地於弱水南,大破之。覓地率衆六千降於熾磐,署爲弱水護軍。

遣其左衛匹達、建威梯君等討彭利和於漒川,大破之,利和單騎奔仇池，獲其妻子。徙羌豪三千户於枹罕，漒川羌三萬餘户皆安堵如故。

己未。建弘元年〔一五〕晉元熙元年。 立其第二子慕末爲太子，領撫軍大將軍、都督中外諸軍事，大赦境内，改元曰建弘，其臣佐等多所封授。熾磐在位八原誤“七”。年而宋氏受禪。〔一六〕

【校勘記】

〔一五〕建弘元年 《偏霸部》同，《載記》作“元熙元年”。

〔一六〕熾磐在位八年而宋氏受禪 “八年”，《載記》作“七年”。

庚申。二年宋永初元年。 吐谷渾阿柴遣使來降，熾磐署阿柴爲征西大將軍、開府儀同三司、安州牧、白蘭王。〔一七〕

【校勘記】

〔一七〕吐谷渾阿柴遣使來降至白蘭王 見屠本卷八六、《通鑑》卷一一九永初二年，《載記》無。湯球蓋以《御覽》卷三四九引《西秦録》有白蘭王阿柴卒時事，乃先叙其得封。

辛酉。三年

壬戌。四年 遣尚書郎莫者阿胡、積弩將軍又寅等入見於魏，貢黄金二百斤，並陳伐夏方略，太宗許之。〔一八〕

【校勘記】

〔一八〕遣尚書郎至太宗許之 見屠本卷八六，《載記》無。事又見《魏書》卷九九《乞伏國仁傳》及《通鑑》卷一一九景平元年。

癸亥。五年宋景平元年。

甲子。六年宋元嘉元年。

乙丑。七年　白蘭王吐谷渾阿柴卒。〔一九〕白蘭王吐谷渾
阿柴臨卒，呼子弟謂曰：“汝等各奉吾一隻箭，將玩之地下。”
俄而命母弟慕延曰：“取汝一隻箭折之。”延折之。又曰：“取
十九隻箭折之。”延不能折。柴曰：“汝曹知單者易折，衆則
難摧，戮力一心，然後社稷可固。”言終而卒。此節見《御覽》
三百四十九引。

吐谷渾掘達等帥部衆二萬餘落叛奔昴川，附於吐谷渾王
慕璝。〔二〇〕

【校勘記】

〔一九〕白蘭王吐谷渾阿柴卒　《載記》《御覽》卷三四九
引皆無此句。

〔二〇〕吐谷渾掘達至吐谷渾王慕璝　見屠本卷八六、
《通鑑》卷一二〇元嘉三年，《載記》無。《通鑑》“掘達”作
“握達”。

丙寅。八年　熾磐遣叔父平遠將軍埿頭、弟安遠將軍安
度爲質於魏，又使中書侍郎王愷、丞相從事中郎烏訥闐奉表
貢其方物。〔二一〕

【校勘記】

〔二一〕熾磐遣叔父平遠將軍埿頭至貢其方物　見屠本
卷八六，《載記》無。事又見《魏書》卷九九《乞伏國仁傳》。

丁卯。九年〔二二〕　以尚書焦嵩代姚濬領澆河太守，爲吐
谷渾元緒所執。〔二三〕

熾磐寢疾，顧命太子慕末，〔二四〕以宋元嘉四年乃薨於外
寢，〔二五〕子慕末嗣僞位。六月，葬武平陵，謚文昭王，廟號太
祖。〔二六〕

【校勘記】

〔二二〕九年　見《偏霸部》,《載記》無。

〔二三〕以尚書焦嵩至爲吐谷渾元緒所執　事見屠本卷六、《通鑑》卷一二一元嘉五年,《載記》無。"元緒",原作"元諸",據屠本及《通鑑》改。

〔二四〕熾磐寢疾顧命太子慕末　見《偏霸部》,《載記》無。

〔二五〕以宋元嘉四年乃薨於外寢　《載記》作"以宋元嘉四年死",《偏霸部》作"乃薨于外寢"。

〔二六〕六月至廟號太祖　見《偏霸部》,《載記》無。

頁九七五至九八〇、九八二至九八四

《十六國春秋輯補》卷八十七《西秦録三·乞伏慕末》〔二七〕

乞伏慕末,字安石。熾磐之第二子,〔二八〕幼而好學,有文才,建弘元年立爲太子。熾磐薨,僭即秦王位。

【校勘記】

〔二七〕《載記》無乞伏慕末事,《輯補·乞伏慕末傳》本《纂録》"乞伏慕末"條。下文見《纂録》《偏霸部》"乞伏慕末"條者,及原注已明出處者不出校。

〔二八〕熾磐之第二子　"第二子",屠本卷八六同,《偏霸部》作"太子"。按,本卷《乞伏熾磐傳》謂熾磐"立其第二子慕末爲太子"。

戊辰。永弘元年宋元嘉五年。　大赦,改年爲永弘元年。二月,立萬載爲太子。〔二九〕

沮渠蒙遜尚書王杼送戎廟千匹,〔三〇〕銀三百斤。〔三一〕此節依《御覽》八百十六引補。

【校勘記】

〔二九〕立萬載爲太子　《纂録》同,《偏霸部》"萬載"上有"子"字。

〔三〇〕沮渠蒙遜尚書王杼　"王杼",屠本卷八六、《通鑑》卷一二一同,《御覽》卷八一六引作"王朽"。

〔三一〕銀三百斤　"三百",原作"百三",據《御覽》卷八一六引乙正。

己巳。二年　殺尚書隴西辛進並其五族二十七人。〔三二〕

辛進字國都,隴西人,建弘初爲散騎常侍,從乞伏熾磐遊於後園凌霄觀,〔三三〕彈鳥丸傷慕末母之面。及慕末嗣位,〔三四〕問母面傷之由,母曰辛進彈鳥所傷。慕末怒,故誅之。《御覽》三百五十。

慕末弟軻殊羅烝熾磐左夫人禿髮氏,慕末知而禁之,因與叔父什寅謀殺慕末。使禿髮氏盜門鑰,鑰誤,門不得開,門者以告。慕末收其黨與盡殺之,而赦軻殊羅、什寅,鞭之。什寅曰:"我負汝死,不負汝鞭。"慕末怒,刳其腹,投尸於河水。禿髮氏乃自殺。〔三五〕

【校勘記】

〔三二〕殺尚書隴西辛進並其五族二十七人　見屠本卷八六,《載記》無。事亦見《魏書》卷九九《乞伏國仁傳》。

〔三三〕遊於後園凌霄觀　"凌霄觀",屠本卷八六同,《御覽》卷三五〇引作"霄觀",《通鑑》卷一二一作"陵霄觀"。

〔三四〕及慕末嗣位　御覽卷三五〇引作"至是",屠本卷八六、《通鑑》卷一二一作"及慕末即位"。

〔三五〕慕末弟軻殊羅至禿髮氏乃自殺　見屠本卷八七禿髮氏傳,《載記》無。事又見《魏書》卷九九《乞伏國仁傳》《通鑑》卷一二一。"赦軻殊羅什寅鞭之",《通鑑》"什寅"上有"執"字,《魏書》謂"欲鞭什寅"。

庚午。三年　什寅母弟前將軍白養及鎮衛將軍去列,以什寅之死,頗有怨言,慕末皆殺之。慕末政刑酷濫,内外崩離。九月,部民多叛,又爲河西王蒙遜所逼,遣中書侍郎王愷、從事中郎烏訥闃請迎於魏。世祖許以平涼以東、安定以西封之。〔三六〕慕末乃焚城邑,毀寶器,率户五千東如上邽,此句亦見《通鑑考異》。爲赫連定所拒,遂國南安。十一月,魏遣尚書庫結率騎五千來迎,慕末衛軍吉毗固諫以爲不宜遂内徙,從之。庫結引還。

【校勘記】

〔三六〕三年至封之　《偏霸部》惟"三年九月部民多叛",餘皆見屠本卷八六。

辛未。四年　赫連定遣其叔北平公韋代率衆一萬攻南安,城内大饑,人相食。傳侍中乞伏延祚、吏部尚書乞伏跋跋逾城奔代,慕末乃銜璧出降。送於上邽,及宗族五百餘人悉爲赫連定所誅。

自國仁建義元年乙酉歲至辛未,四十七載。《載記》作:"慕末在位三年,爲赫連定所殺。始國仁以孝武太元十年僭位,至慕末四世,凡四十有六載而滅。"

頁九八〇至九八一、九八四至九八五

《十六國春秋輯補》卷八十八《西秦録四》

醜門于弟

下將軍醜門于弟。廣韻。〔一〕

【校勘記】

〔一〕《廣韻》卷三《有韻》“醜”字云：“《西秦録》有下將軍醜門十弟。”按，《集韻》卷九“十弟”作“于弟”，《通志》卷二九《氏族略》作“弟子”。

武都氏

武都氏。廣韻。〔二〕

【校勘記】

〔二〕《廣韻》卷三《麌韻》“武”字云：“《西秦録》有武都氏。”

吐谷渾

視連辟奚子。既立，通聘於乞伏乾歸，拜爲白蘭王。視連幼廉慎有至性，以父憂卒，不知政事，不飲酒游田七年矣。鍾惡地進曰：“夫人君者，以德御世，以威齊衆，養以五味，娛以聲色。此四者，聖帝明王之所先也，而公皆略之。昔昭公儉嗇而喪，偃王仁義而亡，然則仁義所以存身，亦所以亡己。經國者，德禮也；濟世者，刑法也。二者或差，則綱維失緒。明公奕葉重光，恩結西夏，雖仁孝發於天然，猶宜憲章周孔，不可獨追徐偃之仁，使刑德委而不建。”視連泣曰：“先王追友于之痛，悲憤升遐，孤雖纂業，尸存而已。聲色游娛，豈所安也！

綱維刑禮，付之將來。"臨終，謂其子視罷曰："我高祖吐谷渾公常言子孫必有興者，永爲中國之西藩，慶流百世。吾已不及，汝亦不見，當在汝之子孫輩耳。"在位十五年而卒，有二子，長曰視罷，少曰烏紇堤。

視罷性英果有雄略，嘗從容謂博士金城騫苞曰："易云：'動静有常，剛柔斷矣。'先王以仁宰世，不任威刑，所以剛柔靡斷，取輕鄰敵。當仁不讓，豈宜拱默者乎！今將秣馬厲兵，爭衡中國，先生以爲何如？"苞曰："大王之言，高世之略，秦隴英豪所願聞也。"於是虚襟撫納，衆赴如歸。

乞伏乾歸遣使拜爲使持節、都督龍涸已西諸軍事、沙州牧、白蘭王。視罷不受，謂使者曰："自晉道不綱，〔三〕姦雄競逐，劉、石虐亂，秦、燕跋扈，河南王處形勝之地，宜當糾合義兵，以懲不順，奈何私相假署，擬僭群凶！寡人承五祖之休烈，控弦之士二萬，方欲掃氛秦隴，清彼沙凉，然後飲馬涇渭，戮問鼎之堅，以一丸泥封東關，開燕趙之路，〔四〕迎天子於西京，以盡遐藩之節，終不能如季孟、子陽妄自尊大。爲吾白河南王，何不立勳帝室，策名王府，建當年之功，流芳來葉邪！"乾歸大怒，然憚其强，初猶結好。後竟遣衆擊之，視罷大敗，退保白蘭。在位十一年，年三十三卒。子樹洛干年少，傳位於烏紇堤。

烏紇堤一名大孩，性懦弱，酖酒淫色，不恤國事。乞伏乾歸之入長安也，烏紇堤屢抄其境。乾歸怒，率騎討之。烏紇堤大敗，亡失萬餘口，保於南凉，遂卒於胡國。在位八年，時年三十五，視罷之子樹洛干立。

【校勘記】

〔三〕自晉道不綱　“綱”，原作“剛”，據《晉書》卷九七《四夷·吐谷渾傳》改。

〔四〕開燕趙之路　“開”，《晉書》卷九七《四夷·吐谷渾傳》作“閉”。

樹洛干九歲而孤，其母念氏聰惠有姿色，烏紇堤妻之，有寵，遂專國事。洛干十歲便自稱世子，年十六嗣立，率所部數千家奔歸莫何川，自稱大都督、車騎大將軍、大單于、吐谷渾王。化行所部，衆庶樂業，號爲戊寅可汗，沙漒雜種莫不歸附。乃宣言曰：“孤先祖避地於此，暨孤七世，思與群賢共康休緒。今士馬桓桓，控弦數萬，孤將振威梁益，稱霸西戎，觀兵三秦，遠朝天子，諸君以爲何如？”衆咸曰：“此盛德之事也，願大王自勉！”乞伏乾歸甚忌之，率騎二萬攻之於赤水，樹洛干大敗，遂降乾歸。乾歸拜爲平狄將軍、赤水都護，又以其弟吐護真爲捕虜將軍、層城都尉。[五]其後屢爲乞伏熾磐所破，又保白蘭，慚憤發病而卒。在位九年，時年二十四。熾磐聞其死，喜曰：“此虜矯矯，所謂有豕白蹢也。”有子四人，世子拾虔嗣。以上四段依《晉書·西戎傳》録。[六]

【校勘記】

〔五〕層城都尉　“層城”，原作“屠城”，據《晉書》卷九七《四夷·吐谷渾傳》改。

〔六〕《輯補》分《晉書》卷九七《四夷·吐谷渾傳》於《前燕》《西秦》二録末。吐谷渾、吐延、葉延、辟奚事見《輯補·前燕録》，其餘在此。

《讀史方輿紀要》卷三《歷代州域形式三·
十六國·西秦》

乞伏乾歸據苑川，苑川城，在今靖虜衞西南。亦稱秦。史謂之西秦。

史略：初，隴西鮮卑乞伏述延居於苑川，乞伏，鮮卑部落名也，後以爲姓。歸劉曜。曜亡，述延懼，遷於麥田，在今靖虜衞北。再傳至司繁。晉咸安元年苻堅將王統攻司繁於度堅山，在靖虜衞西。司繁降，秦以爲南單于，留之長安，而以司繁從叔吐雷爲勇士護軍，勇士城，在靖虜衞西南二百里。撫其部衆。寧康元年還鎮勇士川，尋卒，子國仁嗣。太元八年堅入寇，以國仁爲前將軍，領先鋒騎。會國仁叔父步頹叛，堅命國仁還討之，步頹迎降。及堅敗，國仁遂迫脅諸部拒秦。十年，國仁自稱秦、河二州牧，《載紀》："時國仁分其地置武城、武陽、安固、武始、漢陽、天水、歷陽、洮川、甘松、匡朋、白馬、苑川十二郡。"其地皆在今鞏昌、臨洮及洮、岷諸衞境內。築勇士城而都之。十二年，苻登封國仁爲苑川王，尋卒，衆推其弟乾歸爲河南王，時乞伏氏跨有涼州、河南地也。遷都金城。十四年，苻登以乾歸爲金城王。後又改爲河南王，又進封梁王。十九年，苻登爲姚興所敗，死，其子崇稱帝於湟中。乾歸逐之，崇奔隴西王楊定，定時據上邽及仇池之地。與定共擊乾歸，皆敗死。乾歸於是取隴西郡，稱秦王。二十年，乾歸遷於西城。苑川西城也。二十一年，略陽爲後秦所取。先是略陽爲休官夷權千成所據，是年姚興遣將姚碩德攻苻秦故將姜乳於上邽，降之，遂進取略陽。隆安四年，乾歸遷都苑川。是年姚興伐西秦，乾歸兵敗，其部衆悉降於秦。興進軍枹罕，乾歸自金城奔允吾，在今蘭州西北。乞降於武威王利鹿孤，尋又南奔枹罕降於姚秦。秦以乾歸爲河州刺史，居長安。五年，姚興使乾歸還鎮苑川，盡以其故部衆配之。義熙二年，乾歸朝秦，復留之，而以其子熾磐監其部衆。既而秦河州刺史彭奚念叛降南涼，秦以熾磐行河州刺史。四年，熾磐招結諸部築城於嶐峴山而據之。嶐峴山在蘭州南百七十里。五年，熾磐克枹罕，時乾歸從秦主興於平涼，聞之，逃歸苑川，令熾磐鎮枹罕。乾歸徙都度堅山，見上。既而復稱秦王。六年，攻拔秦金城，仍徙苑川。復攻秦略陽、南安、隴西諸郡，皆克之。七年，復降秦，仍封爲河南王。會西羌彭利髮襲據枹罕，乾歸擊平之，又徙都譚郊，譚郊城，在今河州西北。攻南涼取三河郡。今西寧衛南白土城，即故三河郡治。尋爲乞伏公府所弑。公府，國仁子。熾磐遣兵討誅之，遷於枹罕，命其弟曇達等分鎮譚郊、苑川。自稱河南王。九年，秦隴西郡降於熾磐。十年，襲南涼，入樂都，在今西寧衛西。遂并其地，復稱秦王。十一年，廣武爲北涼所拔，廣武城，在今蘭州西二百二十里。傉檀亦襲克其湟河郡。見張氏所置郡。十三年，劉裕滅秦，熾盤因取秦上邽。元熙元年，取漒川。漒川時爲西羌彭利和所據，今洮州衛南有漒川城。宋永初元年，夏取上邽。元嘉三年熾磐與傉檀相攻，夏主昌遣兵攻苑川，拔南安，又敗秦兵於嶐峴山，進攻枹罕及湟河、西平，大略而還。五年熾磐卒，子暮末立。六年北涼拔西平。七年暮末爲蒙遜所逼，求迎於魏，如上邽，爲夏人所拒，乃保南安，其故地皆入於吐谷渾。自苑川至西平、枹罕是也。既而略陽復降於夏。八年夏主定遣將攻南安，暮末窮蹙出降，旋爲夏所殺。

乞伏盛時，其地西逾浩亹，今西寧衛東有浩亹城。東極隴坻,北距河,南略吐谷渾。置秦州於南安,<small>初曰東秦州。</small>河州於枹罕,又嘗置定州於此,義熙十年改置涼州,尋復爲河州。涼州於樂都,<small>義熙十四年置沙州於此,尋改置涼州。</small>梁州於赤水,<small>赤水,今鞏昌府東五里赤亭水是也。元嘉四年熾磐置梁州於此,旋爲仇池所破,移置南漒,未幾又爲羌所破,梁州遂罷。南漒即漒川也。</small>益州於漒川,<small>元熙初置。</small>商州於澆河,<small>澆河城,在今西寧衛西百二十里。初張祚置商州於敦煌,熾磐又僑置於此。</small>沙州於湟河。<small>宋元嘉四年熾磐嘗改置沙州於西平,五年暮末又改置涼州於此。</small>又乾歸初置秦、梁等州及北河州,皆未詳所治。蓋乞伏於西北諸國差爲盛强,歷年亦最久云。

頁一三三至一三六

散見繫年史料

公元三二九年　東晉成帝咸和四年

初,隴西鮮卑乞伏述延居于苑川,乞伏,鮮卑部落之名,後以爲姓。苑川水,出天水勇士縣之子城南山,東流歷子城川,又北逕牧師苑,故漢牧苑之地也,有東、西苑城,相去七里,西城即乞伏所都也。杜佑曰:苑川,在蘭州五泉縣界。侵并鄰部,士馬强盛。及趙亡,述延懼,遷于麥田。述延卒,子傉大寒立;傉大寒卒,子司繁立。《水經注》:麥田山,在安定北界;山之東北,有麥田城,又北有麥田泉。傉,奴沃翻。乞伏始見于此。

《資治通鑑》卷九十四《晉紀十六・成帝咸和四年》頁二九七一至二九七二

苑川城……晉咸和初隴西鮮卑乞伏述延據苑川是也……或以此爲西秦所都之苑川,悮。

《讀史方輿紀要》卷五十五《陝西四・鳳翔府》頁二六四二

苑川城……晉咸和中,隴西鮮卑乞伏述延始居苑川。

《讀史方輿紀要》卷六十二《陝西十一・寧夏鎮》頁二九六五

鸇陰城……麥田城,在衛北。……晉咸和四年,乞伏述延見趙亡,懼,自苑川遷於麥田,即此城也。

《讀史方輿紀要》卷六十二《陝西十一·寧夏鎮》頁二九六五

公元三七一年　東晉廢帝太和六年　東晉簡文帝咸安元年　前秦宣昭帝建元七年

是歲,秦益州刺史王統攻隴西鮮卑乞伏司繁於度堅山,司繁帥騎三萬拒統于苑川。統潛襲度堅山,乞伏氏先自漠北南出、屯高平川,又自高平西南遷麥田山,司繁又自麥田遷于度堅山。《水經注》:苑川在天水勇士縣界。杜佑曰:在蘭州五泉縣界。以下文乞伏吐雷爲勇士護軍觀之,則《水經注》爲是。司繁部落五萬餘皆降於統;其衆聞妻子已降秦,不戰而潰。司繁無所歸,亦詣統降。降,户江翻。秦王堅以司繁爲南單于,留之長安;以司繁從叔吐雷爲勇士護軍,勇士,漢縣,晉省。此因漢縣名而置護軍。撫其部衆。爲後乞伏步頽以鮮卑叛秦張本。

《資治通鑑》卷一百三《晉紀二十五·簡文帝咸安元年》頁三二五四至三二五五

益州刺史王統攻隴西鮮卑乞伏司繁於度堅山,司繁帥衆三萬來拒,至於苑川。統潛襲度堅山,司繁部落五萬餘皆降於統,其衆聞妻子已降,不戰而潰。司繁無所歸,亦詣統降堅。以司繁爲南單于,留之長安。以司繁從叔乞伏吐雷爲勇士護軍,撫其部衆。

《十六國春秋》卷三十六《前秦録四·符堅上》頁二三

尋攻隴西鮮卑乞伏司繁於度堅山，降其部落五萬餘户。

　　《十六國春秋》卷四十二《前秦録十・王統》頁五十

苑川城……咸安初，乞伏司繁拒秦將王統於苑川，敗降秦。

　　《讀史方輿紀要》卷六十二《陝西十一・寧夏鎮》頁
二九六五

度堅山……晉時隴西鮮卑乞伏氏，先自漠北南出屯高平川，又自
高平西南遷麥田山，乞伏司繁又自麥田遷度堅山。咸安初，苻秦使王統
攻之，司繁拒統於苑川，統潛襲度堅山，克之。

　　《讀史方輿紀要》卷六十二《陝西十一・寧夏鎮》頁
二九六六

公元三七三年　東晉孝武帝寧康元年
前秦宣昭帝建元九年

是歲，鮮卑勃寒掠隴右，勃寒，亦隴西鮮卑也。秦王堅使乞
伏司繁討之，勃寒請降；遂使司繁鎮勇士川。勇士川即漢天水勇
士縣之地。

　　《資治通鑑》卷一百三《晉紀二十五・孝武帝寧康元年》
頁三二六六

是歲，鮮卑勃寒寇掠隴右。堅使乞伏司繁討之，勃寒請
降，遂使司繁鎮勇士川。

　　《十六國春秋》卷三十七《前秦録五・苻堅中》頁六

公元三七六年　東晉孝武帝太元元年
前秦宣昭帝建元十二年

是歲,乞伏司繁卒,子國仁立。爲乞伏國仁乘秦亂據隴西張本。

《資治通鑑》卷一百四《晉紀二十六・孝武帝太元元年》頁三二八〇

公元三八三年　東晉孝武帝太元八年
前秦宣昭帝建元十九年

秦王堅之入寇也,以乞伏國仁爲前將軍,領先鋒騎;騎,奇寄翻。會國仁叔父步頹反於隴西,堅遣國仁還討之。國仁,代司繁鎮勇士,見上卷元年。步頹聞之,大喜,迎國仁於路。國仁置酒,大言曰:"苻氏疲民逞兵,殆將亡矣,吾當與諸君共建一方之業。"及堅敗,國仁遂迫脅諸部,有不從者,擊而并之,衆至十餘萬。

《資治通鑑》卷一百五《晉紀二十七・孝武帝太元八年》頁三三一七

公元三八五年　東晉孝武帝太元十年
西秦宣烈王建義元年

是歲,鮮卑乞伏國仁私署大單于。

《魏書》卷二《太祖紀第二・太祖道武帝》頁二〇

是歲,乞伏國仁自稱大單于、秦河二州牧。

《晉書》卷九《帝紀第九・孝武帝》頁二三五

是歲,乞伏國仁私署秦、河二州牧、大單于。

　　《北史》卷一《魏本紀第一·太祖道武帝》頁一〇

是歲,乞伏乾歸自稱秦王。

《太平御覽》卷一〇二《皇王部二十七·太宗明元皇帝》
頁九三

是歲也,乞伏國仁據枹罕稱秦。

《太平御覽》卷一一九《偏霸部三·前趙劉淵》頁二三六

西秦乞伏國仁都定樂。

《太平御覽》卷一五五《州郡部一·叙京都上》頁五三二

苑川城,在郡西。即乞伏國仁所都,後至乞伏慕末爲赫
連定所滅。

《太平寰宇記》卷一百五十一《隴右道二·蘭州·五泉
縣》頁二九二七

西秦乞伏國仁代其父司繁爲苻堅鎮西將軍,鎮勇士川。
及堅興壽春之役,徵爲將軍,領先鋒騎。會國仁叔父步頹叛
於隴西,堅遣國仁還討之。步頹聞而大悦,迎國仁於路。國
仁置酒高會,攘袂大言曰:"苻氏往因趙石之亂,遂妄竊名號,
窮兵極武,跨僭八州。疆宇既寧,宜綏以德,方虚廣威聲,勤
心遠略,騷動蒼生,疲弊中國,違天怒人,將何以濟!且物極
則虧、禍盈而覆者,天之道也。以吾量之,是役也,難以免矣。

當與諸君成一方之業。"及堅敗歸,國仁乃招集諸部,有不附
者,討而并之,衆至十餘萬。及堅爲姚萇所殺,國仁謂其豪帥
曰:"苻氏以高世之姿而困於烏合之衆,可謂天也。夫守常迷
運,先達耻之;見機而作,英豪之舉。吾雖薄德,藉累世之資,
豈可睹時來之運而不作乎!"以太元十年自稱大都督、大將
軍、大單于,領秦河二州牧,置武城、武陽、安固、武始、漢陽、
天水、略陽、滃川、甘松、匡朋、白馬、苑川十二郡,築勇士城以
居之。

　　《册府元龜》卷二百二十三《僭僞部·勳伐》頁二六六六

　　西秦乞伏國仁,自稱大單于拜授各有差。

　　《册府元龜》卷二百三十《僭僞部·慶賜》頁二七三四

　　乞伏國仁自稱大都督、大將軍、單于,領秦河二州牧,單,
音蟬。改元建義,以乙旃童埿爲左相,屋引出支爲右相,獨孤
匹蹄爲左輔,武群勇士爲右輔,乙旃、屋引、獨孤、武群,皆夷人複
姓。乞伏與拓跋同出於鮮卑,故其部人亦有乙旃、獨孤二姓。埿,與泥
同。弟乾歸爲上將軍,分其地置武城等十二郡,《載記》曰:置
武城、武陽、安固、武始、漢陽、天水、略陽、滃川、甘松、匡朋、白馬、苑川
十二郡。築勇士城而都之。《水經注》:苑川水出勇士縣之子城南山,
北逕牧師苑,故漢牧苑之地也,有東、西二苑城,其城相去七里;西城即乞
伏所都。

　　《資治通鑑》卷一百六·《晉紀二十八·孝武帝太元十
年》頁三三五四

是歲,乞伏國仁自稱大單于,秦、河二州牧。

　　　　《通志》卷十下《晉紀十下·孝武帝》頁二〇七

是歲,乞伏國仁私署秦、河二州牧、大單于。

　　《通志》卷十五上《後魏紀十五上·道武帝》頁二七一

是歲也,乞伏國仁據枹罕稱秦。

　　《通志》卷一百八十六《載記一·序》頁二九六七

武都城……太元十年,西秦乞伏國仁得其地,置白馬郡治焉。

　　《讀史方輿紀要》卷五十九《陝西八·鞏昌府》頁二八二九

允吾城……太元十年,後涼吕光以主簿尉祐爲金城太守,祐至允吾,襲據其城以叛,光別將姜飛擊破之。尋爲乞伏乾歸所得。

　　《讀史方輿紀要》卷六十《陝西九·臨洮府河洮岷三衛》頁二八七二

列渾城……武成故城……西秦乞伏國仁亦置武城郡於此。

　　《讀史方輿紀要》卷六十《陝西九·臨洮府河洮岷三衛》頁二八八四

甘松城……乞伏國仁時置甘松郡。

　　《讀史方輿紀要》卷六十《陝西九·臨洮府河洮岷三衛》頁二八九二

勇士城……咸安初，秦苻堅使王統攻隴西鮮卑乞伏司繁於度堅山，司繁降，因置勇士護軍於勇士川，使乞伏吐雷撫其衆，尋使司繁鎮之。其子國仁因苻堅之敗遂叛秦，太元十年，國仁築勇士城而都之是也。

《讀史方輿紀要》卷六十二《陝西十一·甘肅行都司》頁二九六四至二九六五

苑川城……其後乞伏國仁據勇士城，苻登封爲苑川王。

《讀史方輿紀要》卷六十二《陝西十一·甘肅行都司》頁二九六五

公元三八六年　東晉孝武帝太元十一年
前秦哀平帝太安二年　前秦高帝太初元年
西秦宣烈王建義二年

西秦乞伏國仁，自稱大都督、領秦、河二州牧。明年，南安秘宜及諸羌虜來擊國仁，四面而至。國仁謂諸將曰："先人有奪人之心，不可坐待其至。宜抑威餌敵，羸師以張之。軍法所謂怒我而怠寇也。"於是勒衆五千，襲其不意，大敗之。秘宜奔還南安，尋與其弟莫侯悌率衆三萬餘戸降於國仁。

《册府元龜》卷二百二十七《僭僞部·謀略》頁二七〇六

南安祕宜祕，姓也。《前漢書·功臣表》有戴侯祕彭。時祕氏爲南安豪族。帥羌、胡五萬餘人攻乞伏國仁，國仁將兵五千逆擊，大破之。帥，讀曰率。將，即亮翻。宜奔還南安。

《資治通鑑》卷第一百六《晉紀二十八·孝武帝太元十一年》頁三三五八

祕宜與莫侯悌眷帥其衆三萬餘户降于乞伏國仁,國仁拜宜東秦州刺史,悌眷梁州刺史。莫侯,夷人複姓。降,户江翻;下同。

《資治通鑑》卷一百六《晉紀二十八·孝武帝太元十一年》頁三三六七

南河……六泉……《地記》:"東晉太元十一年,西秦乞伏國仁帥騎兵襲鮮卑三部大人密貴等於六泉,即此處也。"

《讀史方輿紀要》卷五十九《陝西八·鞏昌府》頁二八一三

公元三八七年　東晉孝武帝太元十二年　前秦高帝太初二年　西秦宣烈王建義三年

又曰:西秦乞伏國仁,建義三年造刀一口,銘曰建義,隸字。

《太平御覽》卷三四六《兵部七七·刀下》頁二〇〇

西秦乞伏國仁自稱大都督、大將軍、秦、河二州牧。苻登遣使者署國仁使持節、大都督雜夷諸軍事、大將軍、大單于、苑川王。

《册府元龜》卷二百三十《僭偽部·交好》頁二七三六

三月,秦主登以竇衝爲南秦州牧,楊定爲益州牧,楊壁爲司空、梁州牧,乞伏國仁爲大將軍、大單于、苑川王。杜佑曰:苑川在蘭州五泉縣,近大、小榆谷。余謂杜佑以意言之。單,音蟬。

《資治通鑑》卷一百七《晉紀二十九·孝武帝太元十二年》頁三三七六

乞伏國仁爲大將軍、大單于、苑川王。

　　　　　《十六國春秋》卷四十《前秦録八·苻登》頁五

六泉。《十六國春秋》:"乞伏國仁建義三年率騎兵三萬襲鮮卑大人密貴、裕苟、提倫等三部于六泉。"即此水也。

　　　　《太平寰宇記》卷一百五十一《隴右道二·渭州·襄武縣》頁二九二一

苑川王國仁帥騎三萬襲鮮卑大人密貴、裕苟、提倫三部于六泉。密貴爲一部,裕苟爲一部,提倫爲一部。六泉在高平。帥,讀曰率。騎,奇寄翻。秋,七月,與没弈干、金熙戰于渴渾川。據《載記》,國仁襲三部,而没弈干、金熙連兵襲國仁,故遇戰于渴渾川,其地當在天水勇士縣東北。没弈干、金熙大敗,三部皆降。降,户江翻。

　　　　《資治通鑑》卷一百七《晉紀二十九·孝武帝太元十二年》頁三三七八至三三七九

長澤川……六泉,在縣西北。晉太元十二年,乞伏國仁襲鮮卑三部大人於六泉,三部皆降於國仁。

　　　　《讀史方輿紀要》卷五十八《陝西七·平涼府》頁二七八九至二七九〇

渴渾川……晉太元十二年,乞伏國仁襲鮮卑三部於六泉,鮮卑没弈干等連兵來襲勇士,遇戰於渴渾川,没弈干等大敗,三部皆降於國仁。

　　　　《讀史方輿紀要》卷六十二《陝西十一·寧夏鎮》頁二九六七

公元三八八年　東晉孝武帝太元十三年　前秦高帝太初三年　西秦武元王太初元年

苑川王國仁破鮮卑越質叱黎於平襄，平襄縣，漢屬天水郡，晉屬略陽郡。越質蓋鮮卑部落之號，後以爲氏。獲其子詰歸。

《資治通鑑》卷一百七《晉紀二十九·孝武帝太元十三年》頁三三八三

平襄城……太元十三年，乞伏國仁破鮮卑越質赤利於平襄，獲其子詰歸。

《讀史方輿紀要》卷五十九《陝西八·鞏昌府》頁二八二一

是歲，乞伏國仁死，弟乾歸立，私署河南王。

《魏書》卷二《太祖紀第二·太祖道武帝》頁二二

夏六月，旱。乞伏國仁死，弟乾歸嗣僞位，僭號河南王。

《晉書》卷九《帝紀第九·孝武帝》頁二三七

六月，乞伏國仁死，其弟乾歸立，私署河南王。

《北史》卷一《魏本紀第一·太祖道武帝》頁一一

西秦乞伏乾歸，晉太元十三年自立爲大都督、大將軍、大單于、河南王，赦其境內。

《册府元龜》卷二百二十六《僭僞部·恩宥》頁二六九九

乞伏乾歸自稱河南王，封拜各有差。

《册府元龜》卷二百三十《僭偽部・慶賜》頁二七三四

六月，苑川王乞伏國仁卒，謚曰宣烈，廟號烈祖。其子公府尚幼，群下推國仁弟乾歸爲大都督、大將軍、大單于、河南王，時乞伏氏跨有涼州、河南之地，遂爲國號。爲後公府殺乾歸張本。單，音蟬。大赦，改元太初。

《資治通鑑》卷一百七《晉紀二十九・孝武帝太元十三年》頁三三八四

夏六月，旱。乞伏國仁死，弟乾歸嗣僞位，僭號河南王。

《通志》卷十下《晉紀十下・孝武帝》頁二〇七

六月，乞伏國仁死。其弟乾歸立私署河南王。

《通志》卷十五上《後魏紀十五上・道武帝》頁二七一

前秦苻堅置河州，西秦乞伏乾歸又據於此。

《通典》卷一百七十四《州郡四・古雍州下・安鄉郡》頁四五四八

河南王乾歸立其妻邊氏爲王后；置百官，仿漢制，以南川侯出連乞都爲丞相，出連亦以部落之號爲氏。梁州刺史悌眷爲御史大夫，金城邊芮爲左長史，東秦州刺史祕宜爲右長史，乞伏氏置東秦州於南安。武始翟勍爲左司馬，勍，渠京翻。略陽王松壽爲主簿，從弟軻彈爲梁州牧，弟益州爲秦州牧，屈眷爲河州牧。乞伏乾歸所置州牧,不過分居河、隴之間。從,才用翻。

《資治通鑑》卷一百七《晉紀二十九·孝武帝太元十三年》頁三三八四至三三八五

乾歸故城,在縣西四十三里。乞伏乾歸據苑川,自號西秦,因築此城。〔五三〕

【校勘記】

〔五三〕乾歸故城(至)因築此城　《考證》:此錯簡,宜移入蘭州五泉縣。蘭州叙云“西秦伏乞乾歸都苑川,南凉禿髮烏孤都廣武,皆此地也”。原注云“苑川在今五泉縣”。與天興無涉,傳鈔跳錯,宜改正。

《元和郡縣圖志》卷第二《關內道二·鳳翔府·天興縣》頁四一、五二

乾歸故城,在縣西四十三里。《十六國春秋》曰:“苻登太初三年,乞伏乾歸西據苑川,號爲西秦。”因築此城也。〔二〇〕

【校勘記】

〔二〇〕乾歸故城至築此城也　“四十三”,底本作“四十二”,《庫》本同,據萬本及《元和郡縣圖志·鳳翔府》改。按本書卷一五一蘭州序曰:“西秦乞伏乾德自苑川徙都焉,十六國南凉禿髮烏孤都廣武,皆此也。”蘭州治五泉縣苑川城:“在郡西,即乞伏國仁所都。”與天興縣無涉,此傳鈔誤入。

《太平寰宇記》卷三十《關西道六·鳳翔府·天興縣》頁六三五、六五〇

乞伏乾歸,國仁死,乾歸立爲河南王,遂遷于金城。

《册府元龜》卷二百三十《僭僞部·交好》頁二七三六

西秦乞伏乾歸僭稱河南王。

《册府元龜》卷二百三十一《僭僞部·征伐》頁二七五二

九月,河南王乾歸遷都金城。

《資治通鑑》卷一百七《晉紀二十九·孝武帝太元十三年》頁三三八五

五泉　漢金城縣,屬金城郡,西羌所處。後漢置西海郡,乞伏乾歸都此,稱凉。〔一一〇〕

【校勘記】

〔一一〇〕乞伏乾歸都此稱凉　據《晉書》卷一二五乞伏乾歸傳、《元和志》卷三九、《寰宇記》卷一五一,"凉"字應爲"秦"字之誤。

《舊唐書》卷四十《頁第二十·地理三·隴右道》頁一六三四、一六五九

乞伏國仁都定樂後遷金城,謂之西秦。定樂,蘭州東境。金城,河州。

《通志》卷四十一《都邑略·十六國都》頁五五五

召城……乾歸城,在府西四十二里,志以爲乞伏乾歸所築也。

《讀史方輿紀要》卷五十五《陝西四·鳳翔府》頁二六三七

公元三八九年　東晉孝武帝太元十四年　前秦高帝太初四年　西秦武元王太初二年

晉孝武太元十四年,符登遣使署乾歸大將軍、大單于、金城王。

《册府元龜》卷二百三十《僭僞部·交好》頁二七三六

秦主登以河南王乾歸爲大將軍、大單于、金城王。單,音蟬。

《資治通鑑》卷一百七《晉紀二十九·孝武帝太元十四年》頁三三八七

太初四年春正月,登以河南王乞伏乾歸爲大將軍、大單于、金城王。

《十六國春秋》卷四十《前秦録八·符登》頁十一

金城王乾歸擊侯年部,大破之。於是秦、涼、鮮卑、羌、胡多附乾歸,乾歸悉授以官爵。

《資治通鑑》卷一百七《晉紀二十九·孝武帝太元十四年》頁三三八八

十一月,枹罕羌彭奚念附於乞伏乾歸,以奚念爲北河州刺史。枹罕舊爲河州治所。乞伏氏先於境内置河州,以屈眷爲牧,故以枹罕爲北河州,以奚念爲刺史。枹,音膚。

《資治通鑑》卷一百七《晉紀二十九·孝武帝太元十四年》頁三三九〇

河州……後爲西秦乞伏乾歸所據。乞伏氏嘗置北河州，鎮枹罕。《十六國春秋》：乾歸太初二年，枹罕羌彭奚念來歸，以爲北河州刺史。九年，奚念入朝，以翟瑥爲興晉太守，鎮枹罕。熾磐永康元年，遷於枹罕。暮末永弘二年，焚城邑東走，故地皆入吐谷渾。

《讀史方輿紀要》卷六十《陝西九·臨洮府河洮岷三衛》頁二八八〇

公元三九〇年　東晉孝武帝太元十五年　北魏道武帝登國五年　西秦武元王太初三年

視連既立，通聘於乞伏乾歸，拜爲白蘭王。

《晉書》卷九十七《列傳第六十七·四夷·西戎·吐谷渾》頁二五四〇

西秦吐谷渾視連既立，通聘於乞伏乾歸。乾歸拜爲白蘭王。

《册府元龜》卷九百八十《外臣部·通好》頁一一五〇九

吐谷渾視連遣使獻見於金城王乾歸，乾歸拜視連沙州牧、白蘭王。河西張茂以敦煌、晉昌、西域都護、校尉、玉門大護軍三郡三營爲沙州；吐谷渾未能有其地也。李延壽曰：此以吐谷渾部内有黄沙，周迴數百里，不生草木，因號沙州。使，疏吏翻。見，賢遍翻。

《資治通鑑》卷一百七《晉紀二十九·孝武帝太元十五年》頁三三九六

乞伏乾歸遣使拜爲使持節、都督龍涸已西諸軍事、沙州牧、白蘭王。視罷不受，謂使者曰："自晉道不綱，姦雄競逐，劉、石虐亂，秦、燕跋扈，河南王處形勝之地，宜當糾合義兵，以懲不順，奈何私相假署，擬僭群凶！寡人承五祖之休烈，控弦之士二萬，方欲掃氛秦隴，清彼沙凉，然後飲馬涇渭，戮問鼎之豎，以一丸泥封東關，閉燕趙之路，迎天子於西京，以盡遐藩之節，終不能如季孟、子陽妄自尊大。爲吾白河南王，何不立勳帝室，策名王府，建當年之功，流芳來葉邪！"乾歸大怒，然憚其強，初猶結好，後竟遣衆擊之。視罷大敗，退保白蘭。在位十一年，年三十三卒。子樹洛干年少，傳位於烏紇堤。

《晉書》卷九十七《列傳第六十七·四夷·西戎·吐谷渾》頁二五四一

冬，十月，金城王乾歸遣使拜視罷沙州牧、白蘭王，視罷不受。爲後乞伏乾歸伐吐谷渾張本。

《資治通鑑》卷一百七《晉紀二十九·孝武帝太元十五年》頁三三九八

洮州衛……晉太元中，乞伏乾歸以吐谷渾視罷來降，拜爲沙州牧是也。

《讀史方輿紀要》卷六十《陝西九·臨洮府河洮岷三衛》頁二八八九

越質詰歸據平襄，叛金城王乾歸。十二年，越質詰歸附于乞伏氏。

《資治通鑑》卷一百七《晉紀二十九·孝武帝太元十五年》頁三三九八

乞伏乾歸遣使拜爲使持節、都督龍涸已西諸軍事、沙州牧、白蘭王，視罷不受，謂使者曰："自晉道不綱，姦雄競逐，劉、石虐亂，秦、燕跋扈，河南王處形勢之地，宜當糾合義兵，以懲不順，奈何私相假署，擬僭群凶。寡人承五祖之休烈，控弦之士二萬，方欲掃氛秦、隴，清彼沙、凉，然後飲馬涇、渭，戮問鼎之豎，以一泥丸封東關，閉燕、趙之路，迎天子於西京，以盡遐蕃之節，終不能如季孟、子陽妄自尊大。爲吾白河南王，何不立勳帝世，策名王府，建當年之功，流芳來世耶。"乾歸大怒，然憚其强，初猶結好，後竟遣衆擊之。視罷大敗，退保白蘭。在位十一年，年三十三卒。

《通志》卷一百九十五《四夷傳二·西戎上·吐谷渾》頁三一二八

平襄城……（東晉太元）十五年，詰歸據平襄，乞伏乾歸擊之，復降，皆是城也。

《讀史方輿紀要》卷五十九《陝西八·鞏昌府》頁二八二一

公元三九一年　東晉孝武帝太元十六年
北魏道武帝登國六年　前秦高帝太初六年
西秦武元王太初四年　後凉懿武帝麟嘉三年

金城王乾歸擊越質詰歸；詰歸降，降，戶江翻。乾歸以宗女妻之。妻，七細翻。

《資治通鑑》卷一百七《晉紀二十九·孝武帝太元十六年》頁三三九八

秦驃騎將軍沒弈干，驃，匹妙翻。騎，奇寄翻。以其二子爲質於金城王乾歸，質，音致。請共擊鮮卑大兜。乾歸與沒弈干攻大兜於鳴蟬堡，克之。據《載記》，大兜時據安陽城。安陽城在唐秦州隴城縣界；鳴蟬堡亦當在其地。兜微服走，乾歸收其部衆而還，還，從宣翻，又如字。歸沒弈干二子。沒弈干尋叛，東合劉衛辰。八月，乾歸帥騎一萬討沒弈干，帥，讀曰率。沒弈干奔他樓城，他樓城在高平，唐太宗貞觀六年，以突厥降戶置緣州，治平高之他樓城；高宗置他樓縣，後省入原州蕭關縣界。乾歸射之，中目。射，而亦翻。中，竹仲翻。

《資治通鑑》卷一百七《晉紀二十九·孝武帝太元十六年》頁三四〇〇

鳴蟬堡……晉太元十六年，苻秦鮮卑別部帥沒奕千與乞伏乾歸攻鮮卑大兜於鳴蟬堡，即此。

《讀史方輿紀要》卷五十九《陝西八·鞏昌府》頁二八四四

他樓城……晉太元十六年，乞伏乾歸擊鮮卑部帥沒弈干，沒弈干奔他樓城，即此。

《讀史方輿紀要》卷五十八《陝西七·平涼府》頁二七八七

三河王光遣兵乘虛伐金城王乾歸；乘其伐沒弈干之虛也。乾歸聞之，引兵還，光兵亦退。

《資治通鑑》卷一百七《晉紀二十九·孝武帝太元十六年》頁三四〇二

　　冬十月,金城王乞伏乾歸遣南羌彭奚念入攻白土,都尉孫嶠退奔興城。光遣兵乘虛伐金城,乾歸聞之,引兵而去,光亦引還。

　　　　《十六國春秋》卷八十一《後涼録一·吕光》頁十五

公元三九二年　　東晉孝武帝太元十七年
北魏道武帝登國七年　　西秦武元王太初五年
後涼懿武帝麟嘉四年

　　光遣其南中郎將吕方及其弟右將軍吕寶、振威楊範、强弩寶苟討乞伏乾歸于金城。方屯河北,寶進師濟河,爲乾歸所敗,寶死之。武賁吕纂、强弩寶苟率步騎五千南討彭奚念,戰于盤夷,大敗而歸。光親討乾歸、奚念,遣纂及揚武楊軌、建忠沮渠羅仇、建武梁恭軍于左南。奚念大懼,于白土津累石爲堤,以水自固,遣精兵一萬距守河津。光遣將軍王寶潛趣上津,夜渡湟河。光濟自石堤,攻克枹罕,奚念單騎奔甘松,光振旅而旋。

　　　　《晉書》卷一百二十二《載記第二十二·吕光》頁三〇五九至三〇六〇

　　南羌彭奚念入攻白土,都尉孫嶠退奔興城,光遣其南中郎將吕方及其弟右將軍吕寶、振威楊範、强弩寶苟討乞伏乾歸於金城。方屯河北,寶進師濟河爲乾歸所敗,光親討乾歸、奚念。遣揚武楊軌、建忠沮渠羅仇、建武梁恭軍於左南。奚念大懼,於白土津累石爲堤,以水自固,遣精兵一萬距守河津。先遣將軍王寶潛趣上津,夜渡湟河,濟自石堤,攻克枹罕。奚念單騎奔甘松。光振旅而還。

　　《冊府元龜》卷二百三十一《僭偽部·征伐》頁二七五一

　　三河王光遣其弟右將軍寶等攻金城王乾歸,寶及將士
死者萬餘人。又遣其子虎賁中郎將纂擊南羌彭奚念,纂亦敗
歸。光自將擊奚念於枹罕,克之,奚念奔甘松。甘松郡,乞伏國
仁所置。及將,即亮翻;下同。賁,音奔。枹,音膚。

　　《資治通鑑》卷一百八《晉紀三十·孝武帝太元十七年》
頁三四〇七

　　三月,呂光子纂爲乞伏乾歸所敗。

　　　　《通志》卷十下《晉紀十下·安帝》頁二〇八

　　光遣其南中郎將呂方及其弟右將軍呂寶、振威楊範、強
弩寶苟討乞伏乾歸于金城。方屯河北,寶進師濟河,爲乾歸
所敗,寶死之。虎賁呂纂、強弩寶苟率步騎五千南討彭奚念,
戰于盤夷,大敗而歸。光親討乾歸、奚念,遣纂及揚武楊軌、
建忠沮渠羅仇、建武梁恭軍于左南,奚念大懼,於白土津累石
爲堤,以水自固,遣精兵一萬距守河津。光遣將軍王寶潛趣
上津,夜度湟河,光濟自石堤攻克枹罕。奚念單騎奔甘松,光
振旅而旋。

　　　　《通志》卷一百九十《載記五·呂光》頁三〇六三

　　麟嘉四年秋八月,光遣南中郎將方及弟右將軍寶、振威
將軍楊範、強弩將軍寶苟攻乞伏乾歸於金城。方屯河北,寶

進師濟河爲乾歸所敗，寶及將士死者萬餘人。

　　《十六國春秋》卷八十一《後凉録一·吕光》頁十五

　　光親討乾歸，苟又從纂率步騎三萬攻拔金城，以功遷左衛將軍，賜爵關内侯。

　　《十六國春秋》卷八十四《後凉録四·竇苟》頁八

　　壬辰。四年　光遣其南中郎將吕方及其弟右將軍吕寶、振威楊範、强弩竇苟討乞伏乾歸於金城。方屯河北，寶進師濟河，爲乾歸所敗，寶死之。

　　武賁吕纂、强弩竇苟率步騎五千南討彭奚念，戰於盤夷，大敗而歸。光親討乾歸、奚念，遣纂及揚武楊軌、建忠沮渠羅仇、建武梁恭軍於左南。奚念大懼，於白土津累石爲堤，以水自固，遣精兵一萬距守河津。光遣將軍王寶潛趣上津，夜渡湟河。光濟自石堤，攻克枹罕。奚念單騎奔甘松，光振旅而還。

　　《十六國春秋輯補》卷八十二《後凉録二·吕光》頁九二八

　　顯親城……太元十七年，休官權千成據顯親，自稱秦州牧，降於乞伏乾歸。休官，蓋雜夷部落也。

　　《讀史方輿紀要》卷五十九《陝西八·鞏昌府》頁二八三五

　　十七年，平隴西、巴西之地，赦其境内殊死已下。

　　《册府元龜》卷二百二十六《僭僞部·恩宥》頁二六九九

公元三九三年　東晉孝武帝太元十八年　北魏道武帝登國八年　西秦武元王太初六年

權千成爲秦所逼,請降於金城王乾歸,降,户江翻。乾歸以爲東秦州刺史、休官大都統、顯親公。

《資治通鑑》卷一百八《晉紀三十·孝武帝太元十八年》頁三四〇九

金城王乾歸立其子熾磐爲太子。熾,昌志翻。熾磐勇略明決,過於其父。

《資治通鑑》卷一百八《晉紀三十·孝武帝太元十八年》頁三四一〇

公元三九四年　東晉孝武帝太元十九年　北魏道武帝登國九年　前秦高帝太初九年　前秦末主延初元年　後秦武昭帝建初九年　後秦文桓帝皇初元年　西秦武元王太初七年

（符登）後又遣使署乾歸假黄鉞、大都督隴右河西諸軍事、左丞相、大將軍、河南王,領秦、梁、益、涼、沙五州牧加九錫之禮。

《册府元龜》卷二百三十《僭僞部·交好》頁二七三六

春,【章:十二行本“春”下有“正月”二字;乙十一行本同;孔本同;張校同。】秦主登聞後秦主萇卒,卒,子恤翻;下同。喜曰:“姚興小兒,吾折杖笞之耳。”乃大赦,盡衆而東,輕敵者敗,宜符登所以不亡於姚萇之時而亡於姚興之初立也。留司徒安成王廣守雍，雍，於用翻。太子崇守胡空堡；遣使拜金城王乾歸爲左丞相、河南王，領秦、梁、益、涼、沙五州牧，加九錫。使，疏吏翻；下同。

《資治通鑑》卷一百八《晉紀三十·孝武帝太元十九年》頁三四一二

遣使拜金城王乞伏乾歸爲左丞相、河南王、領秦梁益涼河五州牧，加九錫。

《十六國春秋》卷四十《前秦録八·符登》頁十一

前秦符登僭即帝位，爲姚興所逼。遣使請兵于乞伏乾歸，以其妹東平長公主爲秦梁王后。乾歸特遣其前將軍乞伏益州、冠軍翟德瑥率騎二萬救之，會登爲興所殺乃還師。

《册府元龜》卷二百三十《僭僞部·和好》頁二七三七至二七三八

登單馬奔雍，乞伏乾歸遣騎二萬救登。登引軍出迎，與興戰於山南，爲興所敗，被殺。

《册府元龜》卷二百三十四《僭僞部·兵敗》頁二七八二

秦主登遣其子汝陰王宗爲質於河南王乾歸以請救，質，音致。進封乾歸梁王，納其妹爲梁王后；乾歸遣前軍將軍乞伏益州等帥騎一萬救之。帥，讀曰率。騎，奇寄翻。秋，七月，登引兵出迎乾歸兵，後秦主興自安定如涇陽，與登戰于山南，馬髦山南也。執登，殺之。年五十二。

《資治通鑑》卷一百八《晉紀三十·孝武帝太元十九年》頁三四一三

登遺子汝陰王宗，質于隴西鮮卑乞伏乾歸結婚請援，乾歸遣騎二萬救登。

《通志》卷一百八十九《載記四·苻登》頁三○四○

登遺子汝陰王宗爲質于河南王乞伏乾歸，以請救。進封乾歸梁王，納其妹爲梁王后。乾歸遣前將軍乞伏益州等帥騎一萬救之，登引衆出迎乾歸兵。興自安定如涇陽，與登戰于山南，爲興所敗，死之。

《十六國春秋》卷四十《前秦録八·苻登》頁十一至十二

七月，興攻登于馬屯，登遺子崇質于隴西鮮卑乞伏乾歸，結婚請援。乾歸遣騎二萬救登，登引軍出迎，與興戰于山南，爲興所敗，死之。

《十六國春秋別本》卷四《前秦録·苻登》頁一一三六

登遺子汝陰王宗質於隴西鮮卑乞伏乾歸，[四三]結婚請援，乾歸遣騎二萬救登。

【校勘記】

〔四三〕登遺子汝陰王宗　“遺”，原作“遺”，據《載記》《偏霸部》改。“子汝陰王宗”，《偏霸部》作“子崇”，疑誤，登太子名崇。

　　《十六國春秋輯補》卷四十《前秦録十・苻登》頁五二四、
五二八

　　至十九年,攻隴西虜乞佛乾歸,(楊)定軍敗見殺。
　　《宋書》卷九十八《列傳第五十八・氐胡》頁二四〇五

　　子(苻)崇,奔於湟中。僭稱尊號,改年延初。尋爲乞伏
乾歸所殺。
　　《魏書》卷九十五《列傳第八十三・苻崇》頁二〇八一

　　(楊定)後爲乞伏乾歸所殺,無子。
　　《魏書》卷一百一《列傳第八十九・氐・楊定》頁二二二八

　　(楊)定爲乞伏乾歸所殺。
　　《周書》卷四十九《列傳第四十一・異域上・氐》頁
八九四

　　(楊定)後爲乞佛乾歸所殺,無子。
　　《北史》卷九十六《列傳第八十四・氐》頁三一七二

　　登遣子汝陰王宗質于隴西鮮卑乞伏乾歸,結婚請援,乾
歸遣騎二萬救登。登引軍出迎,與興戰于山南,爲興所敗,
登被殺。在位九年,時年五十二。崇奔于湟中,僭稱尊號,改
元延初。僞謚登曰高皇帝,廟號太宗。崇爲乾歸所逐,崇、定

皆死。〔九〕

【校勘記】

〔九〕崇定皆死　　斠注:《御覽》一二二引《前秦録》,崇奔
於楊定,帥衆二萬攻乾歸,爲乾歸所敗,崇、定皆死。是"定"
爲楊定,載記漏書楊定,不詳始末。按:乾歸敗斬楊定,亦見
《乾歸載記》。此處先未見楊定,忽云"崇、定皆死",令人不解
定是何人。

《晉書》卷一百十五《載記第十五·苻登》頁二九五四、
二九五八

　　及堅敗於淮南,關中擾亂,定盡力奉堅。堅死,將家奔隴
右,徙理歷城。歷城今在同谷郡西十里,去仇池九十里。置倉儲於
百頃,招合夷夏人,得千餘家,進平天水、略陽郡,天水、略陽並
今天水郡地。遂有秦州之地。今天水、隴西、同谷、武都、陰平郡地。
後與乞伏乾歸戰,定軍敗見殺。

《通典》卷一百八十九《邊防五·西戎一·氐》頁五一四八

　　登遣子崇質於隴西鮮卑乞伏乾歸,結婚請援。乾歸遣騎
二萬救登,登引軍出迎與興戰于山南,爲興所敗,死之。時年
五十二。子崇奔湟中,復稱尊號,改年延初,謚登爲高皇帝。
十月,崇爲乾歸所逐,奔于楊定,與崇帥衆二萬攻乾歸,爲乾
歸所敗,崇、定皆死之。

《太平御覽》卷一二二《偏霸部六·前秦苻登》頁二六七

　　苻崇,登之子。登敗,奔於湟中,僭稱尊號,改元延初。

爲乞伏乾歸所殺。

　　《册府元龜》卷二百一十九《僭僞部・年號》頁二六三二

　　苻登，堅之族孫。既即僞位，以弟懿爲太弟，後立其子崇爲皇太子。登爲姚興所敗，崇奔於湟中，僭號，爲乞伏乾歸逐殺。

　　《册府元龜》卷二百二十五《僭僞部・世子》頁二六八九

　　後魏登國四年，（楊定）遂有秦州之地，號隴西王。後爲乞伏乾歸所殺，無子。

　　《册府元龜》卷九百六十六《外臣部・繼襲一》頁一一三六一

　　冬，十月，秦主崇爲梁王乾歸所逐，奔隴西王楊定。定留司馬邵強守秦州，帥衆二萬與崇共攻乾歸，乾歸遣凉州牧軻彈、秦州牧益州、立義將軍詰歸帥騎三萬拒之。軻彈、益州、詰歸皆乞伏氏也。凉、秦二州牧，乾歸所置，非能有其地。“軻彈”，《晉書・載記》作“軻殫”。帥，讀曰率；下同。益州與定戰，敗於平州。《載記》作“平川”，當從之。軻彈、詰歸皆引退，軻彈司馬翟瑥奮劍怒曰：瑥，音温。“主上以雄武開基，所向無敵，威振秦、蜀。將軍以宗室居元帥之任，帥，所類翻。當竭力致命以佐國家。今秦州雖敗，二軍尚全，奈何望風退衄，衄，女六翻。將何面以見主上乎！瑥雖無任，獨不能以便宜斬將軍乎！”軻彈謝曰：“向者未知衆心何如耳。果能若是，吾敢愛死！”乃帥騎進戰，益州、詰歸亦勒兵繼之，大敗定兵，敗，補邁翻。殺定及崇，斬首萬七千級。穆帝永和七年，秦王健改元即位，歷六主，四十二年而亡。乾歸於是盡有隴西之地。乞伏始得秦州。

《資治通鑑》卷一百八《晉紀三十·孝武帝太元十九年》頁三四一七

崇爲乾歸所逐，崇、定皆死。

《通志》卷一百八十九《載記四·符登》頁三〇四〇

後魏道武登國四年，（楊定）遂有秦州之地，號隴西王。後與乞伏乾歸戰，兵敗，爲乾歸所殺。

《通志》卷一百九十五《四夷傳二·西戎上·氐》頁三一二六

後與乞佛乾歸戰，定軍敗見殺。

《文獻通考》卷三百三十三《四裔十·西·氐》頁九二〇三

冬十月，崇爲梁王乾歸所逐，奔於隴西王楊定。定留司馬邵强守秦州，帥衆二萬與崇共攻乾歸，乾歸遣涼州牧乞伏軻彈等帥騎二萬拒之，定與崇皆被殺。

《十六國春秋》卷四十《前秦録八·符登》頁十二

（楊定）後與乞伏乾歸戰，軍敗見殺。

《十六國春秋》卷四十二《前秦録十·楊定》頁十七

十月，崇爲乾歸所逐，奔于楊定。興崇師衆二萬攻乾歸，爲乾歸所敗，崇、定皆死之。

《十六國春秋別本》卷四《前秦録・符登》頁一一三六

十月，崇爲乾歸所逐，奔於楊定，與崇帥衆二萬攻乾歸，爲乾歸所敗，崇、定皆死之。〔四五〕

【校勘記】

〔四五〕十月至皆死之　《偏霸部》同，《載記》作："崇爲乾歸所逐，崇、定皆死。"

《十六國春秋輯補》卷四十《前秦録十・符登》頁五二四、五二八

登子崇奔湟中，今蘭州湟水之西。稱帝，爲乞伏乾歸所逐，奔楊定於秦州。定保據仇池，時兼有上邽，稱隴西王。定與崇共討乾歸，皆敗死，秦亡。

《讀史方輿紀要》卷三《歷代州域形式三・十六國・前秦》頁一二八

（太元）十九年與秦主登之子崇攻乞伏乾歸，敗死，隴西之地皆入於乾歸。

《讀史方輿紀要》卷三《歷代州域形式三・十六國・氐秦》頁一三六至一三七

仇池城……（太元）十九年，定爲乞伏乾歸所敗，死。

《讀史方輿紀要》卷五十九《陝西八・鞏昌府》頁二八二八

梁王乾歸自稱秦王，大赦。自此以後，史以西秦別之。

《資治通鑑》卷一百八《晉紀三十·孝武帝太元十九年》
頁三四一八

公元三九五年　東晉孝武帝太元二十年
北魏道武帝登國十年　西秦武元王太初八年
後涼懿武帝麟嘉七年

西秦王乾歸以太子熾磐領尚書令，熾，昌志翻。左長史
邊芮爲左僕射，右長史祕宜爲右僕射，置官皆如魏武、晉
文故事，然猶稱大單于、大將軍。單，音蟬。邊芮等領府佐
如故。

《資治通鑑》卷一百八《晉紀三十·孝武帝太元二十年》
頁三四一九

西秦乞伏乾歸遣其將乞伏益州討姜乳於上邽。邊芮、王
松壽言於乾歸曰："益州屢有戰功嘗有驕色未宜專任。"乾歸
卒遣之，益州果敗，乾歸曰："孤違蹇叔以至於此，將士何爲。
孤之罪也。"皆赦之。

《册府元龜》卷二百二十《僭僞部·令德》頁二六四四

西秦乞伏乾歸僭稱河南王。楊定之死也，天水姜乳襲據
上邽，乾歸遣乞伏益州討之。

《册府元龜》卷二百三十一《僭僞部·征伐》頁二七五二

西秦乞伏益州，乾歸之弟也。時天水姜乳襲據上邽，遣

益州討之。邊芮、王松壽言於乾歸曰：“益州以懿弟之親，屢有戰功。狃於累勝，常有驕色。若其遇寇，必將易之。且未宜專任，示有所先。”乾歸曰：“益州驍勇善御，諸將莫及之，但恐其專擅爾。若以重佐輔之，當無慮也。”於是以平北韋虔爲長史，散騎常侍務和爲司馬，至大寒嶺。益州恃勝自矜，不爲部陣，命將士解甲游畋，縱行宴飲，下令曰：“敢言軍事者斬。”虔等諫曰：“王以將軍親重，故委以專征之任，庶能摧彼凶醜，以副其瞻。賊已垂逼，奈何解甲自寬，宴安酖毒？切爲將軍危之。”益州曰：“乳以鳥合之衆，聞吾至，理應遠竄。今乃與吾決戰者，斯成擒也。吾自揣之有方，卿等不足慮也。”乳率衆拒戰，益州果敗。乾歸曰：“孤違蹇叔，以至於此。將士何爲，孤之罪也。”皆赦之。

　　《册府元龜》卷四百四十七《將帥部·輕敵》頁五三〇六

　　初，楊定之死也，天水姜乳襲據上邽；夏，四月，西秦王乾歸遣乞伏益州帥騎六千討之。左僕射邊芮、民部尚書王松壽曰：“益州屢勝而驕，不可專任。必以輕敵取敗。”乾歸曰：“益州驍勇，諸將莫及，帥，讀曰率。騎，奇寄翻。驍，堅堯翻。將，即亮翻。當以重佐輔之耳。”乃以平北將軍韋虔爲長史，左禁將軍務和爲司馬。務，姓也。古有務光。至大寒嶺，大寒嶺在上邽西。益州不設部伍，聽將士遊畋縱飲，令曰：“敢言軍事者斬！”虔等諫不聽，乳逆擊，大破之。

　　《資治通鑑》卷一百八《晉紀三十·孝武帝太元二十年》頁三四二〇

大寒嶺……晉太元二十年，西秦將乞伏益州擊苻秦故將姜乳於上
邽，乳敗之於大寒嶺。

　　《讀史方輿紀要》卷五十九《陝西八·鞏昌府》頁二八三七

西秦王乾歸遷于西城。苑川西城也。

　　《資治通鑑》卷一百八《晉紀三十·孝武帝太元二十年》
頁三四二一

苑川城……乞伏乾歸復自金城遷於西城，即苑川西城也；既又遷
都苑川，蓋即苑川東城云。

　　《讀史方輿紀要》卷六十二《陝西十一·寧夏鎮》頁
二九六五

時呂光率衆十萬將伐乾歸，左輔密貴周、左衛莫者羖羝
言於乾歸曰：“光旦夕將至，陛下以命世雄姿，開業洮罕，克
翦群兇，威振遐邇，將鼓淳風於東夏，建八百之鴻慶，不忍小
屈，與姦豎競於一時。若機事不捷，非國家利也。宜遣愛子
以退之。”乾歸乃稱藩於光，遣子敕勃爲質。既而悔之，遂誅
周等。

　　《册府元龜》卷二百三十《僭僞部·交好》頁二七三六

秋七月，三河王光帥衆十萬伐西秦，帥，讀曰率。西秦左輔
密貴周、左衛將軍莫者羖羝密以國爲氏。《姓譜》：漢有尚書密忠。
據《通鑑》下文，則以密貴爲姓。莫者，夷複姓。勸西秦王乾歸稱藩
於光，以子敕勃爲質。質，音致。光引兵還，乾歸悔之，殺周及

羖羝。羖，音古。羝，音氐。

《資治通鑑》卷一百八《晉紀三十・孝武帝太元二十年》
頁三四二一

夏六月，光帥衆十萬伐西秦王乞伏乾歸，乾歸遣使稱藩
以子敕勃爲質，光引兵還。敕勃，《西秦録》作勃勃。

《十六國春秋》卷八十一《後涼録一・呂光》頁十六

公元三九六年　　東晉孝武帝太元二十一年
北魏道武帝登國十一年　　北魏道武帝皇始元年
西秦武元王太初九年　　後涼懿武帝麟嘉八年
後涼懿武帝龍飛元年

休官權萬世帥衆降西秦。前年，乞伏乾歸稱秦王，故稱西秦以
別於姚秦。帥，讀曰率。降，户江翻。

《資治通鑑》卷一百八《晉紀三十・孝武帝太元二十一
年》頁三四二五

乾歸從弟軻彈來奔，光下書曰：“乾歸狼子野心，前後反
覆。朕方東清秦趙，勒銘會稽，豈令豎子鴟峙洮南！且其兄弟
内相離間，可乘之機，勿過今也。其敕中外戒嚴，朕當親討。”

《晉書》卷一百二十二《載記第二十二・呂光》頁三〇六〇

西秦涼州牧軻彈與秦州牧益州不平，軻彈奔涼。

《資治通鑑》卷一百八《晉紀三十・孝武帝太元二十一
年》頁三四三四

　　冬十月，西秦涼州牧乞伏軻彈與秦州牧乞伏益州不平，彈率衆來奔。光下書曰："乾歸狼子野心，前後反覆，朕方東清秦趙，勒銘會稽，豈令豎子鴟峙洮南！且其兄弟内相離間，可乘之機無過今也。其敕中外戒嚴，朕當親討。"

　　　　《十六國春秋》卷八十一《後涼録一·呂光》頁十七

　　乾歸從弟軻彈來奔，光下書曰："乾歸狼子野心，前後反覆，朕方東清秦趙，勒銘會稽，豈令豎子鴟峙洮南！且其兄弟内相離間，可乘之機勿過今也。其敕中外戒嚴，朕當親討。"

　　　　《十六國春秋輯補》卷八十二《後涼録二·呂光》頁九二九

　　鮮卑越質詰歸率户二萬叛乞伏乾歸，降于興，興處之于成紀，拜使持節、鎮西將軍、平襄公。

　　　　《晉書》卷一百十七《載記第十七·姚興上》頁二九七七

　　鮮卑越質詰歸率户二萬叛乞伏乾歸，降于興。處之于成紀，拜使持節、鎮西將軍、平襄公。

　　　　《册府元龜》卷二百三十《僭偽部·懷附》頁二七四二

　　是歲，越質詰歸帥户二萬叛西秦降于秦，越質詰歸降西秦，見上卷十六年。帥，讀曰率；下同。秦人處之成紀，成紀縣自漢以來屬天水郡。處，昌吕翻。拜鎮西將軍、平襄公。

　　　　《資治通鑑》卷一百八《晉紀三十·孝武帝太元二十一年》頁三四三六

鮮卑越質詰歸率户二萬叛乞伏乾歸,降于興,興處之于成紀。

　　　《通志》卷一百九十《載記五·姚興》頁三〇四七

鮮卑越質詰歸率户二萬叛乞伏乾歸來降。興處之成紀,拜使持節、鎮西將軍、平襄公。

　　　《十六國春秋》卷五十六《後秦録四·姚興上》頁四

鮮卑越質詰歸率户二萬叛乞伏乾歸,降于興。興處之于成紀,拜使持節、鎮西將軍、平襄公。

　　　《十六國春秋輯補》卷五十一《後秦録三·姚興》頁六三九

公元三九七年　東晉安帝隆安元年
北魏道武帝皇始二年　西秦武元王太初十年
後涼懿武帝龍飛二年

三月,吕光子纂爲乞伏乾歸所敗。

　　　《晉書》卷十《帝紀第十·安帝》頁二五〇

光將伐乞伏乾歸,麞諫曰:"今太白未出,不宜行師,往必無功,終當覆敗。"太史令賈曜以爲必有秦隴之地。

　　　《晉書》卷九十五《列傳第六十五·藝術·郭麞》頁二四九八

光於是次于長最,使吕纂率楊軌、竇苟等步騎三萬攻金城。乾歸率衆二萬救之。光遣其將王寶、徐炅率騎五千邀之，乾歸懼而不進。光又遣其將梁恭、金石生以甲卒萬餘出陽武下峽，與秦州刺史沒奕于攻其東，光弟天水公延以枹罕之衆攻臨洮、武始、河關，皆克之。呂纂克金城，擒乾歸金城太守衛蟗，蟗瞋目謂光曰：“我寧守節斷頭，不爲降虜也。”光義而免之。乾歸因大震，泣歎曰：“死中求生，正在今日也。”乃縱反間，稱乾歸衆潰，東奔成紀。呂延信之，引師輕進。延司馬耿稚諫曰：“乾歸雄勇過人，權略難測，破王廣，克楊定，皆嬴師以誘之，雖蕞爾小國，亦不可輕也。困獸猶鬥，況乾歸而可望風自散乎！且告者視高而色動，必爲姦計。而今宜部陣而前，步騎相接，徐待諸軍大集，可一舉滅之。”延不從，與乾歸相遇，戰敗，死之。耿稚及將軍姜顯收集散卒，屯于枹罕。光還于姑臧。

《晉書》卷一百二十二《載記第二十二·呂光》頁三〇六〇至三〇六一

十六國後涼呂光將呂延伐乞伏乾歸，大敗之。乾歸乃縱反間，稱衆潰，東奔成紀。延信而追之。延司馬耿稚曰：“告者視高而色動，必有姦計，不可。”延不從，相遇，戰敗，死之。具聲言退誘敵破之篇。斯亦同班超破莎車之勢。

《通典》卷一百五十一《兵四·間諜》頁三八六〇至三八六一

十六國後涼呂光遣將呂延，伐西秦乞伏乾歸，大敗之。乾歸因大泣歎曰：“死中復生，正在今日也。”乃縱反間，稱乾

歸東奔成紀。呂延信之，引師輕進。延司馬耿雅諫曰：[二一]
“乾歸雄勇過人，權略難測，破王廣，克楊定，皆贏師以誘之，
雖蕞爾小國，蕞，左外反。[二二]亦不可輕也。困獸猶鬥，況乾歸
而可睹風自散乎！今宜部陣而前，步騎相接，徐俟諸軍大集，
可以一舉滅之。”延不從，戰敗，死之。

【校勘記】

〔二一〕耿雅　《御覽》卷二八六同。《晉書·呂光載記》
三〇六一頁作“耿稚”。

〔二二〕蕞左外反　“左”原訛“本”，據諸本改。

《通典》卷一百五十四《兵七·聲言退誘敵破之》頁
三九四三、三九六〇

又曰：後涼呂光遣將呂延伐西秦乞伏乾歸，遂大敗之。
乾歸因大泣，嘆曰：“死中求生，正在今日也。”乃縱反間，稱
乾歸東奔成紀，呂延信之，引師輕進。延司馬耿雅諫曰：“乾
歸雄勇過人，權略難測，破王廣，克楊定，皆贏師以誘之，雖蕞
蕞，左外切。爾小國，亦不可輕也。困獸猶鬪，況乾歸而可睹風
自散乎？今宜部陣而前，步騎相接，徐候諸軍大集，可一舉滅
之。”延不從，戰敗死之。

《太平御覽》卷二八六《兵部一七·機略五》頁六一五

崔鴻《十六國春秋》曰：後涼呂光將呂延伐乞伏乾歸大敗
之。乾歸乃縱反間，稱衆潰，東奔成紀，延信而追之。延司馬耿
雉曰：“告者視高而色動必有姦計，不可從。”相遇，戰敗死之。

《太平御覽》卷二九二《兵部二三·用間》頁六五三至六五四

乞伏乾歸自稱大將軍、河南王，爲呂光所伐。咸勸其東奔成紀，乾歸不從，謂諸將曰："昔曹孟德敗袁本初於官渡，陸伯言摧劉玄德於白帝，皆以權略取之。豈在衆乎？光雖舉全州之軍，無經遠之算，不足憚也。且其精卒盡在呂延，延雖勇而愚，易以奇策制之，延軍若敗光亦遁還，乘勝追奔，可以得志。"衆咸曰："非所及也。"隆安元年，光遣其子纂伐乾歸，使呂延爲前鋒。乾歸泣謂衆曰："今事勢窮蹙，逃命無所，死中求生，正在今日。涼軍雖四面而至，然相去遼遠，山河既阻，力不周接，敗其一軍而衆軍自退。"乃縱反間，稱秦王乾歸衆潰，東奔成紀。延信之，引師輕進，爲乾歸所敗，遂斬之。

　　《册府元龜》卷二百二十七《僭僞部·謀略》頁二七〇六

涼王光以西秦王乾歸數反覆，謂乾歸既稱藩於光而悔之也。數，所角翻。舉兵伐之。乾歸群下請東奔成紀以避之，成紀縣，自漢以來屬天水郡，治小坑川；唐併顯親縣入成紀縣，移成紀縣治顯親川。乾歸曰："軍之勝敗，在於巧拙，不在衆寡。光兵雖衆而無法，其弟延勇而無謀，不足憚也。且其精兵盡在延所，延敗，光自走矣。"光軍于長最，遣太原公纂等帥步騎三萬攻金城；乾歸帥衆二萬救之，未至，纂等拔金城。光又遣其將梁恭等以甲卒萬餘出陽武下峽，陽武下峽在高平西，河水所經也。將，即亮翻。與秦州刺史没弈干攻其東，天水公延以枹罕之衆攻臨洮、武始、河關，皆克之。臨洮縣，漢屬隴西郡，惠帝分屬狄道郡。武始郡，故狄道縣地。河關縣，前漢屬金城郡，後漢屬隴西郡，晉屬狄道郡。枹，音膚。洮，土刀翻。乾歸使人紿延云：紿，待亥翻。"乾歸衆潰，奔成紀。"延欲引以輕騎追之，司馬耿稚諫曰："乾歸勇略過

人,安肯望風自潰!前破王廣、楊定,皆羸師以誘之。破楊定,
見上卷孝武太元十九年。太元十一年,王廣爲鮮卑匹蘭所執,送於後秦;
此時乾歸未統國事也。乾歸破廣當在乞伏國仁之時。稚,直利翻。羸,
倫爲翻。今告者視高色動,殆必有姦,宜整陳而前,使步騎相
屬,陳,讀曰陣。屬,之欲翻。俟諸軍畢集,然後擊之,無不克矣。"
延不從,進,與乾歸遇,延戰死。稚與將軍姜顯收散卒,還屯
枹罕。光亦引兵還姑臧。

《資治通鑑》第一百九《晉紀三十一·安帝隆安元年》頁
三四三八至三四三九

光將伐乞伏乾歸,靡諫曰:"今太白未出,不宜行師,往必
無功,終當覆敗。"

《通志》卷一百八十二《藝術二·郭靡》頁二九一九

乾歸從弟軻彈來奔。光下書曰:"乾歸狼子野心,前後
反覆。朕方東清秦、趙,勒銘會稽,豈令豎子鴟峙洮南。且其
兄弟内相離間,可乘之機勿過今也。其敕中外戒嚴,朕當親
討。"光於是次于長最,使吕纂率楊軌、竇苟等步騎三萬攻金
城,乾歸率衆二萬救之。光遣其將王寶、徐炅率騎五千邀之,
乾歸懼而不進。光又遣其將梁恭、金石生以甲卒萬餘出陽武
下峽,與秦州刺史没奕于攻其東。光弟天水公延以枹罕之衆
攻臨洮、武始、河關皆克之。吕纂克金城擒乾歸金城太守衛
輓,輓瞋目謂光曰:"我寧守節斷頭不爲降虜也。"光義而免
之。乾歸因大震泣歎曰:"死中求生正在今日也。"乃縱反間
稱乾歸衆潰,東奔成紀。吕延信之,引師輕進。延司馬耿稚

諫曰："乾歸雄勇過人,權略難測。破王廣克楊定皆羸師以誘之,雖蕞爾小國亦不可輕也。困獸猶鬥,況乾歸而可望風自散乎?且告者視高而色動,必爲姦計,而今宜部陣而前,步騎相接,徐待諸軍大集可一舉滅之。"延不從。與乾歸相遇,戰敗死之。耿稚及將軍姜顯收集散卒屯于枹罕,光還于姑臧。

《通志》卷一百九十《載記五·呂光》頁三〇六三

光將伐乞伏乾歸,靡諫曰:"今太白未出,不宜行師,往必無功,終當覆敗。"

《十六國春秋》卷八十四《後涼録四·郭靡》頁五

龍飛二年春正月,光大舉攻西秦,師次於長最。乾歸群下請東奔成紀以避之,乾歸曰:"軍之勝敗,在于巧拙不在衆寡。光兵雖衆而無法,其弟延勇而無謀,不足憚也。且其精兵盡在延所,延敗,光自走矣。"二月光,使太原公纂率楊軌、竇苟等步騎三萬攻金城,乾歸率衆二萬來救。光遣將軍王寶等率騎五千邀之,乾歸懼而不進,遂拔金城,執太守衛翰。翰瞋目謂光曰:"吾寧守節斷頭,誓不爲降虜也。"光義而免之。光又遣將軍梁恭金石生與秦州刺史没奕干以甲卒萬餘出陽武下峽,攻其東,天水公延以枹罕之衆攻臨洮、武始、河關皆克之。乾歸因大震,泣歎曰:"死中求生,正在今日也!"乃縱反間,紿延云乾歸衆潰,東奔成紀。延欲引輕騎追之,司馬耿稚諫曰:"乾歸雄勇過人,權略難測,破王廣,克楊定,皆羸師以誘之,雖蕞爾小國,亦不可輕也。困獸猶鬥,況乾歸安肯望風自潰乎!且告者視高而色動,必有奸計。今宜整步陳而前,使步騎相接,徐俟後軍畢集,然後擊之,可一戰滅也。"延不從,進與乾歸相遇,戰敗死之。耿稚及將軍姜顯收集散卒,還屯枹罕。光亦引兵還于姑臧。

《十六國春秋》卷八十一《後凉録一·吕光》頁十七至十八

後以强弩將軍從中郎將方攻乞伏乾歸,又從太原公纂率步騎五千南討彭奚念,皆無所獲。

《十六國春秋》卷八十四《後凉録四·竇苟》頁八

丁酉。二年　光於是次於長最,使吕纂率楊軌、竇苟等步騎三萬攻金城。乾歸率衆二萬救之,光遣其將王寶、徐炅率騎五千邀之,乾歸懼而不進。光又遣其將梁恭、金石生以甲卒萬餘出陽武下峽,與秦州刺史没奕干攻其東,光弟天水公延以枹罕之衆攻臨洮、武始、河關,皆克之。吕纂克金城,擒乾歸金城太守衛翰。翰瞋目謂光曰:〔一〕"我寧守節斷頭,不爲降虜也。"光義而免之。乾歸因大震,泣歎曰:"死中求生,正在今日也。"乃縱反間,稱乾歸衆潰,東奔成紀。吕延信而追之,引師輕進。延司馬耿稚諫曰:〔一二〕"告者視高而色動,必有姦計,〔一三〕不可。乾歸雄勇過人,權略難測,破王廣,克楊定,皆嬴師以誘之,雖蕞爾小國,亦不可輕也。困獸猶鬥,況乾歸而可睹風自散乎!今宜部陣而前,步騎相接,徐俟諸軍大集,可一舉滅之。"延不從,與乾歸相遇,戰敗死之。此段亦見《御覽》二百八十六及二百九十二、《通典》百五十一又百五十四。耿稚及將軍姜顯收集散卒,屯於枹罕。光還於姑臧。

【校勘記】

〔一一〕鞬瞋目謂光曰　"瞋"，原作"瞑"，據《載記》改。

〔一二〕延司馬耿稚諫曰　"耿稚"，《載記》《通典》卷一五一同，《御覽》卷二九二引作"耿雉"，《御覽》卷二八六引、《通典》卷一五四作"耿雅"。

〔一三〕告者視高而色動必有姦計　此句《載記》在下文"可睹風自散乎"之下，《御覽》卷二八六引及《通典》卷一五四無此句，《御覽》卷二九二引及《通典》卷一五一耿稚語則僅存此句。

《十六國春秋輯補》卷八十二《後涼録二・吕光》頁九二九至九三〇、九三四至九三五

光將伐乞伏乾歸，麿諫曰："今太白未出，不宜行師，往必無功，終當覆敗。"

《十六國春秋輯補》卷八十四《後涼録四・郭麿》頁九五二

陽武下峽，在衛東北。晉隆安初，後涼吕光攻乞伏乾歸於西城，遣其將梁恭等出陽武下峽，與後秦秦州刺史没奕干攻其東，不克。

《讀史方輿紀要》卷六十二《陝西十一・寧夏鎮》頁二九六六

長最城……隆安初，後涼吕光擊乞伏乾歸軍於長最，遣其子纂攻金城，拔之。

《讀史方輿紀要》卷六十三《陝西十二・甘肅行都司》頁三〇〇〇

後遣其子慕率羅仇伐乞伏乾歸於枹罕，爲乾歸所敗，
殺之。

《北史》卷九十三《列傳第八十一·北凉·沮渠蒙遜》頁
三〇八二

初，張掖盧水胡沮渠羅仇，匈奴沮渠王之後也，盧水胡分居
安定、張掖，史各以其所居郡繫之。沮，子余翻。《北史》曰：沮渠世居張
掖臨松盧水。世爲部帥。帥，所類翻。凉王光以羅仇爲尚書，從
光伐西秦。

《資治通鑑》第一百九《晉紀三十一·安帝隆安元年》頁
三四五二

光以羅仇爲尚書，從伐西秦。

《十六國春秋》卷八十一《後凉録一·吕光》頁十八

光遣其子慕璝，率仇粥征河南王乞伏乾歸於枹罕。

《十六國春秋》卷九十四《北凉録一·沮渠蒙遜》頁一

後凉龍飛二年，蒙遜伯父羅仇、麴粥從吕光子慕璝征河
南王乞伏乾歸於枹罕。〔四〕

【校勘記】

〔四〕後凉龍飛二年至枹罕　“後凉龍飛二年”，《載記》、
屠本卷九四無，《宋書》卷九八《氐胡傳》載此事作“安帝隆
安三年春”。“吕光子慕璝”，屠本同，《載記》作“吕光”，《宋
書》卷九八《氐胡傳》作“吕光遣子鎮東將軍纂”，按“慕璝”

疑爲"篡"之訛。"河南王乞伏乾歸於枹罕",屠本同,《載記》
但作"河南"。

《十六國春秋輯補》卷九十五《北涼録一・沮渠蒙遜》頁
一〇五三、一〇六二

六月,西秦王乾歸徵北河州刺史彭奚念爲鎮衛將軍;以
鎮西將軍屋弘破光爲河州牧;"屋弘",當作"屋引"。《魏書・官氏
志》,内入諸姓有屋引氏,後改爲房氏。張駿分興晉、金城、武始、南安、永
晉、大夏、武成、漢中爲河州。北河州,乞伏氏所置也,治枹罕。鎮衛將
軍,劉聰所置。定州刺史翟瑥爲興晉太守,鎮枹罕。張茂分武興、
金城、西平、安故爲定州。興晉郡亦張氏置。枹罕縣,漢屬金城郡,後漢
屬隴西郡,後又分屬西平郡,張駿分屬晉興郡,後又分置興晉郡。瑥,音
温。枹,音膚。

《資治通鑑》第一百九《晉紀三十一・安帝隆安元年》頁
三四五五

秦長水校尉姚珍奔西秦,西秦王乾歸以女妻之。妻,七
細翻。

《資治通鑑》第一百九《晉紀三十一・安帝隆安元年》頁
三四六〇

公元三九八年　東晉安帝隆安二年　北魏道武帝
皇始三年　北魏道武帝天興元年　西秦武元王太初
十一年　後涼懿武帝龍飛三年　南涼武王太初二年

其後又使益州攻克支陽、鸇武、允吾三城,俘獲萬餘人

而還。

《册府元龜》卷二百三十一《僭偽部·征伐》頁二七五二

　　西秦王乾歸遣乞伏益州攻涼支陽、鸇武、允吾三城,克之,支陽、允吾,皆漢古縣,屬金城郡;鸇武城當在二縣之間。張寔分支陽屬廣武郡;允吾蓋乃爲金城郡治所。劉昫曰:唐蘭州廣武縣,漢枝陽縣;鄯州龍支縣,漢允吾縣。允吾,音鉛牙。虜萬餘人而去。

《資治通鑑》卷一百一十《晉紀三十二·安帝隆安二年》頁三四六三至三四六四

　　枝陽城……隆安二年,西秦乞伏乾歸遣其弟益州攻涼枝陽、鸇武、允吾三城,克之。

《讀史方輿紀要》卷六十二《陝西十一·寧夏鎮》頁二九六四

　　鸇陰城……晉隆安二年,西秦將乞伏益州攻涼,克鸇武,即鸇陰矣。

《讀史方輿紀要》卷六十二《陝西十一·寧夏鎮》頁二九六五

　　郭麿聞軌敗,東走魏安,遂奔于乞伏乾歸。

《晉書》卷一百二十二《載記第二十二·呂光》頁三〇六三

　　麿性褊急殘忍,不爲士民所附,褊,補典翻。聞軌敗走,降西秦;降,戶江翻。西秦王乾歸以爲建忠將軍、散騎常侍。散,悉宣翻。騎,奇寄翻。

　　《資治通鑑》卷一百一十《晉紀三十二・安帝隆安二年》頁三四七一

　　郭黁聞軌敗,東走魏安,遂奔于乞伏乾歸。

　　　　《通志》卷一百九十《載記五・呂光》頁三〇六四

　　郭黁聞軌敗,東走魏安,降於乞伏乾歸。

　　　　《十六國春秋》卷八十一《後涼録一・呂光》頁二三

　　郭黁聞軌敗,東走魏安,遂奔于乞伏乾歸。

　　《十六國春秋輯補》卷八十二《後涼録二・呂光》頁九三三

　　西秦王乾歸遣秦州牧益州、武衛將軍慕兀、"慕兀",《晉書・載記》作"慕容兀"。慕兀蓋亦乞伏氏,《載記》誤也。冠軍將軍翟瑥帥騎二萬伐吐谷渾。冠,古玩翻。瑥,音溫。

　　《資治通鑑》卷一百一十《晉紀三十二・安帝隆安二年》頁三四八一

　　又遣益州與武衛慕容允、冠軍翟瑥率騎二萬伐吐谷渾視羆,至于度周川,大破之。

　　　　《册府元龜》卷二百三十一《僭偽部・征伐》頁二七五二

　　西秦乞伏益州與吐谷渾王視羆戰於度周川,度周川,在臨洮塞外龍涸之西。吐,從暾入聲。谷,音浴。視羆大敗,走保白蘭山,遣子宕豈爲質於西秦以請和,宕,徒浪翻。質,音致。西秦王乾歸以宗女妻之。妻,子細翻。

《資治通鑑》卷一百一十《晉紀三十二·安帝隆安二年》頁三四八三

度周川……晉隆安二年,乞伏乾歸弟益州敗吐谷渾王視羆於此,視羆走保白蘭山,遣子爲質以請和。

《讀史方輿紀要》卷六十《陝西九·臨洮府河洮岷三衛》頁二八九四

西秦乞伏乾歸初稱河南王時,南凉禿髮烏孤遣使來結和親。

《册府元龜》卷二百三十《僭僞部·和好》頁二七三八

公元三九九年　東晉安帝隆安三年　北魏道武帝天興二年　西秦武元王太初十二年　後凉懿武帝龍飛四年

安帝隆安三年春,吕光遣子鎮東將軍纂率羅仇伐枹罕虜乞佛乾歸,爲乾歸所敗,光委罪羅仇,殺之。[①]

《宋書》卷九十八《列傳第五十八·氐胡》頁二四一二

烏孤從容謂其群下曰:"隴右區區數郡地耳! 因其兵亂,分裂遂至十餘。乾歸擅命河南,段業阻兵張掖,虜氏假

①《資治通鑑》將此事繫年於隆安元年,《宋書》記爲隆安三年。

息，偷據姑臧。吾藉父兄遺烈，思廓清西夏，兼弱攻昧，三者
何先？"楊統進曰："乾歸本我所部，終必歸服。段業儒生，
才非經世，權臣擅命，制不由己，千里伐人，糧運懸絕，且與
我鄰好，許以分災共患，乘其危弊，非義舉也。吕光衰老，嗣
紹沖闇，二子纂、弘，雖頗有文武，而内相猜忌。若天威臨
之，必應鋒瓦解。宜遣車騎鎮浩亹，鎮北據廉川，乘虚迭出，
多方以誤之，救右則擊其左，救左則擊其右，使纂疲於奔命，
人不得安其農業。兼弱攻昧，於是乎在，不出二年，可以坐
定姑臧。姑臧既拔，二寇不待兵戈，自然服矣。"烏孤然之，
遂陰有吞并之志。

《晉書》卷一百二十六《載記第二十六·禿髮烏孤》頁
三一四三

烏孤謂群臣曰："隴右、河西，本數郡之地，漢時河西置武
威、張掖、酒泉四郡；隴右置隴西、金城二郡、遭亂，分裂至十餘國，吕
氏、乞伏氏、段氏最強。今欲取之，三者何先？"楊統曰："乞
伏氏本吾之部落，終當服從。乞伏與禿髮氏，皆鮮卑也。段氏書
生，無能為患，且結好於我，攻之不義。好，呼到翻。吕光衰耄，
嗣子微弱，謂光以子紹為嗣也。纂、弘雖有才而内相猜忌，若使
浩亹、廉川乘虚迭出，彼必疲於奔命，不過二年，兵勞民困，則
姑臧可圖也。姑臧，吕光所都。姑臧舉，則二寇不待攻而服矣。"

《資治通鑑》卷一百一十一《晉紀三十三·安帝隆安三
年》頁三四八七

烏孤從容謂其群下曰："隴右區區數郡地耳，因其兵亂分

裂遂至十餘。乾歸擅命河南，段業阻兵張掖，虜氏假息偷據姑臧。吾藉父兄遺烈，思廓清西夏，兼弱攻昧，三者何先？"楊統進曰："乾歸本我所部終必歸服，段業儒生才非經世，權臣擅命，制不由已，千里伐人，糧運懸絶，且與我鄰好，許以分災共患，乘其危弊，非義舉也。吕光衰老，嗣紹沖闇，二子纂、弘雖頗有文武而内相猜忌，若天威臨之，必應鋒瓦解。宜遣車騎鎮浩亹，鎮北據廉川，乘虚迭出多方以誤之。救右則擊其左，救左則擊其右，使纂疲於奔命，人不得安其農業，兼弱攻昧於是乎在。不出二年可以坐定姑臧，姑臧既拔，二寇不待兵戈自然服矣。"

　　《通志》卷一百九十二《載記七・禿髮烏孤》頁三〇八一

　　烏孤從容謂群臣曰："隴右、河西區區數郡地耳！因其兵亂，分裂遂至十餘國。乾歸擅命河南，段業阻兵張掖，虜氏假息，偷據姑臧。吾藉父兄遺烈，思欲廓清西夏，兼弱攻昧，三者何先？"楊統進曰："乞伏氏本吾之部落，終當歸命。段氏書生，才非經世，權臣擅命，制不由己，千里伐人，糧運懸絶，且結好於我，許以分災共患，乘其危弊，攻之不義。吕光衰耄，嗣紹沖闇，二子纂、弘，雖頗有才，而内相猜忌。若天威臨之，必應鋒瓦解。宜遣車騎鎮浩亹，鎮北據廉川，乘虚迭出，多方以誤之，救右則擊其左，救左則擊其右，彼必疲於奔命，人不得安其農業。兼弱攻昧，於是乎在，不出三年，可以坐定姑臧。姑臧既拔，則二寇不待兵戈，自然歸附矣。"烏孤曰："善。"遂陰有吞併之志。

　　《十六國春秋》卷八十八《南涼録一・禿髮烏孤》頁六

烏孤從容謂其群下曰："隴右區區數郡地耳,因其兵亂,分裂遂至十餘。乾歸擅命河南,段業阻兵張掖,虐氏假息,偷據姑臧。吾藉父兄遺烈,思廓清西夏,兼弱攻昧,三者何先?"楊統進曰："乾歸本我所部,終必歸服。段業儒生,才非濟世,權臣擅命,制不由己,千里伐人,糧運懸絶,且與我鄰好,許以分災共患,乘其危弊,非義舉也。吕光衰老,嗣紹冲闇,二子纂、弘雖頗有文武,而内相猜忌,若天威臨之,必應鋒瓦解。宜遣車騎鎮浩亹,鎮北據廉川,乘虛迭出,多方以誤之。救右則擊其左,救左則擊其右,使纂疲於奔命,人不得安其農業。兼弱攻昧,於是乎在。不出二年,可以坐定姑臧,姑臧既拔,二寇不待兵戈,自然服矣。"烏孤然之,遂陰有吞并之志。

《十六國春秋輯補》卷八十九《南凉録一·禿髮烏孤》頁九九三至九九四

夏四月,鮮卑叠掘河内帥户五千降于西秦。西秦王乾歸以河内爲叠掘都統,以宗女妻之。叠掘亦鮮卑一種也;河内其名。掘,其月翻。妻,七細翻。

《資治通鑑》卷一百一十一《晉紀三十三·安帝隆安三年》頁三四九一

西秦丞相南川宣公出連乞都卒。南川,地名。宣,謐也。

《資治通鑑》卷一百一十一《晉紀三十三·安帝隆安三年》頁三四九一

西秦以金城太守辛静爲右丞相。

《資治通鑑》卷一百一十一《晉紀三十三・安帝隆安三年》頁三四九一

公元四〇〇年 東晉安帝隆安四年 北魏道武帝天興三年 後秦文桓帝弘始二年 西秦武元王太初十三年 南涼康王建和元年

西秦王乾歸遷都苑川。乞伏氏本居苑川，乾歸遷于金城，今復都苑川。

《資治通鑑》卷一百一十一《晉紀三十三・安帝隆安四年》頁三五〇七

秦征西大將軍隴西公碩德將兵五千【嚴："千"改"萬"。】伐西秦，五千，恐少，當考。入自南安峽。南安峽，在唐秦州隴城縣界。德將，即亮翻。西秦王乾歸帥諸將拒之，帥，讀曰率。軍于隴西。

《資治通鑑》卷一百一十一《晉紀三十三・安帝隆安四年》頁三五一一

南安隴……隆安四年，後秦將姚碩德伐西秦，入自南安峽，乞伏乾歸拒之於隴西是也。

《讀史方輿紀要》卷五十九《陝西八・鞏昌府》頁二八四三

興又大破乞伏乾歸，遂入枹罕，獲鎧馬六萬匹，乾歸降於興。

《魏書》卷九十五《列傳第八十三・姚興》頁二〇八二

使碩德率隴右諸軍伐乞伏乾歸，興潛軍赴之，乾歸敗走，降其部衆三萬六千，收鎧馬六萬匹。軍無私掠，百姓懷之。

《晉書》卷一百十七《載記第十七·姚興上》頁二九八一

姚興嗣父萇僞位，使征西姚碩德率隴右諸軍伐乞伏乾歸。興潛軍赴之，乾歸敗走。降其部衆三萬六千，收鎧馬六萬匹，軍無私掠，百姓懷之。

《册府元龜》卷二百二十二《僭僞部·勳伐二》頁二六五九

姚興時，以日月薄蝕災眚屢見，降號稱王，賜孤老鰥寡粟帛有差，年七十以上加衣杖。其後伐乞伏乾歸，敗之。進如枹罕，班賜王公以下，徧于卒伍。

《册府元龜》卷二百三十《僭僞部·慶賜》頁二七三四

又使姚碩德率隴右諸軍伐乞伏乾歸。興潛軍赴之，乾歸敗走，降其部衆三萬六千，乾歸以窮促來降。

《册府元龜》卷二百三十一《僭僞部·征伐》頁二七五〇

西秦乞伏乾歸僭稱河南王，姚興將姚碩德率衆五萬伐之。入自南安峽，乾歸次於隴西，以拒碩德。興潛師繼發，乾歸聞興將至，遣其衛軍慕容允率中軍二萬遷於柏陽，鎮軍羅敦將外軍四萬遷於候辰谷，乾歸自率輕騎數千候興軍勢。俄而大風昏霧，遂與中軍相失。爲興追騎所逼入於外軍。旦而交戰，爲興所敗，乾歸遁還苑川，遂走金城，率騎數百馳至允吾，禿髮利鹿孤處之於晉興。乾歸後懼爲利鹿孤所害，遂奔長安。

　　《册府元龜》卷二百三十四《僭偽部・兵敗》頁二七八四

　　西秦王乾歸使武衛將軍慕兀等屯守，秦軍樵采路絶，秦王興潛引兵救之。乾歸聞之，使慕兀帥中軍二萬屯柏楊，《水經注》：伯陽水出伯陽谷，在董亭東；又東有伯陽城，城南謂之伯陽川。蓋李耳西入往迳所由，故川原畎谷，往往播其名，後又訛爲柏楊。《五代志》：天水郡秦嶺縣，後魏置伯陽縣，隋開皇中更名秦嶺，唐併秦嶺入清水縣。帥，讀曰率；下同。鎮軍將軍羅敦帥外軍四萬屯侯辰谷，乾歸自將輕騎數千前候秦兵。將，即亮翻。騎，奇寄翻；下同。會大風昏霧，與中軍相失，爲追騎所逼，入於外軍。且，與秦戰，大敗，走歸苑川，其部衆三萬六千皆降於秦。興進軍枹罕。降，户江翻。枹，音膚。

　　《資治通鑑》卷一百一十一《晉紀三十三・安帝隆安四年》頁三五一二

　　使碩德率隴右諸軍伐乞伏乾歸，興潛軍赴之。乾歸敗走，降其部衆三萬六千，收鎧馬六萬匹。軍無私掠，百姓懷之。

　　《通志》卷一百九十《載記五・姚興》頁三〇四七至三〇四八

　　興遣征西大將軍、隴西公碩德率隴右諸軍入自南安陝伐西秦。西秦王乞伏乾歸帥軍來拒，次於隴西。秋七月，興潛引軍赴之，乾歸敗走，降其部衆三萬六千，收鎧馬六萬匹，軍無私掠，百姓懷之。興進軍枹罕，乾歸奔金城，班賜王公已下，徧於卒伍。

　　《十六國春秋》卷五十六《後秦録四·姚興上》頁九至十

　　遂以征西大將軍、隴西公討乞伏乾歸，軍無私掠，百姓懷之。

　　《十六國春秋》卷五十八《後秦録六·姚碩德》頁九

　　庚子。二年，使碩德率隴右諸軍伐乞伏乾歸，興潛軍赴之。乾歸敗走，降其部衆三萬六千，收鎧馬六萬匹。軍無私掠，百姓懷之。

　　《十六國春秋輯補》卷五十一《後秦録三·姚興》頁六四四

　　柏陽谷……晉隆安四年，姚興伐西秦乞伏乾歸，使一軍屯柏陽，一軍屯侯辰谷。

　　《讀史方輿紀要》卷五十九《陝西八·鞏昌府》頁二八四五

　　乞伏乾歸爲姚興所敗，率騎數百來奔，處之晉興，待以上賓之禮。乾歸遣子謙等質于西平。鎮北將軍俱延言於利鹿孤曰：“乾歸本我之屬國，妄自尊立，理窮歸命，非有款誠。若奔東秦，必引師西侵，非我利也。宜徙於乙弗之間，防其越逸之路。”利鹿孤曰：“吾方弘信義以收天下之心，乾歸投誠而徙之，四海將謂我不可以誠信託也。”俄而乾歸果奔于姚興。利鹿孤謂延曰：“不用卿言，乾歸果叛，卿爲吾行也。”延追乾歸至河，不及而還。

《晉書》卷一百二十六《載記第二十六・禿髮利鹿孤》頁
三一四五

南涼禿髮利鹿孤時，乞伏乾歸爲姚興所敗，率騎數百來
奔，處之晉興，待以上賓之禮。鎮北將軍俱延言於利鹿孤曰：
"乾歸本我之屬國，妄自尊立，理窮歸命，非有款誠，若奔東秦
必引師西侵，非我利也。宜徙於乙弗之間，防其越逸之路。"
利鹿孤曰："吾力弘信義，以收天下之心。乾歸投誠而徙之，
四海將謂我不可以誠信托也。"俄而乾歸果奔於姚興。利鹿
孤謂延曰："不用卿言，乾歸果叛，卿爲吾行也。"延追乾歸至
河，不及而還。

《冊府元龜》卷二百三十三《僭僞部・悔過》頁二七七二

乾歸奔金城，謂諸豪帥曰：帥，所類翻。"吾不才，叨竊名
號，已踰一紀，孝武太元十三年，乾歸嗣國，至是十三年。今敗散如
此，無以待敵，欲西保允吾。允吾縣，漢屬金城郡，《晉志》省。劉
昫曰：唐鄯州龍支縣，漢允吾縣。允吾，音鉛牙。若舉國而去，必不
得免；卿等留此，各以其衆降秦。以全宗族，勿吾隨也。"皆
曰："死生願從陛下。"乾歸曰："吾今將寄食於人，若天未亡
我，庶幾異日克復舊業，幾，居希翻。復與卿等相見。今相隨而
死，無益也。"乃大哭而別。乾歸獨引數百騎奔允吾，乞降於
武威王利鹿孤，利鹿孤遣廣武公傉檀迎之，實於晉興，張軌分
西平界，置晉興郡。闞駰曰：允吾縣西四十里，有小晉興城。傉，奴沃翻。
待以上賓之禮。鎮北將軍禿髮俱延言於利鹿孤曰："乾歸本

吾之屬國，因亂自尊，今勢窮歸命，非其誠款，若逃歸姚氏，必爲國患，不如徙置乙弗之間，乙弗，亦鮮卑種，居西海。《北史》曰：吐谷渾北有乙弗勿敵國，國有曲海，海周回千餘里，種有萬落，風俗與吐谷渾同。《北史》又曰：乙弗世爲吐谷渾渠帥，居青海，號青海王。使不得去。”利鹿孤曰：“彼窮來歸我，而逆疑其心，何以勸來者！”俱延，利鹿孤之弟也。

　　《資治通鑑》卷一百一十一《晉紀三十三·安帝隆安四年》頁三五一二至三五一三

　　乞伏乾歸爲姚興所敗，率騎數百來奔，處之晉興，待以上賓之禮。乾歸遣子謙等質于西平，鎮北將軍俱延言於利鹿孤曰：“乾歸本我之屬國，妄自尊立，理窮歸命，非有款誠。若奔東秦必引師西侵，非我利也。宜徙於乙弗之間，防其越逸之路。”利鹿孤曰：“吾方弘信義以收天下之心，乾歸投誠而徙之，四海將謂我不可以誠信託也。”俄而乾歸果奔于姚興，利鹿孤謂延曰：“不用卿言，乾歸果叛，卿爲吾行也。”延追乾歸至河，不及而還。

　　《通志》卷一百九十二《載記七·禿髮利鹿孤》頁三〇八二

　　秋七月，乞伏乾歸爲秦所敗，率騎數百奔於允吾，遣使乞降，利鹿孤使廣武公傉檀迎之，處之晉興，待以上賓之禮。乾歸遣子謙等質於西平。鎮北將軍俱延利鹿孤之弟也。言於利鹿孤曰：“乾歸本吾之屬國，妄自尊立，今勢窮歸命，非其款誠。若逃奔東秦，必引師西侵，非我利也。不如徙置乙弗之間，防其越逸之路。”利鹿孤曰：“吾方弘信義以收天下，彼窮來歸我而逆疑其心，何以勸來者？四海將謂我不可以誠信托也。”

　　秋八月，乞伏乾歸南奔枹罕，遂降於秦。利鹿孤謂俱延曰：“不用卿言，乾歸果叛，卿爲吾行也。”延率兵追之至河，不及而還。

　　《十六國春秋》卷八十八《南涼録一·禿髮利鹿孤》頁九

　　乞伏乾歸爲姚興所敗，率騎數百來奔，處之晉興，待以上賓之禮。乾歸遣子謙等質於西平。鎮北將軍俱延四字亦見廣韻。〔一五〕言於利鹿孤曰：“乾歸本我之屬國，妄自尊立，理窮歸命，非有款誠。若奔東秦，必引師西侵，非我利也，宜徙於乙弗之間，防其奔逸之路。”利鹿孤曰：“吾方弘信義以收天下之心，乾歸投誠而徙之，四海將謂我不可以誠信託也。”俄而乾歸果奔於姚興。利鹿孤謂延曰：“不用卿言，乾歸果叛，卿爲吾行也。”延追乾歸至河，不及而還。

　　【校勘記】

　　〔一五〕《廣韻》卷一《虞韻》“俱”字云：“《南涼録》有將軍俱延。”

　　《十六國春秋輯補》卷八十九《南涼録一·禿髮利鹿孤》頁九九五至九九六、一〇〇〇

　　允吾城……隆安四年，乾歸爲姚興所敗，走保允吾，降於禿髮利鹿孤是也。

　　《讀史方輿紀要》卷六十《陝西九·臨洮府河洮岷三衛》頁二八七二

晉興城……晉隆安中，乞伏乾歸爲姚秦所敗，降於利鹿孤，利鹿孤
置之於晉興，即小晉興城云。

《讀史方輿紀要》卷六十《陝西九·臨洮府河洮岷三衛》
頁二八七三

秦兵既退，南羌梁戈等密招乾歸，乾歸將應之。其臣屋
引阿洛以告晉興太守陰暢，暢馳白利鹿孤，利鹿孤遣其弟吐
雷帥騎三千屯抴天嶺。抴天嶺，在允吾東南。乾歸懼爲利鹿孤
所殺，謂其太子熾磐曰：熾，昌志翻。“吾父子居此，必不爲利
鹿孤所容。今姚氏方强，吾將歸之，若盡室俱行，必爲追騎所
及，吾以汝兄弟及汝母爲質，質，音致。彼必不疑，吾在長安，彼
終不敢害汝也。”乃送熾磐等於西平。八月，乾歸南奔枹罕，
遂降於秦。

《資治通鑑》卷一百一十一《晉紀三十三·安帝隆安四
年》頁三五一三

抴天嶺……晉隆安中，乞伏乾歸敗降禿髮利鹿孤，居於晉興，利鹿
孤聞其謀遁去，遣其弟吐雷屯抴天嶺以備之。

《讀史方輿紀要》卷六十《陝西九·臨洮府河洮岷三衛》
頁二八七五

興進如枹罕，乾歸以窮蹙來降，拜鎮遠將軍、河州刺史、
歸義侯，復以其部衆配之。

《冊府元龜》卷二百二十二《僭偽部·勳伐二》頁二六
五九

乞伏乾歸至長安，秦王興以爲都督河南諸軍事、河州刺史、歸義侯。此河南謂金城河之南。

《資治通鑑》卷一百一十一《晉紀三十三·安帝隆安四年》頁三五一四

久之，乞伏熾磐欲逃詣乾歸，武威王利鹿孤追獲之。利鹿孤將殺熾磐，廣武公傉檀曰："子而歸父，無足深責，宜宥之以示大度。"利鹿孤從之。禿髮傉檀勸其兄宥熾磐，而卒死於熾磐之手，豈非養虎自遺患乎！

《資治通鑑》卷一百一十一《晉紀三十三·安帝隆安四年》頁三五一四

是歲，乞伏乾歸爲姚興所破。

《魏書》卷二《太祖紀第二·太祖道武帝》頁三八

是月，姚興伐乞伏乾歸，降之。

《晉書》卷十《帝紀第十·安帝》頁二五三

秋七月，乞伏乾歸大爲姚興所破。

《北史》卷一《魏本紀第一·太祖道武帝》頁二〇

是月，姚興伐乞伏乾歸，降之。

《通志》卷十下《晉紀十下·安帝》頁二〇九

秋七月，乞伏乾歸大爲姚興所破。

《通志》卷十五上《後魏紀十五上·道武帝》頁二七三

四年,伐西秦,取枹罕,西秦王乾歸降。

《讀史方輿紀要》卷三《歷代州域形式三·十六國·後秦》頁一三三

公元四〇一年　東晉安帝隆安五年　北魏道武帝天興四年　後秦文桓帝弘始三年　後涼靈帝咸寧三年後涼末帝神鼎元年

乞伏乾歸以窮蹙來降,拜鎮遠將軍、河州刺史、歸義侯,復以其部衆配之。

《晉書》卷一百十七《載記第十七·姚興上》頁二九八一

秦王興使乞伏乾歸還鎮苑川,盡以其故部衆配之。爲乞伏氏復强張本。

《資治通鑑》卷一百一十二《晉紀三十四·安帝隆安五年》頁三五一八

乞伏乾歸以窮蹙來降,拜鎮遠將軍、河州刺史、歸義侯,復以其部衆配之。

《通志》卷一百九十《載記五·姚興》頁三〇四八

八月,乾歸以窮蹙來降。拜鎮遠將軍、都督河南諸軍事、河州刺史、歸義侯,使還鎮苑川,復以其故部衆配之。

《十六國春秋》卷五十六《後秦録四·姚興上》頁十

乞伏乾歸以窮蹙來降。拜鎮遠將軍、河州刺史、歸義侯,復以其部衆配之。

　　《十六國春秋輯補》卷五十一《後秦録三·姚興》頁六四四

　　乞伏乾歸至苑川，以邊芮爲長史，王松壽爲司馬，公卿、將帥皆降爲僚佐、偏裨。將，即亮翻。帥，所類翻。

　　《資治通鑑》卷一百一十二《晉紀三十四·安帝隆安五年》頁三五二一

　　凉王隆多殺豪望以立威名，内外囂然，人不自保。魏安人焦朗魏安縣在武威昌松縣界，蓋曹魏所置也，而《晉志》不見。後魏置魏安郡。遣使説秦隴西公碩德曰：“吕氏自武皇棄世，吕光僞謚懿武皇帝。説，輸芮翻。兄弟相攻，政綱不立，競爲威虐。百姓饑饉，死者過半。今乘其篡奪之際，取之易於返掌，易，以豉翻。“返”，當作“反”。不可失也。”碩德言於秦王興，帥步騎六萬伐凉，乞伏乾歸帥騎七千從之。

　　《資治通鑑》卷一百一十二《晉紀三十四·安帝隆安五年》頁三五二三

　　遂帥步騎六萬伐凉，遣乞伏乾歸率騎七千從之。

　　《十六國春秋》卷五十六《後秦録四·姚興上》頁十一

公元四〇二年　東晉安帝元興元年　北魏道武帝天興五年　後秦文桓帝弘始四年　南凉康王建和三年南凉景王弘昌元年

　　初，乞伏乾歸之在晉興也，以世子熾磐爲質。後熾磐逃歸，爲追騎所執，利鹿孤命殺之。傉檀曰："臣子逃歸君父，振古通義，故魏武善關羽之奔，秦昭恕頃襄之逝。熾磐雖逃叛，孝心可嘉，宜垂全宥以弘海岳之量。"乃赦之。至是，熾磐又奔允街，傉檀歸其妻子。

　　《晉書》卷一百二十六《載記第二十六·禿髮傉檀》頁三一四八

　　乞伏熾磐自西平逃歸苑川，乞伏乾歸送熾磐於西平，見上卷隆安四年。南涼王傉檀歸其妻子。乞伏乾歸使熾磐入朝于秦，朝，直遙翻。秦主興以熾磐爲興晉太守。

　　《資治通鑑》卷一百一十二《晉紀三十四·安帝元興元年》頁三五四二

　　初，乞伏乾歸之在晉興也，以世子熾磐爲質，後熾磐逃歸，爲追騎所執。利鹿孤命殺之，傉檀曰："臣子逃歸君父，振古通義。故魏武善關羽之奔，秦昭恕頃襄之逝。熾磐雖逃叛，孝心可嘉，宜垂全宥，以弘海岳之量。"乃赦之。至是，熾磐又奔允街，傉檀歸其妻子。

　　《通志》卷一百九十二《載記七·禿髮傉檀》頁三〇八二

　　初，乞伏乾歸之歸晉興也，以世子熾磐爲質，後熾磐逃歸，爲追騎所執。利鹿孤欲殺之，傉檀曰："臣子逃歸君父，振古通義。故魏武善關羽之奔，秦昭恕頃襄之逝。熾磐雖逃叛，孝心可嘉，無足深責，宜加全宥，以弘海岳之量。"乃赦之。至是，熾磐又奔允街，傉檀乃歸其妻子。

　　《十六國春秋》卷八十九《南涼録二·禿髮傉檀》頁一

夏四月，西秦乞伏乾歸遣其子熾磐來朝，興署爲興晉太守。

《十六國春秋》卷五十六《後秦録四·姚興上》頁十三

初，乞伏乾歸之在晉興也，以世子熾磐爲質，後熾磐逃歸，爲追騎所執。利鹿孤命殺之，傉檀曰："臣子逃歸君父，振古通義。故魏武善關羽之奔，秦昭恕頃襄之逝。熾磐雖逃叛，孝心可嘉，宜垂全宥，以弘海岳之量。"乃赦之。至是，熾磐又奔允街，傉檀歸其妻子。

《十六國春秋輯補》卷九十《南涼録二·禿髮傉檀》頁一○三

公元四○三年　東晉安帝元興二年　北魏道武帝天興六年　後秦文桓帝弘始五年　後涼末帝神鼎三年南涼景王弘昌二年

吕隆懼禿髮傉檀之逼，表請内徙。興遣齊難及鎮西姚詰、鎮遠乞伏乾歸、鎮遠趙曜等步騎四萬，迎隆于河西。

《晉書》卷一百十七《載記第十七·姚興上》頁二九八四

吕隆懼禿髮傉檀之逼，表請内徙。興遣齊難及鎮西姚詰、鎮遠乞伏乾歸、鎮遠趙曜等步騎四萬，迎隆于河西。

《册府元龜》卷二百三十《僭僞部·懷附》頁二七四二

隆念姑臧終無以自存，乃因超請迎于秦。興遣尚書左僕射齊難、鎮西將軍姚詰、左賢王乞伏乾歸、鎮遠將軍趙曜帥步

騎四萬迎隆于河西，詰，去吉翻。帥，讀曰率。騎，奇寄翻。南涼王
傉檀攝昌松、魏安二戍以避之。攝，收也。傉，奴沃翻。

《資治通鑑》卷一百一十三《晉紀三十五·安帝元興二
年》頁三五五〇

興遣齊難及鎮西姚詰、鎮遠乞伏乾歸、鎮遠趙曜等步騎
四萬迎隆于河西。

《通志》卷一百九十《載記五·姚興》頁三〇四八

興遣尚書左僕射齊難及鎮西將軍姚詰、鎮遠將軍一作左賢
王。乞伏乾歸、鎮遠將軍趙曜等帥步騎四萬迎隆於河西。

《十六國春秋》卷五十七《後秦錄五·姚興中》頁二

興遣齊難及鎮西姚詰、鎮遠乞伏乾歸、鎮遠趙曜等步騎
四萬迎隆于河西。

《十六國春秋輯補》卷五十二《後秦錄四·姚興》頁六
五二

戰敗，奔乞伏乾歸。乾歸敗，入姚興。䃺以滅姚者晉，遂
將妻子南奔，爲追兵所殺也。

《晉書》卷九十五《列傳第六十五·藝術·郭䃺》頁二四
九九

初，郭䃺常言"代呂者王"，故其起兵，先推王詳，後推王
乞基；事見一百九卷元年。䃺，奴昆翻。及隆東遷，王尚卒代之。

麡從乞伏乾歸降秦,卒,子恤翻。降,户江翻。以爲滅秦者晉也,遂來奔,秦人追得,殺之。郭麡自信其術,幸亂以徼福,而卒以殺身,足以明天道之難知矣。

《資治通鑑》卷一百一十三《晉紀三十五‧安帝元興二年》頁三五五一

戰敗,(郭麡)奔乞伏乾歸。乾歸敗,入姚興。

《通志》卷一百八十二《藝術二‧郭麡》頁二九一九

麡性褊酷,不爲士庶所附。戰敗,奔降西秦,乾歸敗,入仕姚興,爲太史令。

《十六國春秋》卷八十四《後涼録四‧郭麡》頁六

戰敗,奔乞伏乾歸。乾歸敗,入姚興。

《十六國春秋輯補》卷八十四《後涼録四‧郭麡》頁九五三

公元四〇四年　東晉安帝元興三年　北魏道武帝天賜元年　後秦文桓帝弘始六年

乞伏乾歸及楊盛戰于竹嶺,上邽西南有南山、竹嶺。爲盛所敗。敗,補邁翻。

《資治通鑑》卷一百一十三《晉紀三十五‧安帝元興三年》頁三五七四

大寒嶺……竹嶺……晉元興三年,西秦乞伏乾歸與仇池楊盛戰於竹嶺，爲盛所敗。

　　《讀史方輿紀要》卷五十九《陝西八·鞏昌府》頁二八三七

公元四〇五年　東晉安帝義熙元年　北魏道武帝天賜二年　後秦文桓帝弘始七年

　　乞伏乾歸之入長安也，烏紇堤屢抄其境。乾歸怒，率騎討之。烏紇堤大敗，亡失萬余口，保於南涼，遂卒於胡國。[七]

　　【校勘記】

　　[七]胡國　《斠注》:《通鑑》作"胡園"。

　　《晉書》卷九十七《列傳第六十七·四夷·西戎·吐谷渾》頁二五四一、二五五二

　　乞伏乾歸擊吐谷渾大孩，大破之，俘萬餘口而還；大孩走死胡園。《晉書·吐谷渾傳》:吐谷渾王烏紇堤，一名大孩。"胡園"作"胡國"。孩，何開翻。

　　《資治通鑑》卷一百一十四《晉紀三十六·安帝義熙元年》頁三五八〇

　　烏紇堤一名大孩，性懦弱，耽酒淫色，不恤國事。乞伏乾歸之失國，入長安也。烏紇堤屢鈔其境。乾歸歸國，率騎討之。烏紇堤大敗，亡失萬餘口，保於南涼，遂卒於胡國。在位八年，時年三十五。

　　《通志》卷一百九十五《四夷傳二·西戎上·吐谷渾》頁三一二八

莫何川……晉義熙初,吐谷渾爲乞伏乾歸所敗,其王大孩走死,樹洛干嗣立,帥衆奔莫何川,沙、漒諸戎悉附之。

《讀史方輿紀要》卷六十《陝西九·臨洮府河洮岷三衛》頁二八九四

冬十一月,乞伏乾歸伐仇池,仇池公楊盛大破之。

《晉書》卷十《帝紀第十·安帝》頁二五九

乞伏乾歸伐仇池,爲楊盛所敗。敗,補邁翻。

《資治通鑑》卷一百一十四《晉紀三十六·安帝義熙元年》頁三五八七

冬十一月,乞伏乾歸伐仇池,仇池公楊盛大破之。

《通志》卷十下《晉紀十下·安帝》頁二一〇

公元四〇六年　東晉安帝義熙二年　北魏道武帝天賜三年　後秦文桓帝弘始八年西秦武元王太初十九年

崔鴻《十六國春秋》曰:西秦乞伏乾歸,太初十九年苑川地裂。

《太平御覽》卷八八〇《咎徵部七·地裂》頁七二三

崔鴻《十六國春秋》曰:後秦姚興時,乞伏乾歸鎮州地震生毛。

《太平御覽》卷八八〇《咎徵部七·地生毛》頁七二六

乞伏乾歸入朝于秦。朝，直遙翻。

《資治通鑑》卷一百一十四《晉紀三十六·安帝義熙二年》頁三五九四

冬十一月，乞伏乾歸來朝。

　　《十六國春秋》卷五十七《後秦録五·姚興中》頁十

時乞伏乾歸來朝，其鎮州地震生毛。〔一二〕此依《御覽》八百八十引補。

【校勘記】

〔一二〕時乞伏乾歸來朝其鎮州地震生毛 《載記》無此節，《御覽》卷八八〇引作："後秦姚興時，乞伏乾歸鎮州地震生毛。"按，屠本卷五七此年云"冬十一月，乞伏乾歸來朝"，事亦見《通鑑》卷一一四。

《十六國春秋輯補》卷五十二《後秦録四·姚興》頁六五七、六六三

公元四〇七年　東晉安帝義熙三年　北魏道武帝天賜四年　後秦文桓帝弘始九年

秦王興以乞伏乾歸寖強難制，留爲主客尚書，漢成帝置四曹尚書，其四曰主客，主外國夷狄事。以其世子熾磐行西夷校尉，監其部衆。是後秦政漸衰，熾磐日以盛，而乾歸亦不可得而留矣。熾，昌志翻。校，戶教翻。監，工銜翻。

《資治通鑑》卷一百一十四《晉紀三十六·安帝義熙三年》頁三五九四

　　弘始九年春正月，興朝群臣於正德殿。以乞伏乾歸寔强
難制，留爲主客尚書。署其世子熾磐行西夷校尉，監其部衆。
　　　　《十六國春秋》卷五十七《後秦録五·姚興中》頁十

　　禿髮傉檀復貳於秦，傉，奴沃翻。復，扶又翻；下同。遣使邀
乞伏熾磐，熾磐斬其使送長安。爲秦襲傉檀張本。使，疏吏翻；下
同。熾，昌志翻。
　　　　《資治通鑑》卷一百一十四《晉紀三十六·安帝義熙三年》
頁三六〇〇

　　弘昌六年秋七月，傉檀復貳於秦，遣使邀乞伏熾磐，熾磐
不應，斬其使送長安。
　　　　《十六國春秋》卷八十九《南凉録二·禿髮傉檀》頁四

　　冬十月，秦河州刺史彭奚念叛，降於禿髮傉檀，秦以乞伏
熾磐行河州刺史。熾，昌志翻。
　　　　《資治通鑑》卷一百一十四《晉紀三十六·安帝義熙三
年》頁三六〇二

　　興以乞伏熾磐行河州刺史。
　　　　《十六國春秋》卷五十七《後秦録五·姚興中》頁十

　　義熙三年，僭稱秦王，赦其境内。①
　　　　《册府元龜》卷二百二十六《僭僞部·恩宥》頁二六九九

----

①《晉書》《資治通鑑》將此事繫於東晉義熙五年。

公元四〇八年　東晉安帝義熙四年　北魏道武帝天賜五年　後秦文桓帝弘始十年　南凉景王嘉平元年

使中軍姚弼、後軍斂成、[三]鎮遠乞伏乾歸等率步騎三萬伐傉檀,左僕射齊難等率騎二萬討勃勃。

【校勘記】

〔三〕斂成　周校:當作"姚斂成",下同。按:姚斂成見上卷《姚興載記上》,周說是。

《晉書》卷一百十八《載記第十八·姚興下》頁二九九二

興使中軍姚弼、後軍斂成、鎮遠乞伏乾歸等率步騎三萬伐傉檀。

《冊府元龜》卷二百三十一《僭偽部·征伐》頁二七五〇

後秦姚興僭立,使中軍姚弼、後軍斂成、鎮遠乞伏乾歸等率步騎三萬伐禿髮傉檀,左僕射齊難等率騎二萬討赫連勃勃。

《冊府元龜》卷二百三十三《僭偽部·失策》頁二七七六

尹昭爲後秦姚興吏部尚書,與使中軍姚弼、後軍斂成、鎮遠乞伏乾歸等率步騎三萬伐傉檀。

《冊府元龜》卷八百七十九《總錄部·計策二》頁一〇四一九

(姚興)使其子中軍將軍廣平公弼、後軍將軍斂成、鎮遠將軍乞伏乾歸帥步騎三萬襲傉檀,左僕射齊難帥騎二萬討勃勃。帥,讀曰率;下同。吏部尚書尹昭諫曰:"傉檀恃其險遠,故敢違慢;不若詔沮渠蒙遜及李暠討之,使自相困斃,不必煩中國之兵也。"亦不聽。

　　《資治通鑑》卷一百一十四《晉紀三十六·安帝義熙四年》頁三六〇六至三六〇七

　　使中軍姚弼、後軍斂成、鎮遠乞伏乾歸等率騎三萬伐傉檀。

　　　　《通志》卷一百九十《載記五·姚興》頁三〇四九

　　復使中軍將軍廣平公弼、後軍將軍斂成、鎮遠將軍乞伏乾歸等率步騎三萬伐傉檀。

　　　　《十六國春秋》卷五十七《後秦録五·姚興中》頁十二

　　使中軍姚弼、後軍斂成、鎮遠乞伏乾歸等率騎三萬伐傉檀。

　　《十六國春秋輯補》卷五十二《後秦録四·姚興》頁六五八

　　乞伏熾磐以秦政浸衰,且畏秦之攻襲,熾,昌志翻。冬,十月,招結諸部二萬餘人築城于嶻嵲山而據之。丁度曰:嶻嵲山在西羌。予據乞伏氏據苑川,其地西至枹罕,東極隴坻,北限赫連,南界吐谷渾。嶻嵲山當在苑川西南。宋朝西境盡秦、渭,嶻嵲山始在西羌中。嶻,丘岡翻。嵲,盧當翻。

　　《資治通鑑》卷一百一十四《晉紀三十六·安帝義熙四年》頁三六〇九

康狼山,亦名熱薄汗山,在縣南一百四十里。西秦乞伏乾歸太子熾磐,招結諸部二萬七千,築城於康狼山以據之,即此山也。

《元和郡縣圖志》卷三十九《隴右道上‧蘭州‧五泉縣》頁九八七

嶻嵲山,亦名可狼山,俗名熱薄汗山,在縣南一百四十里。即西秦乞伏乾歸太子熾磐招結諸部兵民二萬七千,[二七]築城于嶻嵲山以據之,即此山也。

【校勘記】

〔二七〕西秦　“秦”,底本作“城”,萬本、《庫》本同,據傅校及《元和郡縣圖志》卷三九《蘭州》改。

《太平寰宇記》卷一百五十一《隴右道二‧蘭州‧五泉縣》頁二九二七

嶻嵲山……晉義熙四年,西秦太子乞伏熾磐畏姚秦之逼,築城於嶻嵲山而據之。

《讀史方輿紀要》卷六十《陝西九‧臨洮府河洮岷三衛》頁二八七四

十二月,乞伏熾磐攻彭奚念於枹罕,爲奚念所敗而還。枹,音膚。敗,補邁翻。還,從宣翻,又如字。

《資治通鑑》卷一百一十四《晉紀三十六‧安帝義熙四年》頁三六一〇

公元四〇九年　東晉安帝義熙五年　北魏道武帝天賜六年　北魏明元帝永興元年　後秦文桓帝弘始十一年　西秦武元王更始元年

　　乞伏熾磐入見秦太原公懿於上邽，熾，昌志翻。彭奚念乘虛伐之。熾磐聞之，怒，不告懿而歸，擊奚念，破之，遂圍枹罕。乞伏乾歸從秦王興如平凉；熾磐克枹罕，彭奚念據枹罕。枹，音膚。遣人告乾歸，乾歸逃還苑川。乾歸爲秦所留，見上卷三年。

　　《資治通鑑》卷一百一十五《晉紀三十七‧安帝義熙五年》頁三六一三

　　夏四月，乞伏乾歸如枹罕，留世子熾磐鎮之，收其衆得二萬，徙都度堅山。度堅山，乞伏之先司繁所居也。

　　《資治通鑑》卷一百一十五《晉紀三十七‧安帝義熙五年》頁三六一四

　　度堅山……義熙五年，乞伏乾歸自苑川徙都度堅山。

　　《讀史方輿紀要》卷六十二《陝西十一‧寧夏鎮》頁二九六六

　　是歲，乞伏乾歸據金城自稱秦王。

　　　　《魏書》卷三《太宗紀第三‧太宗明元帝》頁五〇

　　秋七月，姚興將乞伏乾歸僭稱西秦王於苑川。

　　　　《晉書》卷十《帝紀第十‧安帝》頁二六一

是歲，乞伏乾歸自稱秦王。

　　《北史》卷一《魏本紀第一·太宗明元帝》頁二六

秋七月，姚興將乞伏乾歸僭稱西秦王於苑川。

　　《通志》卷十下《晉紀十下·安帝》頁二一〇

乞伏乾歸復即秦王位，復，扶又翻。大赦，改元更始，更，工衡翻。公卿以下皆復本位。乾歸降公卿將帥爲僚佐偏裨，見一百十二卷隆安五年。

　　《資治通鑑》卷一百一十五《晉紀三十七·安帝義熙五年》頁三六一九

是歲，乞伏乾歸自稱秦王。

　　《通志》卷十五上《後魏紀十五上·明元帝》頁二七四

枹罕廢縣……五年，西秦乞伏熾磐攻拔之。

　　《讀史方輿紀要》卷六十《陝西九·臨洮府河洮岷三衛》頁二八八一

西秦乞伏乾歸，既僭號秦王，立其長子熾磐爲太子。初，乾歸降姚興，熾磐拜建武將軍、行西夷校尉，留其衆鎮苑川。及乾歸返政，遂立熾磐爲太子，領冠軍大將軍、都中外諸軍、録尚書事。

　　《册府元龜》卷二百二十五《僭僞部·世子》頁二六九二

西秦王乾歸立夫人邊氏爲皇【章：甲十一行本“皇”作“王”；

乙十一行本同；孔本同；張校同。】后，世子熾磐爲太子，仍命熾磐都督中外諸軍、録尚書事。熾，昌志翻。以屋引破光爲河州刺史，鎮枹罕；枹，音膚。以南安焦遺爲太子太師，與參軍國大謀。乾歸曰："焦生非特名儒，乃王佐之才也。"謂熾磐曰："汝事之當如事吾。"熾磐拜遺於床下。遺子華至孝，乾歸欲以女妻之，妻，七細翻。辭曰："凡娶妻者，欲與之共事二親也。今以王姬之貴，周，姬姓也，故王女謂之王姬，後世因而稱之，凡王者之女皆謂之王姬。下嫁蓬茅之士，誠非其匹，臣懼其闕於中饋，《易·家人》之六二曰：在中饋。言以陰應陽，居中得正，盡婦人之義，職乎中饋，巽順而已。饋，食也。非所願也。"乾歸曰："卿之所行，古人之事，孤女不足以强卿。"乃以爲尚書民部郎。魏尚書郎有民曹，晉初分置左民、右民，江左以後，省右民郎，有左民郎。民部郎至是始見于《通鑑》。强，其兩翻。

《資治通鑑》卷一百一十五《晉紀三十七·安帝義熙五年》頁三六二〇至三六二一

公元四一〇年　東晉安帝義熙六年　北魏明元帝永興二年　後秦文桓帝弘始十二年　西秦武元王更始二年

乞伏乾歸以衆叛，攻陷金城，執太守任蘭。蘭厲色責乾歸以背恩違義，乾歸怒而囚之，蘭遂不食而死。

《晉書》卷一百十八《載記第十八·姚興下》頁二九九四

西秦王乾歸攻秦金城郡，拔之。

《資治通鑑》卷一百一十五《晉紀三十七·安帝義熙六年》頁三六二九

乞伏乾歸以衆叛，攻陷金城，執太守任蘭，蘭厲色責乾歸以背恩違義。乾歸怒而囚之，蘭遂不食而死。

　　　《通志》卷一百九十《載記五·姚興》頁三〇五〇

　　弘始十二年春二月，西秦乞伏乾歸以衆叛，攻陷金城，執太守任蘭。蘭厲色責乾歸以背恩負義，乾歸怒而囚之，蘭遂不食而死。

　　　《十六國春秋》卷五十七《後秦錄五·姚興中》頁十七

　　庚戌。十二年　乞伏乾歸以衆叛，攻陷金城，執太守任蘭。蘭厲色責乾歸以背恩違義，乾歸怒而囚之，蘭遂不食而死。

　　　《十六國春秋輯補》卷五十二《後秦錄四·姚興》頁六六一

　　西秦王乾歸討越質屈機等十餘部，越質，鮮卑種也；其酋曰叱黎。叱黎之子曰詰歸，孝武太元十六年降於乾歸，二十一年叛降秦。屈機即詰歸也，語稍訛耳。降其衆二萬五千，降，戶江翻。徙於苑川。八月，乾歸復都苑川。乞伏氏本都度堅山，乾歸強盛，始都苑川。既爲秦所破而降於秦，秦使鎮苑川，復叛，恐爲秦所襲，還保度堅山。今部衆浸盛，不畏秦，復都苑川。

　　　《資治通鑑》卷一百一十五《晉紀三十七·安帝義熙六年》頁三六三六

　　西秦王乾歸攻秦略陽、南安、隴西諸郡，皆克之，徙民二萬五千户於苑川及枹罕。枹，音膚。

《資治通鑑》卷一百一十五《晉紀三十七·安帝義熙六年》頁三六三九

秋九月，西秦乞伏乾歸來攻，失略陽、南安、隴西諸郡。

《十六國春秋》卷五十七《後秦録五·姚興中》頁十七至十八

六年，乾歸復攻略隴西諸郡，秦日以弱。

《讀史方輿紀要》卷三《歷代州域形式三·十六國·後秦》頁一三三

鮮卑僕渾、羌句豈、輸報、鄧若等帥户二萬降于西秦。鮮卑有僕渾部；句豈、輸報、鄧若則羌種也。句，古侯翻。

《資治通鑑》卷一百一十五《晉紀三十七·安帝義熙六年》頁三六三九至三六四〇

熾盤，乾歸之子。晉義熙六年襲位，大赦。[①]

《册府元龜》卷二百二十六《僭僞部·恩宥》頁二六九九

公元四一一年　東晉安帝義熙七年　北魏明元帝永興四年　西秦武元王更始三年　後秦文桓帝弘始十三年

興以勃勃、乾歸作亂西北，傉檀、蒙遜擅兵河右，疇咨將

①《晉書》《資治通鑑》將此事繫於東晉義熙八年。

帥之臣，欲鎮撫二方。隴東太守郭播言於興曰："嶺北二州
鎮户皆數萬，若得文武之才以綏撫之，足以靖塞姦略。"興
曰："吾每思得廉頗、李牧鎮撫四方，使便宜行事。然任非其
人，恒致負敗。卿試舉之。"播曰："清潔善撫邊，則平陸子王
元始；雄武多奇略，則建威王焕；賞罰必行，臨敵不顧，則奮
武彭蟜。"興曰："蟜令行禁止則有之，非綏邊之才也。始、焕
年少，吾未知其爲人。"播曰："廣平公弼才兼文武，宜鎮督一
方，願陛下遠鑒前車，近悟後轍。"興不從，以其太常索棱爲太
尉，領隴西内史，綏誘乾歸。政績既美，乾歸感而歸之。太史
令任猗言於興曰："白氣出於北方，東西竟天五百里，當有破
軍流血。"乞伏乾歸遣使送所掠守宰，謝罪請降。興以勃勃之
難，權宜許之，假乾歸及其子熾磐官爵。

　　《晉書》卷一百十八《載記第十八·姚興下》頁二九九五

　　又乞伏乾歸遣使送所掠守宰，謝罪請降。興以赫連勃勃
之難，權宜許之，假乾歸及其子熾磐官爵。

　　《冊府元龜》卷二百三十《僭僞部·懷附》頁二七四一

　　乾歸僭稱秦王，姚興力未能西討，恐更爲邊害，遣使署乾
歸使持節、散騎常侍、都督隴西嶺北匈奴雜胡諸軍事、征西大
將軍、河州牧、大單于、河南王。乾歸方圖河右權宜受之，遂
稱藩於興。

　　《冊府元龜》卷二百三十《僭僞部·交好》頁二七三六

　　時赫連勃勃、乞伏乾歸作亂西北，秃髮傉檀、沮渠蒙遜擅

兵河右，疇咨將帥之臣，欲鎮撫二方。隴東太守郭播言於興
曰：“嶺北二州鎮户皆數萬，若得文武之才以綏撫之，足以靖
塞姦路。”

　　《册府元龜》卷六百八十八《牧守部·薦賢》頁八一九七

　　會興以西北多叛亂，欲命重將鎮撫之；將，即亮翻；下待將
同。隴東太守郭播請使弼出鎮；魏收《地形志》有隴東郡，領涇陽、
祖厲、撫夷三縣，不載立郡之始，蓋苻、姚所置也。西魏置隴東於汧源，
唐之隴州是也。興不從，以太常索稜爲太尉、領隴西内史，使招
撫西秦。爲索稜降西秦張本。索，昔各翻。西秦王乾歸遣使送所
掠守宰，謝罪請降。謂去年克南安、略陽、隴西諸郡所得守宰也。使，
疏吏翻。降，户江翻。興遣鴻臚拜乾歸都督隴西·嶺北·【章：甲
十一行本“北”下有“匈奴”二字；乙十一行本同；孔本同；張校同。】雜
胡諸軍事、征西大將軍、河州牧、單于、河南王，太子熾磐爲鎮
西將軍、左賢王、平昌公。臚，陵如翻。單，音蟬。熾，昌志翻。

　　《資治通鑑》卷一百一十六《晉紀三十八·安帝義熙七
年》頁三六四二至三六四三

　　興以勃勃、乾歸作亂西北，傉檀、蒙遜擅兵河右，疇咨將
帥之臣，欲鎮撫二方。

　　《通志》卷一百九十《載記五·姚興》頁三〇五〇

　　以其太常索稜爲太尉，領隴西内史，綏誘乾歸。政績既
美，乾歸感而歸之。

　　《通志》卷一百九十《載記五·姚興》頁三〇五〇

乞伏乾歸遣使送所掠守宰，謝罪請降。興以勃勃之難，權宜許之，假乾歸及其子熾磐官爵。

《通志》卷一百九十《載記五・姚興》頁三〇五〇

乃以太常索稜爲太尉，領隴西內史。乞伏乾歸感而悅之，遣使送所掠守宰謝罪乞降。興以勃勃之難，權宜許之。遣鴻臚署乾歸征西大將軍、河州牧、河南王，及其子熾磐鎮西將軍、左賢王、平昌公。

《十六國春秋》卷五十八《後秦録六・姚興下》頁二

興以勃勃、乾歸作亂西北，僞檀、蒙遜擅兵河右，疇咨將帥之臣，欲鎮撫二方。

《十六國春秋輯補》卷五十三《後秦録五・姚興》頁六六五

以其太常索稜爲太尉，領隴西內史，綏誘乾歸。政績既美，乾歸感而歸之。

《十六國春秋輯補》卷五十三《後秦録五・姚興》頁六六六

乞伏乾歸遣使送所掠守宰，謝罪請降。興以勃勃之難，權宜許之，假乾歸及其子熾磐官爵。

《十六國春秋輯補》卷五十三《後秦録五・姚興》頁六六六

　　河南王乾歸徙鮮卑僕渾部三千餘户于度堅城，僕渾降乾歸見上卷上年。度堅城即乞伏先所都度堅山城也。以子敕勃爲秦興太守以鎮之。乞伏乾歸本建國號曰秦，故置秦興郡于度堅山。

　　《資治通鑑》卷一百一十六《晉紀三十八·安帝義熙七年》頁三六四三

　　度堅山……七年，置秦興郡治焉。

　　《讀史方輿紀要》卷六十二《陝西十一·寧夏鎮》頁二九六六

　　河南王乾歸徙羌句豈等部衆五千餘户于疊蘭城句豈降乾歸見上卷上年。疊蘭城在大夏西南，嶷嶺東北。以兄子阿柴爲興國太守以鎮之；漢末，興國氏王阿貴據興國城，在略陽郡界，乞伏因其地名置郡。五月，復以子木弈干爲武威太守，鎮嶷嶺城。嶷嶺城，四年，乞伏熾磐所築。復，扶又翻。

　　《資治通鑑》卷一百一十六《晉紀三十八·安帝義熙七年》頁三六四六

　　大夏城……疊蘭城，《舊志》云：在大夏城西南。晉時前涼張軌所置。義熙七年，乞伏乾歸徙羌衆於疊蘭，以兄子阿柴爲興國太守鎮之。

　　《讀史方輿紀要》卷六十《陝西九·臨洮府河洮岷三衛》頁二八八二

　　興國城……晉太元中，乞伏乾歸西徙羌衆，以兄子阿柴爲興國太守，蓋即故城置郡也。

　　《讀史方輿紀要》卷五十九《陝西八·鞏昌府》頁二八四二

嶸峴山……七年，乾歸置武威郡，鎮嶸峴城，以子木奕干爲武威太
守鎮之。

　　《讀史方輿紀要》卷六十《陝西九·臨洮府河洮岷三衛》
頁二八七四

　　河南王乾歸遣平昌公熾磐及中軍將軍審虔伐南涼。審
虔，乾歸之子也。

　　《資治通鑑》卷一百一十六《晉紀三十八·安帝義熙七
年》頁三六四七

　　秋七月，河南王乞伏乾歸遣子平昌公熾磐及中軍將軍審
虔來伐。

　　《十六國春秋》卷八十九《南涼録二·禿髮傉檀》頁十一

　　八月，熾磐兵濟河，此濟金城河也。熾，昌志翻。南涼王傉檀
遣太子虎臺逆戰於嶺南；傉，奴沃翻。南涼兵敗，虜牛馬十餘萬
而還。還，從宣翻，又如字；下同。

　　《資治通鑑》卷一百一十六《晉紀三十八·安帝義熙七
年》頁三六四七

　　八月，兵濟河南，傉檀遣太子虎臺逆戰，敗於嶺南，熾磐
虜牛馬十餘萬民二千餘户而去。

　　《十六國春秋》卷八十九《南涼録二·禿髮傉檀》頁十一

　　河南王乾歸攻秦略陽太守姚龍於柏陽堡，克之；冬十一

月，進攻南平太守王憬於水洛城，《水經注》：水洛亭在隴山之西，漢略陽縣界。鄭戩曰：水洛城西占隴坻通秦州往來路，隴之二水環城西流，繞帶渭河，川平土沃，廣數百里。《元豐九域志》：德順軍西南一百里有水洛城，仁宗朝鄭戩使劉滬所築也。憬，居永翻。又克之，徙民三千餘戶於譚郊。譚郊在冶城西北。遣乞伏審虔帥衆二萬城譚郊。帥，讀曰率。十二月，西羌彭利髮襲據枹罕，枹，音膚。自稱大將軍、河州牧，乾歸討之，不克。

　　《資治通鑑》卷一百一十六《晉紀三十八・安帝義熙七年》頁三六四八

　　柏陽谷……義熙七年，乾歸攻姚秦略陽太守姚龍於柏陽堡，克之。
　　《讀史方輿紀要》卷五十九《陝西八・鞏昌府》頁二八四六

　　水洛城……晉義熙七年，西秦乞伏乾歸攻姚秦南平太守王憬於水洛城，克之。
　　《讀史方輿紀要》卷五十八《陝西七・平凉府》頁二七九八至二七九九

　　治城……譚郊城……晉義熙七年，西秦乞伏乾歸克秦水洛城，徙民三千餘戶於譚郊，因城其地。
　　《讀史方輿紀要》卷六十《陝西九・臨洮府河洮岷三衛》頁二八八三

公元四一二年　東晉安帝義熙八年　北魏明元帝永興四年　後秦文桓帝弘始十四年　西秦武元王更始四年　西秦文昭王永康元年大夏武烈帝龍昇六年　南涼景王嘉平五年

春,正月,河南王乾歸復討彭利髮,復,扶又翻。至奴葵谷,利髮棄衆南走,乾歸遣振威將軍乞伏公府追至清水,斬之,收羌戶一萬三千,以乞伏審虔爲河州刺史鎮枹罕而還。

《資治通鑑》卷一百一十六《晉紀三十八·安帝義熙八年》頁三六四八

葵谷……義熙八年,西羌彭利髮襲據枹罕,乞伏乾歸討之,至奴葵谷,利髮棄衆南走,乾歸遣將追擊之於清水。

《讀史方輿紀要》卷六十《陝西九·臨洮府河洮岷三衛》頁二八八六

河南王乾歸徙都譚郊,命平昌公熾磐鎮苑川。乾歸擊吐谷渾阿若干於赤水,降之。《五代志》:隋大業五年平吐谷渾,置河源郡於古赤水城,蓋近積石山。魏收《地形志》:臨洮郡有赤水縣。《水經注》:赤水城亦曰臨洮東城。降,戶江翻。

《資治通鑑》卷一百一十六《晉紀三十八·安帝義熙八年》頁三六四八

治城……譚郊城……(東晉義熙)八年(乾歸)徙都之。

《讀史方輿紀要》卷六十《陝西九·臨洮府河洮岷三衛》

頁二八八三

列渾城……赤水城……晉義熙八年,西秦乞伏乾歸擊吐谷渾阿若干於赤水,降之。

《讀史方輿紀要》卷六十《陝西九·臨洮府河洮岷三衛》頁二八八四

乞伏熾磐攻南涼三河太守吳陰于白土,克之,以乞伏出累代之。《水經》:河水過邯川城南,又東逕臨津城北、白土城南。闞駰《十三州志》曰:左南津西六十里,有白土城,在大河之北,爲緣河濟渡之地。累,力追翻。魏收曰:白土縣,漢屬上郡,晉屬金城郡,後魏屬新平郡。余謂後魏新平之白土乃漢上郡之白土,晉金城之白土乃左南西之白土,各是一處。《五代志》:邠州新平縣、舊曰白土,此漢上郡及後魏之白土也。南涼之白土當在唐鄯州界。

《資治通鑑》卷一百一十六《晉紀三十八·安帝義熙八年》頁三六五〇

嘉平五年,夏五月。乞伏乾歸遣熾磐襲白土,三河太守吳陰率眾降之。

《十六國春秋》卷八十九《南涼錄二·禿髮傉檀》頁十一

白土城……義熙八年,西秦乞伏熾磐攻南涼三河太守吳陰于白土,克之。

《讀史方輿紀要》卷六十四《陝西十三·西寧鎮》頁三〇一〇

是年，乞伏乾歸爲兄子公府所殺，子熾盤立。

　　　　《魏書》卷三《太宗紀第三·太宗明元帝》頁五二

夏五月，乞伏公府弒乞伏乾歸，乾歸子熾盤誅公府，^{〔三三〕}
僭即僞位。

【校勘記】

〔三三〕熾盤　熾磐《載記》作“熾磐”。

　　　　《晉書》卷十《帝紀第十·安帝》頁二六三

六月，乞伏乾歸爲兄子公府所弒。

　　　　《北史》卷一·魏本紀第一《太宗明元帝》頁二七

又《載記》曰：乞伏乾歸畋于五谿，有梟集于其手，甚惡
之。六年爲兄子公府所弒，并其諸子十餘人。

　　　　《太平御覽》卷九二七《羽族部一四·惡鳥》頁二九三

六月，乞伏公府弒河南王乾歸，公府，國仁之子也，以不得立，
故行弒逆。并殺其諸子十餘人，走保大夏。夏，戶雅翻；下同。平
昌公熾磐遣其弟廣武將軍智達、揚武將軍木弈干帥騎三千討
之；以其弟曇達爲鎮京【嚴：“京”改“東”。】將軍，鎮譚郊，乞伏都
譚郊，自謂爲京師，故置鎮京將軍以鎮之。帥，讀曰率。騎，奇寄翻；下
同。曇，徒含翻。驍騎將軍婁機鎮苑川。驍，堅堯翻。熾磐帥文
武及民二萬餘戶遷于枹罕。

　　　　《資治通鑑》卷一百一十六《晉紀三十八·安帝義熙八
年》頁三六五〇

夏五月，乞伏公府弑乞伏乾歸。乾歸子熾磐誅公府，僭即僞位。

　　《通志》卷十下《晉紀十下·安帝》頁二一一

六月，乞伏乾歸爲兄子公府所弑。

　　《通志》卷十五上《後魏紀十五上·明元帝》頁二七四

乾歸爲其下人所殺，子熾磐新立，群下咸勸興取之。興曰：“乾歸先已返善，吾方當懷撫，因喪伐之，非朕本志也。”

　　《晉書》卷一百十八《載記第十八·姚興下》頁二九九七

于是議討乞伏熾磐。王買德諫曰：“明王之行師也，軌物以德，不以暴。且熾磐我之與國，新遭大喪，今若伐之，豈所謂乘理而動，上感靈和之義乎！苟恃衆力，因人喪難，匹夫猶恥爲之，而況萬乘哉！”勃勃曰：“甚善。微卿，朕安聞此言！”

　　《晉書》卷一百三十《載記第三十·赫連勃勃》頁三二〇六

姚興時，西秦乞伏乾歸爲其下人所殺，子熾磐新立。群下咸勸興取之，興曰：“乾歸先已返善，吾方當招懷，因喪伐之，非朕本志也。”

　　《册府元龜》卷二百二十《僭僞部·令德》頁二六四三

夏赫連勃勃議討乞伏熾盤，王買德諫曰：“明王之行師也，軌物以德不以暴。且熾盤我之與國，新遭大喪，今若伐之，豈所謂乘理而動上感靈和之義乎。苟恃衆力，因人喪難，匹夫猶恥爲之，而況萬乘哉。"勃勃曰："甚善，微卿朕安聞此言。"

《册府元龜》卷二百二十九《僭僞部・聽納》頁二七三〇

秦人多勸秦王興乘亂取熾磐，興曰："伐人喪，非禮也。"夏王勃勃欲攻熾磐，軍師中郎將王買德諫曰："熾磐，吾之與國，今遭喪亂，喪，息郎翻。吾不能恤，又恃衆力而伐之，匹夫猶且恥爲，況萬乘乎！"乘，繩證翻。勃勃乃止。

《資治通鑑》卷一百一十六《晉紀三十八・安帝義熙八年》頁三六五〇

乾歸爲其下人所殺，子熾磐新立。群下咸勸興取之，興曰："乾歸先已返善，吾方當懷撫，因喪伐之，非朕本志也。"

《通志》卷一百九十《載記五・姚興》頁三〇五〇

弘始十四年，夏四月。西秦乞伏乾歸爲部下所殺，其子熾磐新立，群臣咸勸興取之，興曰："乾歸先已返善，方當懷撫，因喪伐之非朕之本心也。"

《十六國春秋》卷五十八《後秦録六・姚興下》頁四

夏六月，勃勃欲因河南王乞伏乾歸之喪率兵攻熾磐。

《十六國春秋》卷六十六《夏録一・赫連勃勃》頁九

後勃勃欲因西秦乞伏熾磐之喪議率衆討之，買德諫曰："明王之行師也，軌物以德不以暴，且熾磐，我之與國，新遭大

喪，吾不能恤，今反伐之，豈所謂‘乘理而動，上感靈和’之義
乎！苟恃衆力，因人喪難，匹夫且猶耻爲，況萬乘乎！”勃勃
曰：“甚善，微卿，朕安聞此言乎！”

　　　　　《十六國春秋》卷六十九《夏録四·王貫德》頁六

　　乾歸爲其下人所殺，子熾磐新立。群下咸勸興取之，興
曰：“乾歸先已返善，吾方當懷撫，因喪伐之，非朕本志也。”

　　　　　《十六國春秋輯補》卷五十三《後秦録五·姚興》頁六六七

　　乞伏智達等擊破乞伏公府於大夏。公府奔叠蘭城，就其
弟阿柴；智達等攻拔之，斬阿柴父子五人。公府奔嵑峴南山，
嵑，音康。峴，音郎。追獲之，并其四子，轘之於譚郊。轘，音宦。

　　　　　《資治通鑑》卷一百一十六《晉紀三十八·安帝義熙八
年》頁三六五一

　　嵑峴山……八年，乞伏公府殺乾歸奔嵑峴南山，熾磐討殺之。
　　　　　《讀史方輿紀要》卷六十《陝西九·臨洮府河洮岷三衛》
頁二八七四

　　叠蘭城……八年，乞伏公府弑乾歸走保大夏，熾磐使其弟智達討
之。公府奔叠蘭城，就其弟阿柴，智達復攻拔之。
　　　　　《讀史方輿紀要》卷六十《陝西九·臨洮府河洮岷三衛》
頁二八八二

　　八月，乞伏熾磐自稱大將軍、河南王，熾磐，乾歸長子。大

赦,改元永康;葬乾歸於枹罕,枹,音膚。謚曰武元,廟號高祖。

《資治通鑑》卷一百一十六《晉紀三十八‧安帝義熙八年》頁三六五一

九月,河南王熾磐以尚書令武始翟勍爲相國,勍,渠京翻。侍中、太子詹事趙景爲御史大夫,罷尚書令、僕、尚書六卿、侍中等官。

《資治通鑑》卷一百一十六《晉紀三十八‧安帝義熙八年》頁三六五一

公元四一三年　東晉安帝義熙九年　北魏明
元帝永興五年　後秦文桓帝弘始十六年
西秦文昭王永康二年　南凉景王嘉平七年

乞伏熾磐襲其父乾歸僞位。遣其龍驤乞伏智達、平東王松壽討吐谷渾樹洛于於澆河,大破之,獲其將呼那烏提,虜三千餘戶而還。

《冊府元龜》卷二百三十一《僭僞部‧征伐》頁二七五二

邯川人衛章等謀殺孟愷,南啓乞伏熾磐。郭越止之曰:“孟君寬以惠下,何罪而殺之! 吾寧違衆而死,不負君以生。”乃密告之愷,誘章等飲酒,殺四十餘人。愷懼熾磐軍之至,馳告文支,文支遣將軍匹珍赴之。熾磐軍到城,聞珍將至,引歸。

《晉書》卷一百二十六《載記第二十六‧禿髮傉檀》頁三一五五

邯川人衛章等謀殺護軍孟愷,南啓乞伏熾磐。郭越止之曰：“孟君寬以惠下，何罪而殺之！吾寧違衆而死，不敢負君以生。”乃密告之愷，誘章等飲酒，殺四十餘人。愷懼熾磐軍至，馳告文支，文支遣將軍匹珍赴之。熾磐軍到城，聞珍將至，引之而去。

　　《十六國春秋》卷八十九《南涼録二》頁十一至十二

　　邯川人衛章等謀殺孟愷，南啓乞伏熾磐。郭越止之曰：“孟君寬以惠下，何罪而殺之！吾寧違衆而死，不負君以生。”乃密告之，愷誘章等飲酒，殺四十餘人。愷懼熾磐軍之至，馳告文支，文支遣將軍匹珍赴之。熾磐軍到城，聞珍將至，引歸。

　　《十六國春秋輯補》卷九十一《南涼録三·禿髮傉檀》頁一〇一六

　　又遣其鎮東郎吕破胡于白石川，虜其男女萬餘口，進據白石城，休官降者萬餘人。

　　《册府元龜》卷二百三十一《僭僞部·征伐》頁二七五二

　　河南王熾磐遣鎮東將軍曇達、平東將軍王松壽將兵東擊休官權小郎、吕破胡於白石川，（原缺四十六字）含翻。將，即亮翻。大破之，虜其男女萬餘口，進據白石城。顯親休官權小成、吕奴迦等二萬餘户據白阬不服，迦，居牙翻。曇達攻斬之，隴右休官悉降。秦太尉索稜以隴西降熾磐，七年，秦令索稜守隴西以招撫乞伏。索，昔各翻。降，户江翻。熾磐以稜爲太傅。

　　《資治通鑑》卷一百一十六《晉紀三十八·安帝義熙九年》頁三六五八

白石城……（義熙）九年，西秦乞伏熾磐遣兵攻休官彝權小郎等於白石川，大破之，進據白石城。顯親休官權小成等據白阬不服，復攻斬之。其地蓋與秦州廢顯親縣相近。

　　《讀史方輿紀要》卷五十九《陝西八·鞏昌府》頁二八四五

四月，太尉索稜以隴西降西秦乞伏熾磐。

　　《十六國春秋》卷五十八《後秦録六·姚興下》頁五

夏四月，太尉索稜以隴西降西秦熾磐。〔三〕
【校勘記】
　〔三〕夏四月至熾磐　《載記》《御覽》卷二六一引皆無此句，見屠本卷五八。《通鑑》事在義熙九年二月。

　　《十六國春秋輯補》卷五十三《後秦録五·姚興》頁六六八、六七二

又遣安北烏地延、冠軍翟紹討吐谷渾別統句旁於泣勤川，大破之，俘獲甚衆。

　　《册府元龜》卷二百三十一《僭僞部·征伐》頁二七五二

河南王熾磐遣安北將軍烏地延、冠軍將軍翟紹擊吐谷渾別統句旁于泣勤【張：“泣勤”作“涇勒”。】川，大破之。冠，古玩翻。別統，猶別帥也，別統部落者也。句，古侯翻。

　　《資治通鑑》卷一百一十六《晉紀三十八·安帝義熙九年》頁三六五九

泣勤川……晉義熙九年，西秦乞伏熾磐遣兵擊吐谷渾別部句旁於泣勤川，大破之。

　　《讀史方輿紀要》卷六十《陝西九·臨洮府河洮岷三衛》頁二八九四

　　又遣安北烏地延、冠軍翟紹討吐谷渾別統句旁於泣勤川，大破之，俘獲甚衆。熾磐率諸將討吐谷渾別統支旁於長柳川，掘達於渴渾川，皆破之，前後俘獲男女二萬八千。

　　《册府元龜》卷二百三十一《僭僞部·征伐》頁二七五二

　　河南王熾磐擊吐谷渾支旁于長柳川，虜旁及其民五千餘戶而還。

　　《資治通鑑》卷一百一十六《晉紀三十八·安帝義熙九年》頁三六六二

　　長柳川……晉義熙九年，乞伏熾磐擊吐谷渾支旁於長柳川，破之。

　　《讀史方輿紀要》卷六十《陝西九·臨洮府河洮岷三衛》頁二八九四

　　河南王熾磐擊吐谷渾別統掘達於渴渾川，大破之，虜男女二萬三千。冬，十月，掘達帥其餘衆降于熾磐。掘，其月翻。帥，讀曰率。

　　《資治通鑑》卷一百一十六《晉紀三十八·安帝義熙九年》頁三六六二至三六六三

長柳川……又擊破吐谷渾別統掘逵於渴渾川，其地亦在洮州西南。又乞伏乾歸破鮮卑於渴渾川，應在今靖遠衛界。

《讀史方輿紀要》卷六十《陝西九·臨洮府河洮岷三衛》頁二八九四

公元四一四年　東晉安帝義熙十年　北魏明元帝神瑞元年　西秦文昭王永康三年　南涼景王嘉平七年

是歲，禿髮傉檀爲乞伏熾磐所滅。

《魏書》卷三《太宗紀第三·太宗明元帝》頁五五

夏六月，乞伏熾盤帥師伐禿髮傉檀，滅之。

《晉書》卷十《帝紀第十·安帝》頁二六四

夏六月，乞伏熾盤滅禿髮傉檀。

《北史》卷一《魏本紀第一·太宗明元帝》頁二九

傉檀僭位涼王，遷於樂都，在位十三年，年五十一，爲乞伏熾磐所滅。始烏孤以安帝隆安元年僭立，凡三世十有九年。

《冊府元龜》卷二百一十九《僭僞部·姓系》頁二六二七至二六二八

禿髮傉擅以晉元興元年僭號涼王，遷於樂都，改元弘昌，又改嘉平，在位十三年宏昌六年，嘉平七年。爲乞伏熾磐所滅。

《冊府元龜》卷二百一十九《僭僞部·年號》頁二六三四

夏六月,乞伏熾盤帥師伐禿髮傉檀,滅之。

　　　　《通志》卷十下《晉紀十下·安帝》頁二一一

夏六月,乞伏熾磐滅禿髮傉檀。

　　《通志》卷十五上《後魏紀十五上·明元帝》頁二七五

傉檀嗣,爲乞佛熾盤所滅。

　　《新唐書》卷二百一十六上《列傳第一百四十一上·吐
蕃上》頁六〇七一

十年,南涼爲西秦所滅。

　　《讀史方輿紀要》卷三《歷代州域形式三·十六國·北
涼》頁一四〇

十年,傉檀西襲乙弗等部,留其子虎臺居守,西秦王熾
磐乘虛襲樂都,樂都尋潰。傉檀還,降於熾磐,既而爲熾盤所
殺。南涼之亡,有樂都、西平、廣武、浩亹四郡。

　　《讀史方輿紀要》卷三《歷代州域形式三·十六國·南
涼》頁一三九

傉檀議欲西征乙弗,孟愷諫曰:“連年不收,上下飢弊,南
逼熾磐,北迫蒙遜,百姓騷動,下不安業。今遠征雖克,後患
必深,不如結盟熾磐,通糴濟難,慰喻雜部,以廣軍資,畜力繕
兵,相時而動。易曰:‘其亡其亡,繫於苞桑。’惟陛下圖之。”
傉檀曰:“孤將略地,卿無沮衆。”謂其太子武臺曰:“今不種

多年，內外俱窘，事宜西行，以拯此弊。蒙遜近去，不能卒來，且夕所慮，唯在熾磐。彼名微衆寡，易以討禦，吾不過一月，自足周旋。汝謹守樂都，無使失墜。”

《晉書》卷一百二十六《載記第二十六·禿髮傉檀》頁三一五五

唾契汗、乙弗等部皆叛南涼，契，欺訖翻。汗，何干翻。《北史》曰：乙弗國有契翰一部，風俗亦同。杜佑曰：乙弗敵，後魏聞焉，在吐谷渾北，衆有萬餘落，風俗與吐谷渾同，然不識五穀，唯食魚與蘇子。蘇子狀若中國枸杞子，或赤或黑。西有契翰一部，風俗亦同。南涼王傉檀欲討之。邯川護軍孟愷諫曰：邯，戶甘翻。“今連年饑饉，南逼熾磐，北逼蒙遜，百姓不安。遠征雖克，必有後患；不如與熾磐結盟通糴，慰撫雜部，足食繕兵，俟時而動。”傉檀不從，謂太子虎臺曰：“蒙遜近去，不能猝來；旦夕所慮，唯在熾磐。然熾磐兵少易禦，汝謹守樂都，少，詩沼翻。易，以豉翻。樂，音洛；下同。吾不過一月必還矣。”乃帥騎七千襲乙弗，帥，讀曰率。騎，奇寄翻。大破之，獲馬牛羊四十餘萬。

《資治通鑑》卷一百一十六《晉紀三十八·安帝義熙十年》頁三六六六

謂其太子虎臺曰：“今不種多年，內外俱窘，事宜西行，以拯此弊。蒙遜近去，不能卒來，旦夕所慮，唯在熾磐，彼名微衆寡，易以討禦。吾不過一月自足周旋，汝謹守樂都，無使失墜。”

《通志》卷一百九十二《載記七·禿发傉檀》頁三〇八四

　　護軍孟愷諫曰：“今連年不收，上下饑敝，南逼熾磐，北迫蒙遜，百姓騷動，下不安業。令遠征雖克，必有後患，不如結盟熾磐，通糴濟難，慰撫雜部，以廣軍資，畜力繕兵，俟時而動。易曰：‘其亡其亡，繫於苞桑。’惟陛下圖之。”傉檀曰：“孤將略地，卿無沮衆。”謂太子虎臺曰：“今不種多年，内外俱窘，事宜西行，以拯此弊。蒙遜近去，不能卒來，旦夕所慮，惟在熾磐。然熾磐名微兵少，易以討禦，吾不過一月，自足周旋。汝謹守樂都，無使失墜。”騎七千西襲乙弗，大破之獲牛馬羊四十餘萬。熾磐聞之，帥步騎二萬乘虚來襲。

　　《十六國春秋》卷八十九《南凉録二·禿髮傉檀》頁十二

　　七年，傉檀議欲征西乙弗，孟愷諫曰：“連年不收，上下饑弊，南逼熾盤，北道蒙遜，今遠征雖克，後患必深。”傉檀曰：“孤將略地，卿無阻衆。”謂其太子虎臺曰：“今不種多年，内外俱窘，事宜西行，以極此弊。蒙遜近去，不能卒來，旦夕所慮，唯在熾盤。彼名微衆寡，易以討禦，吾不過一月，自是同旋。汝謹守樂都，無使失墜。”傉檀乃率騎數千西襲乙弗，大破之，獲牛馬羊四十餘萬。

　　《十六國春秋別本》卷十二《南凉録·禿髮傉檀》頁一一六三

　　甲寅。七年[七]　傉檀議欲西征乙弗，孟愷諫曰：“連年不收，上下饑弊，南逼熾磐，北迫蒙遜，百姓騷動，下不安業。今遠征雖克，後患必深，不如結盟熾磐，通糴濟難，慰喻雜部，以廣軍資，畜力繕兵，相時而動。易曰：‘其亡其亡，繫於苞桑。’

惟陛下圖之。"傉檀曰:"孤將略地,卿無沮衆。"謂其太子虎
臺曰:"今不種多年,內外俱窘,事宜西行以拯此弊。蒙遜近
去,不能卒來,旦夕所慮,惟在熾磐。彼名微衆寡,易以討禦,
吾不過一月,自足周旋,汝謹守樂都,無使失墜。"

【校勘記】

〔七〕七年　見《偏霸部》,《載記》無。

《十六國春秋輯補》卷九十一《南凉録三·禿髮傉檀》頁
一〇一六至一〇一七、一〇二〇

　　河南王熾磐聞之,欲襲樂都,群臣咸以爲不可。太府主
簿焦襲曰:"傉檀不顧近患而貪遠利,近患,謂蒙遜、熾磐;遠利,
謂乙弗。我今伐之,絕其西路,樂都之西路,此傉檀自乙弗還樂都路
也。使不得還救,則虎臺獨守窮城,可坐禽也。此天亡之時,
必不可失。"熾磐從之,帥步騎二萬襲樂都。虎臺憑城拒守,
熾磐四面攻之。

《資治通鑑》卷一百一十六《晉紀三十八·安帝義熙十
年》頁三六六六至三六六七

　　熾磐乘虛來襲,撫軍從事中郎尉肅言於武臺曰:"今外城
廣大,難以固守,宜聚國人於內城,肅等率諸晉人距戰於外,
如或不捷,猶有萬全。"武臺曰:"小賊蕞爾,旦夕當走,卿何
慮之過也。"武臺懼晉人有二心也,乃召豪望有勇謀者閉之於
內。孟愷泣曰:"熾磐不道,人神同憤。愷等進則荷恩重遷,
退顧妻子之累,豈有二乎! 今事已急矣,人思自效,有何猜
邪?"武臺曰:"吾豈不知子忠,實懼餘人脫生慮表,以君等安

之耳。”一旬而城潰。

《晉書》卷一百二十六《載記第二十六·禿髮傉檀》頁三一五六

聞禿髮傉檀西征乙弗，投袂而起，曰：“可以行矣！”率步騎二萬襲樂都，禿髮武臺憑城距守，熾磐攻之，一旬而克。遂入樂都，遣平遠犍虔率騎五千追傉檀。徙武臺與其文武及百姓萬餘户於枹罕，傉檀遂降。

《冊府元龜》卷二百三十一《僭僞部·征伐》頁二七五二

南涼撫軍從事中郎尉肅言於虎臺曰：“外城廣大難守，殿下不若聚國人守內城，國人，謂鮮卑禿髮之種落。肅等帥晉人拒戰於外，雖有不捷，猶足自存。”虎臺曰：“熾磐小賊，旦夕當走，卿何過慮之深！”虎臺疑晉人有異心，夷人謂華人爲晉人。悉召豪望有謀勇者閉之於內。孟愷泣曰：“熾磐乘虛內侮，國家危於累卵。愷等進欲報恩，退顧妻子，人思效死，而殿下乃疑之如是邪！”虎臺曰：“吾豈不知君之忠篤，懼餘人脱生慮表，以君等安之耳。”

《資治通鑑》卷一百一十六《晉紀三十八·安帝義熙十年》頁三六六七

熾磐乘虛來襲撫軍從事中郎尉肅言於虎臺曰：“今外城廣大，難以固守，宜聚國人於內城，肅等率諸晉人距戰於外，如或不捷猶有萬全。”虎臺曰：“小賊蕞爾，旦夕當走，卿何慮之過也。”虎臺懼晉人有二心也，乃召豪望有勇謀者，閉之於内。孟愷泣曰："熾磐不道，人神同憤，愷等進則荷恩重遷，退顧妻子之累，豈有二乎？今事已急矣，人思自效，有何猜邪？"虎臺曰："吾豈不知子忠，實懼餘人脫生意表，以君等安之耳。"一旬而城潰。

　　《通志》卷一百九十二《載記七·禿髮傉檀》頁三〇八四

　　虎臺嬰城固守熾磐四面攻之。西曹從事中郎尉肅言於虎臺曰："今外城廣大，難以固守，殿下不若聚國人守內城，肅等率諸晉人拒戰於外，如或不捷，猶足自存。"虎臺曰："蕞爾小賊，旦夕當走，卿何過慮之深。"虎臺懼晉人之有二心也，乃悉召豪望有勇謀者閉之於內。孟愷泣進曰："熾磐不道，乘虛內侮，國家危於累卵，人神共憤。愷等進欲報恩，退顧妻子，人思效死，豈有二乎！今事已急，而殿下乃疑之如是耶？"虎臺曰："吾豈不知君之忠篤，實懼餘人脫生慮表，願君等安之耳。"

　　《十六國春秋》卷八十九《南涼錄二·禿髮傉檀》頁十三

　　熾磐乘虛來襲，撫軍從事中郎尉肅言於虎臺曰："今外城廣大，難以固守，宜聚國人於內城，肅等率諸晉人距戰於外，如或不捷，猶有萬全。"虎臺曰："小賊蕞爾，旦夕當走，卿何慮之過也。"虎臺懼晉人有二心也，乃召豪望有勇謀者閉之於內。孟愷泣曰："熾磐不道，人神同憤，愷等進則荷恩重遷，退顧妻子之累，豈有二乎！今事已急矣，人思自效，豈有猜邪？"虎臺曰："吾豈不知子忠，實懼餘人脫生慮表，以君等安之耳。"一旬一作"一旦"。而城潰。〔八〕

【校勘記】

〔八〕一旬而城潰　"旬",《載記》同,《偏霸部》作"旦"。

《十六國春秋輯補》卷九十一《南凉録三·秃髮傉檀》頁一○一七、一○二○

樂都城……十年,西秦乞伏熾磐襲樂都,傉檀世子虎臺拒守。其臣梁蕭以外城廣大難守。請聚國人守内城。虎臺不聽,城潰。熾磐入樂都,置凉州刺史鎮焉。

《讀史方輿紀要》卷六十四《陝西十三·西寧鎮》頁三○○九

一夕,城潰,熾磐入樂都,遣平遠將軍捷虔帥騎五千追傉檀,以鎮南將軍謙屯爲都督河右諸軍事、凉州刺史,鎮樂都;捷虔、謙屯,皆乞伏種。秃髮赴單爲西平太守,鎮西平;以趙恢爲廣武太守,鎮廣武;曜武將軍王基爲晉興太守,鎮浩亹;浩亹,音誥門。徙虎臺及其文武百姓萬餘户于枹罕。枹,音膚。赴單,烏孤之子也。

《資治通鑑》卷一百一十六《晉紀三十八·安帝義熙十年》頁三六六七

一旬城潰。熾磐入樂都,遣平遠乞伏犍虔帥騎五千追傉檀,徙虎臺及文武百姓於枹罕。

《十六國春秋》卷八十九《南凉録二·秃髮傉檀》頁十三

浩亹城……義熙十年,西秦乞伏熾磐滅南凉,以王基爲晉興太守,鎮浩亹是也。

《讀史方輿紀要》卷六十四《陝西十三·西寧鎮》頁三〇七
至三〇八

安西樊尼自西平奔告傉檀，傉檀謂衆曰：“今樂都爲熾磐
所陷，男夫盡殺，婦女賞軍，雖欲歸還，無所赴也。卿等能與
吾藉乙弗之資，取契汗以贖妻子者，是所望也。不爾，歸熾磐
便爲奴僕矣，豈忍見妻子在他懷抱中！”〔六〕遂引師而西，衆
多逃返，遣鎮北段苟追之，苟亦不還。於是將士皆散，惟中軍
紇勃、後軍洛肱、安西樊尼、散騎侍郎陰利鹿在焉。傉檀曰：
“蒙遜、熾磐昔皆委質於吾，今而歸之，不亦鄙哉！四海之廣，
匹夫無所容其身，何其痛也！蒙遜與吾名齊年比，熾磐姻好
少年，俱其所忌，勢皆不濟。與其聚而同死，不如分而或全。
樊尼長兄之子，宗部所寄，吾衆在北者戶垂一萬，〔七〕蒙遜方
招懷遐邇，存亡繼絶，汝其西也。紇勃、洛肱亦與尼俱。吾
年老矣，所適不容，寧見妻子而死！”遂歸熾磐，唯陰利鹿隨
之。傉檀謂利鹿曰：“去危就安，人之常也。吾親屬皆散，卿
何獨留？”利鹿曰：“臣老母在家，方寸實亂。但忠孝之義，勢
不俱全。雖不能西哭沮渠，申包胥之誠；東感秦援，展毛遂之
操，負羈靮而侍陛下者，臣之分也。惟願開弘遠猷，審進止之
算。”傉檀歎曰：“知人固未易，人亦未易知。大臣親戚皆棄我
去，終始不虧者，唯卿一人。歲寒不凋，見之於卿。”傉檀至西
平，熾磐遣使郊迎，待以上賓之禮。

【校勘記】

〔六〕在他懷抱中　殿本作“在他人抱中”。

〔七〕户垂一萬　各本“一萬”作“二萬”，宋本作“一萬”。《通鑑》一一六亦作“一萬”今從宋本。

《晉書》卷一百二十六《載記第二十六·禿髮傉檀》頁三一五六至三一五七、三一五九

樂都之潰也，南涼安西將軍樊尼自西平奔告南涼王傉檀，傉檀謂其衆曰：“今妻子皆爲熾磐所虜，退無所歸，卿等能與吾藉乙弗之資，取契汗以贖妻子乎？”契，欺訖翻。汗，音寒。乃引兵西；衆多逃還，傉檀遣鎮北將軍段苟追之，苟亦不還。於是將士皆散，唯樊尼與中軍將軍紇勃、後軍將軍洛肱、散騎侍郎陰利鹿不去，散，悉亶翻。騎，奇寄翻。傉檀曰：“蒙遜、熾磐昔皆委質於吾，蒙遜稱臣於利鹿孤，見一百一十二卷隆安五年；熾磐父子歸利鹿孤，見一百一十一卷四年。質，之日翻。今而歸去，不亦鄙乎！四海之廣，無所容身，何其痛也！與其聚而同死，不若分而或全。樊尼，吾長兄之子，樊尼蓋烏孤之子也。長，知兩翻。宗部所寄；吾衆在北者户垂一萬，蒙遜方招懷士民，存亡繼絶，汝其從之；紇勃、洛肱亦與尼俱行。紇，户骨翻。吾年老矣，所適不容，寧見妻子而死！”遂歸于熾磐，唯陰利鹿隨之。傉檀謂利鹿曰：“吾親屬皆散，卿何獨留？”利鹿曰：“臣老母在家，非不思歸；然委質爲臣，忠孝之道，難以兩全。臣不才，不能爲陛下泣血求救於鄰國，爲，于僞翻。敢離左右乎！”離，力智翻。傉檀歎曰：“知人固未易。易，以豉翻。大臣親戚皆棄我去，今日忠義終始不虧者，唯卿一人而已！”

《資治通鑑》卷一百一十六《晉紀三十八·安帝義熙十年》頁三六六九至三六七〇

安西樊尼自西平奔告傉檀，傉檀謂衆曰："今樂郡爲熾磐所陷，男夫盡殺，婦女賞軍，雖欲歸還，無所赴也。卿等能與吾籍乙弗之資，取契汗以贖妻子者，是所望也。不爾，歸熾磐便爲奴僕矣，豈忍見妻子在他懷抱中！"遂引師而西，衆多逃返。

《通志》卷一百九十二《載記七·秃髮傉檀》頁三〇八四

後魏神瑞元年，傉檀爲西秦乞佛熾盤所滅，樊尼招集餘衆，以投沮渠蒙遜，蒙遜以爲臨松太守。

《舊唐書》卷一百九十六上《列傳第一百四十六上·吐蕃上》頁五二一九

傉檀曰："蒙遜、熾磐昔皆委質於吾，今而歸之，不亦鄙哉！四海之廣，匹夫無所容其身，何其痛也！蒙遜與吾名齊年比，熾磐姻好少年，俱其所忌，勢皆不濟。與其聚而同死，不如分而或全。樊尼長兄之子，宗部所寄，吾衆在北者户垂一萬，蒙遜方招懷遐邇，存亡繼絶，汝其西也。紇勃、洛肱亦與尼俱。吾年老矣，所適不容，寧見妻子而死。"遂歸熾磐。

《通志》卷一百九十二《載記七·秃髮傉檀》頁三〇八四

安西將軍樊尼自西平奔告傉檀，傉檀泣謂衆曰："今樂都爲熾磐所陷，男夫盡殺，婦女賞軍，雖欲還歸，實無所赴。卿等能與吾藉乙弗之資，取契汗以贖妻子者，是所望也。不爾，即歸熾磐便爲奴僕矣，豈忍見妻子在他懷抱中也。"遂引師而西，衆多離叛，遣鎮北將軍段苟追之，苟亦不還。於是將士皆散,惟中軍將軍紇勃、後軍將軍洛肱、安西將軍樊尼、散騎侍郎陰利鹿不去。傉檀曰:“蒙遜、熾磐昔皆委質於吾,今而歸之,不亦鄙哉! 四海之廣,匹夫無所容身,何其痛乎!”既乃歎曰:“蒙遜與吾名齊年比,熾磐姻好少年,俱其所忌,勢皆不濟。與其聚而同死不若分而或全。樊尼吾長兄之子,宗部所寄,吾衆在北者戶垂一萬,蒙遜方招懷遐邇,存亡繼絶,汝其從之。紇勃、洛肱亦與尼俱行,吾年老矣,所適不容,寧見妻子而死!”遂歸於熾磐,大臣親戚悉皆棄去惟陰利鹿隨之。夏六月,傉檀至西平,熾磐遣使郊迎,以上賓之禮待之。

　　《十六國春秋》卷八十九《南凉録二·禿髮傉檀》頁十四

　　傉檀之奔於乞伏熾磐也,惟利鹿隨之。

　　《十六國春秋》卷九十《南凉録三·陰利鹿》頁十

　　熾盤乘虛來襲,旦而城潰。安西樊泥自西平奔告傉檀,謂衆曰:“今樂都爲熾盤所陷,卿等能與吾籍乙弗之資,取契汗以贖妻子者,是所望也。”遂引師而西,衆多逃返,遣征北段苟進之,苟亦不還。於是將士皆散,傉檀曰:“蒙遜、熾盤昔皆委質於吾,今而歸之,不亦鄙乎! 四海之廣,匹夫無容其身,何其痛哉! 吾老矣,寧見妻子而死!”遂歸熾盤。六月,至西平,盤遣使郊迎以上賓之禮。歲餘,爲熾盤所鴆,謚景王,時年五十一。虎臺亦爲熾盤所害。

　　《十六國春秋別本》卷十二《南凉録·禿髮傉檀》頁一一六三

　　安西樊尼自西平奔告傉檀，傉檀謂衆曰：“今樂郡爲熾磐所陷，男夫盡殺，婦女賞軍，雖欲歸還，無所赴也。卿等能與吾籍乙弗之資，取契汗以贖妻子者，是所望也。不爾，歸熾磐便爲奴僕矣，豈忍見妻子在他懷抱中！”遂引師而西，衆多逃返。遣鎮北段苟追之，苟亦不還。

　　《十六國春秋輯補》卷九十一《南涼録三·秃髮傉檀》頁一〇一七

　　傉檀曰：“蒙遜、熾磐昔皆委質於吾，今而歸之，不亦鄙乎！四海之廣，匹夫無所容其身，何其痛哉！蒙遜與吾名齊年比，熾磐姻好少年，俱其所忌，勢皆不濟。與其聚而同死，不如分而或全。樊尼長兄之子，宗部所寄，吾衆在北者户垂二萬，蒙遜方招懷遐邇，存亡繼絕，汝其西也。紇勃、洛肱亦與尼俱。吾年老矣，所適不容，寧見妻子而死。”遂歸熾磐。

　　《十六國春秋輯補》卷九十一《南涼録三·秃髮傉檀》頁一〇一七至一〇一八

　　初，樂都之潰也，諸城皆降于熾磐，傉檀將尉賢政固守浩亹不下。熾磐呼之曰：“樂都已潰，卿妻子皆在吾間，孤城獨守，何所爲也！”賢政曰：“受涼王厚恩，爲國家藩屏，雖知樂都已陷，妻子爲擒，先歸獲賞，後順受誅，然不知主上存亡，未敢歸命。妻子小事，豈足動懷！昔羅憲待命，晉文亮之；文聘後來，魏武不責。邀一時之榮，忘委付之重，竊用耻焉，大王亦安用之哉！”熾磐乃遣武臺手書喻政，政曰：“汝爲國儲，不能盡節，面縛於人，棄父負君，虧萬世之業，賢政義士，豈如汝乎！”既而聞傉檀至左南，乃降。

　　熾磐以傉檀爲驃騎大將軍，封左南公。歲餘，爲熾磐
所鴆。

　　《晉書》卷一百二十六《載記第二十六・禿髮傉檀》頁
三一六六

　　傉檀諸城皆降於熾磐，降，户江翻。獨尉賢政屯浩亹，浩
亹，音告門。固守不下。熾磐遣人謂之曰：“樂都已潰，卿妻
子皆在吾所，獨守一城，將何爲也？”賢政曰：“受涼王厚恩，
爲國藩屏。屏，必郢翻。雖知樂都已陷，妻子爲禽，先歸獲賞，
後順受誅；然不知主上存亡，主上，謂傉檀也。未敢歸命；妻子
小事，豈足動心！若貪一時之利，忘委付之重者，大王亦安用
之！”熾磐乃遣虎臺以手書諭之，賢政曰：“汝爲儲副，不能盡
節，面縛於人，棄父忘君，墮萬世之業，墮，讀曰隳。賢政義士，豈
效汝乎！”聞傉檀至左南，乃降。闞駰《十三州志》曰：左南城在金
城白土縣東六十里。《晉志》：張氏置晉興郡，左南縣屬焉。是縣蓋亦
張氏所置也。

　　《資治通鑑》卷一百一十六《晉紀三十八・安帝義熙十
年》頁三六七〇

　　初，樂都之潰也，諸城皆降於熾磐，傉檀將尉賢政固守浩
亹不下。熾磐呼之曰：“樂都已潰，卿妻子皆在吾間，孤城獨
守，何所爲也。”賢政曰：“受涼王厚恩，爲國家藩屏，雖知樂
都已陷，妻子爲擒，先歸獲賞，後順受誅，然不知主上存亡，未
敢歸命。妻子小事，豈足動懷。昔羅憲待命，晉文亮之；文聘

後來，魏武不責。邀一時之榮，忘委付之重，竊用耻焉，大王
亦安用之哉。”熾磐乃遣虎臺手書喻政，政曰：“汝爲國儲，不
能盡節，面縛於人，棄父負君，虧萬世之業，賢政義士，豈如汝
乎。”既而聞傉檀至左南，乃降。

　　《通志》卷一百九十二《載記七·禿髪傉檀》頁三〇八四

　　初，樂都之潰，諸城皆降，獨鎮軍尉賢政固守浩亹。熾
磐遣虎臺以手書諭之，賢政執正不下，既聞傉檀至左南，
乃降。

　　《十六國春秋》卷八十九《南凉録二·禿髪傉檀》頁十五

　　尉賢政，仕傉檀，爲別將屯於浩亹。樂都之潰，諸城皆
降於乞伏熾磐，惟賢政固守不下。熾磐遣人謂之曰：“樂都
已潰，卿妻子皆在吾所，孤城獨守，將何爲也？”賢政曰：“吾
受凉王厚恩，爲國家藩屏。雖知樂都已陷，妻子爲擒，先歸獲
賞，後順伏誅；然不知主上存亡，未敢聞命；妻子小事，豈足動
懷！昔羅憲待命，晉文亮之；文聘後來，魏武不責。若邀一時
之利，忘委任之責者，竊用耻焉，大王亦安用之哉！”熾磐乃
遣傉檀太子虎臺以手書諭之，賢政曰：“汝爲國儲副，不能盡
節，面縛於人，棄父忘君，墮萬世之業，賢政義士，豈如汝乎！”
既而聞傉檀至左南，乃降。

　　《十六國春秋》卷九十《南凉録三·尉賢政》頁十至十一

　　初，樂都之潰也，諸城皆降於熾磐，傉檀將振威將軍尉賢
政固守浩亹不下。〔一〇〕熾磐呼之曰：“樂都已潰，卿妻子皆在吾

間,孤城獨守,何所爲也!”賢政曰:“受凉王厚恩,爲國藩屏,雖知樂都已陷,妻子爲擒,先歸獲賞,後順受誅,然不知主上存亡,未敢歸命。妻子小事,豈足動懷!昔羅憲待命,晉文亮之,文聘後來,魏武不責。邀一時之榮,忘委付之重,竊用耻焉,大王亦安用之哉!”熾磐乃遣虎臺手書喻政,政曰:“汝爲國儲,不能盡節,反面縛於人,棄父負君,虧萬世之業。賢政義士,豈如汝乎!”此段亦見《御覽》四百十八。既而聞傉檀至左南,乃降。

【校勘記】

〔一○〕傉檀將振威將軍尉賢政　“振威將軍”,《御覽》卷四一八引作“振武將軍”,《載記》無。

《十六國春秋輯補》卷九十一《南凉録三·秃髮傉檀》頁一○一八至一○一九、一○二一

傉檀爲乞伏熾磐所滅,賀自樂都來奔。
　　　　《魏書》卷四十一《列傳第二十九·源賀》九一九頁

傉檀爲乞伏熾盤所滅,賀自樂都奔魏。
　　　　《北史》卷二十八《列傳第十六·源賀》頁一零二三

神瑞初,傉檀率騎擊乙弗虜,大有擒獲,而乞伏熾磐乘虛襲樂都克之,執傉檀子虎臺以下。傉檀聞之曰:“若歸熾磐,便爲奴僕,豈忍見妻子在他懷中也!”引衆而西,衆皆離散。傉檀曰:“蒙遜、熾磐昔皆委質於吾,今而歸之,不亦鄙哉!四海之廣,無所容身,何其痛乎!”既乃歎曰:“吾老矣,寧見妻子而死。”遂降熾磐,熾磐待以上賓之禮,用爲驃騎大將軍,封

左南公。歲餘，鴆殺之。

　　《魏書》卷九十九《列傳第八十七·禿髮傉檀》頁二二〇一至二二〇二

　　禿髮傉檀僭稱涼王爲乞伏熾磐所降，其少子保周、臘于破羌、俱延子覆龍、鹿孤孫副周、烏孤承鉢皆奔沮渠蒙遜久之歸魏。

　　《册府元龜》卷二百二十四《僭僞部·宗族》頁二六八二

　　熾磐聞傉檀至，遣使郊迎，待以上賓之禮。使，疏吏翻。秋七月，熾磐以傉檀爲驃騎大將軍，賜爵左南公，驃，匹妙翻。騎，奇寄翻。南涼文武，依才銓叙。歲餘，熾磐使人鴆傉檀；左右請解之，傉檀曰：“吾病豈宜療邪！”遂死，謚曰景王。《載記》曰：禿髮烏孤至傉檀三世，十九年而滅。虎臺亦爲熾磐所殺。傉檀子保周、賀，俱延子覆龍，利鹿孤孫副周，烏孤孫承鉢，皆奔河西王蒙遜，久之，又奔魏。魏以保周爲張掖王，覆龍爲酒泉公，賀西平公，副周永平公，承鉢昌松公。魏主嗣愛賀之才，謂曰：“卿之先與朕同源，賜姓源氏。”爲源氏昌大於魏張本。

　　《資治通鑑》卷一百一十六《晉紀三十八·安帝義熙十年》頁三六七〇至三六七一

　　傉檀爲乞伏熾磐所滅，賀自樂都來奔。

　　《通志》卷一百四十七《列傳六十·源賀》頁二三四二

傉檀至西平，熾磐遣使郊迎，待以上賓之禮。

　　《通志》卷一百九十二《載記七·禿髮傉檀》頁三〇八四

　　熾磐以傉檀爲驃騎大將軍，封左南公。歲餘，爲熾磐所鴆。左右勸傉檀解藥，傉檀曰：“吾病豈宜療邪！”遂死，時年五十一，在位十三年，僞謚景王。虎臺後亦爲熾磐所殺。

　　《通志》卷一百九十二《載記七·禿髮傉檀》頁三〇八四

　　（傉檀）後爲沮渠蒙遜所伐，兵敗，奔乞伏熾磐，後爲熾磐所鴆。

　　《文獻通考》卷三百四十二《四裔十九·北·禿髮》頁九四七五

　　秋七月，熾磐以傉檀爲驃騎大將軍，封左南公。歲餘，爲熾磐所鴆，左右勸傉檀解藥，傉檀曰：“吾病豈宜療耶。”遂死。時年五十一，在位十三年，僞謚景王。虎臺後亦爲熾磐所殺。

　　《十六國春秋》卷八十九《南涼録二·禿髮傉檀》頁十五

　　傉檀爲乞伏熾磐所破滅，樊尼奔赴之。傉檀歸熾磐，乃使樊尼率餘衆依沮渠蒙遜。後與其子歸於魏。

　　《十六國春秋》卷九十《南涼録三·禿髮樊尼》頁一至二

　　傉檀既爲乞伏熾磐所滅，破羌自樂都奔降於魏。

　　《十六國春秋》卷九十《南涼録三·禿髮破羌》頁二

　　熾磐以傉檀爲驃騎大將軍,封左南公。歲餘,爲熾磐所
鴆。左右勸傉檀解藥,傉檀曰:"吾病豈宜療邪!"遂死,時年
五十一,在位十三年,偽諡景王。虎臺後亦爲熾磐所殺。

　　《十六國春秋輯補》卷九十一《南凉録三・禿髮傉檀》頁
一〇一九

　　左南城……又義熙十年,南凉王傉檀西討乙弗部,西秦王熾磐入
其樂都,傉檀詣熾磐降,至左南,熾磐因賜傉檀爵左南公,即此。

　　《讀史方輿紀要》卷六十四《陝西十三・西寧鎮》頁
三〇一〇

　　冬,十月,河南王熾磐復稱秦王,置百官。熾磐嗣位,自稱
河南王;今并南凉,復稱秦王。

　　《資治通鑑》卷一百一十六《晉紀三十八・安帝義熙十
年》頁三六七一

　　西秦王熾磐立妃禿髮氏爲后。妃,傉檀之女也。

　　《資治通鑑》卷一百一十六《晉紀三十八・安帝義熙十
年》頁三六七二

公元四一五年　東晉安帝義熙十一年　北魏明元帝神瑞二年　西秦文昭王永康四年　北凉武宣王玄始四年

　　蒙遜遣其將運糧于湟河,自率衆攻克乞伏熾磐廣武郡。
以運糧不繼,自廣武如湟河,度浩亹。熾磐遣將乞伏魋尼寅
距蒙遜,蒙遜擊斬之。熾磐又遣將王衡、折斐、麴景等率騎一

萬據勒姐嶺，蒙遜且戰且前，大破之，擒折斐等七百餘人，麴
景奔還。蒙遜以弟漢平爲折衝將軍、湟河太守，乃引還。

　　《晉書》卷一百二十九《載記第二十九·沮渠蒙遜》頁
三一九六

　　蒙遜遣其將運糧於湟河，自率衆攻克乞伏熾磐廣武郡。
以運糧不繼，自廣武如湟河，度浩亹。熾磐遣將乞伏魋尼寅
拒蒙遜，蒙遜擊斬之。熾磐又遣將王衡、折斐、麴景等率騎一
萬據勒姐嶺，蒙遜且戰且前，大破之，擒折斐等七百餘人，麴
景奔還。蒙遜以弟漢平爲折衝將軍、湟河太守，乃引還。

　　《册府元龜》卷二百三十一《僭偽部·征伐》頁二七五四

　　河西王蒙遜攻西秦廣武郡，拔之。西秦王熾磐遣將軍乞
伏魋尼寅邀蒙遜於浩亹，蒙遜擊斬之；浩亹，音告門。又遣將軍
折斐等帥騎一萬據勒姐嶺，闞駰《志》：金城安夷縣東有勒姐河，與
金城河合。勒姐嶺蓋勒姐河所出之山也。漢時，勒姐羌居之，因以爲名。
姐，子也翻，又音紫。蒙遜擊禽之。

　　《資治通鑑》卷一百一十七《晉紀三十九·安帝義熙
十一年》頁三六七七

　　蒙遜遣其將運糧於湟河，自率衆攻克乞伏熾磐廣武郡。以
運糧不繼，自廣武如湟河，度浩亹。熾磐遣將乞伏魋尼寅距蒙
遜，蒙遜擊斬之。熾磐又遣將王衡、折斐麴景等，率騎一萬據
勒姐嶺，蒙遜且戰且前，大破之，擒折斐等七百餘人，麴景奔還。

　　《通志》卷一百九十二《載記七·沮渠蒙遜》頁三〇九一

　　玄始四年春三月，蒙遜率衆伐西秦乞伏熾磐於廣武郡，克之。遣別將運糧於湟河，以糧運不繼，遂自廣武如湟河，渡浩亹。熾磐遣將軍乞伏魋尼寅邀之於浩亹，蒙遜擊斬之。熾磐又遣將軍王衡、折斐、麴景等率騎二萬據勒姐嶺，蒙遜且戰且前，大破之，擒折斐等七百餘人。

　　《十六國春秋》卷九十四《北涼録一・沮渠蒙遜》頁十五

　　乙卯。四年，蒙遜遣其將連糧於湟河，自率衆攻克乞伏熾磐廣武郡，以糧連不繼，自廣武如湟河，度浩亹，熾磐遣將乞伏魋尼寅距蒙遜，蒙遜擊斬之，熾磐又遣將王衡、折裴、麴景等，率騎一萬，據勒姐嶺，蒙遜且戰且前，大破之，擒折裴等七百餘人，麴景奔還。蒙遜以弟漢平爲折衝將軍、湟河太守，乃引還。

　　《十六國春秋輯補》卷九十六《北涼録二・沮渠蒙遜》頁一〇六八至一〇六九

　　十一年蒙遜攻西秦，拔其廣武郡。

　　《讀史方輿紀要》卷三《歷代州域形式三・十六國・北涼》頁一四〇

　　勒姐嶺……晉義熙十一年，沮渠蒙遜攻拔西秦廣武郡，又敗西秦兵于浩亹，西秦王熾磐遣將折斐等據勒姐嶺邀其還路，蒙遜擊擒之，即此。

　　《讀史方輿紀要》卷六十四《陝西十三・西寧鎮》頁三〇二〇

　　西秦王熾磐子元基自長安逃歸,元基蓋從熾磐入秦以朝,因
留長安也。熾磐以爲尚書左僕射。

　　《資治通鑑》卷一百一十七《晉紀三十九·安帝義熙十一年》
頁三六七七

　　熾磐率衆三萬襲湟河,漢平力戰固守,遣司馬隗仁夜出
擊熾磐,斬級數百。熾磐將引退,先遣老弱。漢平長史焦昶、
將軍段景密信招熾磐,熾磐復進攻漢平。漢平納昶、景之説,
面縛出降。仁勒壯士百餘據南門樓上,三日不下,衆寡不敵,
爲熾磐所擒。熾磐怒,命斬之。段暉諫曰:"仁臨難履危,奮
不顧命,忠也。宜宥之,以屬事君。"熾磐乃執之而歸。在熾
磐所五年,暉又爲之固請,乃得還姑臧。及至,蒙遜執其手
曰:"卿,孤之蘇武也!"以爲高昌太守。爲政有威惠之稱,然
頗以愛財爲失。

　　《晉書》卷一百二十九《載記第二十九·沮渠蒙遜》頁
三一九七

　　西秦王熾磐率衆三萬襲湟河,沮渠漢平拒之,遣司馬隗
仁夜出擊熾磐,破之。沮,子余翻。隗,五罪翻,熾,昌志翻。熾磐
將引去,漢平長史焦昶、將軍段景潛召熾磐,熾磐復攻之;昶,
丑兩翻。復,扶又翻。昶、景因説漢平出降。説,輸芮翻。降,户江
翻;下同。仁勒壯士百餘據南門樓,三日不下,力屈,爲熾磐所
禽。熾磐欲斬之,散騎常侍武威段暉諫曰:"仁臨難不畏死,
散,悉亶翻。騎,奇寄翻。難,乃旦翻。忠臣也,宜宥之以屬事君。"
乃囚之。熾磐以左衛將軍匹達爲湟河太守,擊乙弗窟乾,降
其三千餘户而歸。以尚書右僕射出連虔爲都督嶺北諸軍事、

嶺北，洪池嶺北也。涼州刺史；以涼州刺史謙屯爲鎮軍大將軍、河州牧。隗仁在西秦五年，段暉又爲之請，史書武威段暉，以別南燕之段暉也。又爲，于僞翻。熾磐免之，使還姑臧。

《資治通鑑》卷一百一十七《晉紀三十九·安帝義熙十一年》頁三六七九

熾磐率衆三萬襲湟河，漢平力戰固守，遣司馬隗仁夜出，擊熾磐，斬級數百。熾磐將引退，先遣老弱，漢平長史焦昶、將軍段景密信招熾磐。熾磐復進攻漢平，漢平納昶景之説，面縛出降。仁勒壯士百餘據南門樓上，三日不下，衆寡不敵，爲熾磐所擒，熾磐怒命斬之，段暉諫曰：“仁臨難履危，奮不顧命，忠也。宜宥之，以厲事君。”熾磐乃執之而歸。在熾磐所五年，暉又爲之固請，乃得還姑臧。及至，蒙遜執其手曰：“卿，孤之蘇武也。”以爲高昌太守，爲政有威惠之稱，然頗以愛財爲失。

《通志》卷一百九十二《載記七·沮渠蒙遜》頁三〇九一

西秦乞伏熾磐率衆二萬襲湟河，漢平力戰固守，遣司馬隗仁夜出擊之熾磐，大敗，斬首數百。將引兵去，漢平長史焦昶、將軍段景密信招之，熾磐復進攻，圍益急，漢平納昶、景之説，面縛出降。隗仁不屈，爲熾磐所擒，將斬之，其將段暉固請，得免。尋遁還姑臧，拜高昌太守。

《十六國春秋》卷九十四《北涼録一·沮渠蒙遜》頁十六

乞伏熾磐率衆襲湟河，漢平面縛請降，仁勒壯士百餘據南門樓上，三日不下，衆寡不敵，爲熾磐所擒。怒欲斬之，散騎常侍段暉諫曰："仁臨難履危，奮不顧命，忠臣也。宜宥之以屬事君。"熾磐乃執之而歸。在熾磐所五年，暉又爲之固請，得還。

《十六國春秋》卷九十七《北涼録四·隗仁》頁六至七

熾磐率衆三萬襲湟河，漢平力戰固守，遣司馬隗仁夜出擊熾磐，斬級數百，熾磐將引退，先遣老弱，漢平長史焦昶、將軍段景、密信招熾磐，熾磐復進攻漢平，漢平納昶、景之説，面縛出降，仁勒將士百餘，據南門樓上，三日不下，衆寡不敵，爲熾磐所擒，熾磐怒，命斬之，段暉諫曰："仁臨難覆危，奮不顧命，忠也，宜宥之以屬事君。"熾磐乃執之而歸，在熾磐所五年，暉又爲之固請，乃得還姑臧，及至，蒙遜執其手曰："卿，孤之蘇武也。"以爲高昌太守，爲政有威惠之稱，然頗以愛財爲失。

《十六國春秋輯補》卷九十六《北涼録二·沮渠蒙遜》頁一〇六九至一〇七〇

廓州城……義熙十一年，西秦乞伏僞檀襲北涼湟河郡，克之。

《讀史方輿紀要》卷六十四《陝西十三·西寧鎮》頁三〇一一至頁三〇一二

西秦王熾磐以秦州刺史曇達爲尚書令，曇，徒含翻。光禄勳王松壽爲秦州刺史。

《資治通鑑》卷一百一十七《晉紀三十九·安帝義熙十一年》頁三六七九

又遣其將曇達、王松壽等討南羌彌姐、康薄於赤水，降之。

《册府元龜》卷二百三十一《僭僞部·征伐》頁二七五二

西秦王熾磐遣襄武侯曇達等將騎一萬，擊南羌彌姐、康薄于赤水，降之；《水經注》：赤亭水出南安郡東山赤谷，西流，逕城北，南入渭水。曇，徒含翻。將，即亮翻。姐，子也翻，又音紫。降，戶江翻。以王孟保爲略陽太守，鎮赤水。

《資治通鑑》卷一百一十七《晉紀三十九·安帝義熙十一年》頁三六八三

漹川城……晉義熙十一年，西秦熾磐攻姚秦洮陽公彭利和於漹川。[1]

《讀史方輿紀要》卷六十《陝西九·臨洮府河洮岷三衛》頁二八九二

沓中戍……胡氏曰："沓中在諸羌中，即沙、漹之地。晉義熙十一年，乞伏熾磐攻後秦漹川，師次沓中，即此地也。"[2]

《讀史方輿紀要》卷六十《陝西九·臨洮府河洮岷三衛》頁二八九五

---

[1]《資治通鑑》將此事繫於東晉義熙十二年。
[2]《資治通鑑》將此事繫於東晉義熙十二年。

公元四一六年　東晉安帝義熙十二年　北魏明元帝神瑞二年　北魏明元帝泰常元年　西秦文昭王永康六年　北凉武宣王玄始五年

　乞伏熾磐既襲父乾歸僞位,攻南羌之湿川,師次沓中。沮渠蒙遜率衆攻石泉以救之,熾磐聞而引還,遣將曇達與其將出連虔率騎五千赴之。蒙遜聞曇達至,引歸。遣使聘于熾磐,遂結和親。

　　《册府元龜》卷二百三十《僭僞部·和好》頁二七三八

　西秦王熾磐攻秦洮陽公彭利和於湿川,洮,土刀翻。湿,其良翻。沮渠蒙遜攻石泉以救之。熾磐至沓中,引還。二月,熾磐遣襄武侯曇達救石泉,曇,徒含翻。蒙遜亦引去。蒙遜遂與熾磐結和親。自熾磐滅秃髮氏,與蒙遜爲鄰敵,歲歲交兵,今乃結和。

　　《資治通鑑》卷一百一十七《晉紀三十九·安帝義熙十二年》頁三六八四

　玄始五年春正月,蒙遜率衆攻西秦,進次石泉。熾磐遣乞伏曇達來拒,蒙遜引還,遣使與通和好。

　　《十六國春秋》卷九十四《北凉録一·沮渠蒙遜》頁十六

　丙辰。五年　二月,與西秦通和。[五]

　【校勘記】

　〔五〕五年二月與西秦通和　見《偏霸部》,《載記》無。

“五年”，《纂録》《偏霸部》皆作“三年”，屠本卷九四事在
五年。

　　《十六國春秋輯補》卷九十六《北凉録二·沮渠蒙遜》頁
一〇七〇、一〇七五

　　臨津城……石泉城……晉義熙十二年，西秦乞伏熾磐攻秦洮陽
公彭利和於漒川，沮渠蒙遜攻石泉以救之，熾磐聞之引還，遣兵救石泉
是也。

　　《讀史方輿紀要》卷六十《陝西九·臨洮府河洮岷三衛》
頁二八八四

　　義熙十二年，乞伏熾磐攻秦洮陽公彭利和於漒川，利和
奔仇池，熾磐因置益州，鎮漒川。

　　《讀史方輿紀要》卷四十六《陝西一·封域山川險要》頁
二四八四

　　又遣曇達、王松壽等率騎一萬伐姚艾於上邽，曇達進據
蒲水，艾距戰，大敗之，艾奔上邽。曇達進屯大利，破黄石、大
羌二戍，徙五千餘户於枹罕。

　　《册府元龜》卷二百三十一《僭僞部·征伐》頁二七五二

　　西秦襄武侯曇達等擊秦秦州刺史姚艾於上邽，破之，徙
其民五千餘户於枹罕。曇，徒含翻。枹，音膚。

　　《資治通鑑》卷一百一十七《晉紀三十九·安帝義熙
十二年》頁三六八六

夏四月,西秦乞伏熾磐遣别將曇達等來攻上邽,上邽刺史姚艾不能守,遁走。

　　　　《十六國春秋》卷五十八《後秦録七·姚泓》頁四

西秦王熾磐使秦州刺史王松壽鎮馬頭,以逼秦之上邽。丁度曰:嶓冢山在古上邽縣,西有神馬山。

　　　　《資治通鑑》卷一百一十七《晉紀三十九·安帝義熙十二年》頁三六九五

嶓冢山……晉義熙十二年,西秦乞伏熾磐遣將鎮馬頭,以逼秦之上邽,即此。

　　　　《讀史方輿紀要》卷五十九《陝西八·鞏昌府》頁二八三六

枹罕虜乞佛熾槃遣使詣公求效力討羌,拜平西將軍、河南公。

　　　　《宋書》卷二《本紀第二·武帝中》頁四一

枹罕虜乞伏熾盤遣使謁帝,求效力討姚泓,拜爲平西將軍、河南公。

　　　　《南史》卷一《宋本紀上第一·武帝》頁一九

西秦王熾磐遣使詣太尉裕,使,疏吏翻;下同。求擊秦以自效。裕拜熾磐平西將軍、河南公。

　　　　《資治通鑑》卷一百一十七《晉紀三十九·安帝義熙十二年》頁三六九五

　　枹罕虜乞伏熾盤遣使謁帝，求效力討姚泓，拜爲平西將軍、河南公。

　　　　　《通志》卷十一《宋紀十一·武帝》頁二一六

公元四一七年　東晉安帝義熙十三年　北魏明元帝泰常二年　西秦文昭王永康六年

　　乞伏乾歸甚忌之，率騎二萬，攻之於赤水。樹洛干大敗，遂降乾歸，乾歸拜爲平狄將軍、赤水都護，又以其弟吐護真爲捕虜將軍、層城都尉。其後屢爲乞伏熾磐所破，[八]又保白蘭，慚憤發病而卒。在位九年，時年二十四。熾磐聞其死，喜曰：“此虜矯矯，所謂有豕白蹄也。”有子四人，世子拾虔嗣。其後世嗣不絕。

【校勘記】

　　〔八〕乞伏熾磐　“磐”，各本均作“盤”，唯殿本作“磐”，今從殿本，以歸一致。

　　　　　《晉書》卷九十七《列傳第六十七·四夷·西戎·吐谷渾》頁二五四二、二五五二

　　令其安東木奕于率騎七千討吐谷渾樹洛干于塞上，破其弟阿柴於堯扞川，俘獲五千餘口而還，洛干奔保白蘭山而死。

　　　　　《册府元龜》卷二百三十一《僭僞部·征伐》頁二七五二

　　西秦安東將軍木弈干擊吐谷渾樹洛干，破其弟阿柴於堯杆川，堯杆川在塞外。杆，居寒翻，又居案翻。俘五千餘口而還。

還，從宣翻，又如字。樹洛干走保白蘭山，慚憤發疾，將卒，謂阿
柴曰："吾子拾虔幼弱，今以大事付汝。"樹洛干卒，卒，子恤翻。
阿柴立，自稱驃騎將軍、沙州刺史。驃，匹妙翻。騎，奇寄翻。謚
樹洛干曰武王。阿柴稍用兵侵併其傍小種，種，章勇翻。地方
數千里，遂爲强國。

《資治通鑑》卷一百一十八《晉紀四十・安帝義熙十三
年》頁三六九九至三七〇〇

洛干十歲便自稱世子，年十六嗣立，率所部數千家奔歸
莫何川，自稱大都督、車騎大將軍、大單于、吐谷渾王。化行
所部，衆庶樂業，號爲戊寅可汗，沙漒雜種莫不歸附。乃宣言
曰："孤先祖避地於此，暨孤七世，思與群賢共康休緒。今士
馬桓桓，控弦百萬，孤將振威凉益，稱霸西戎，觀兵三秦，遠朝
天子，諸君以爲何如？"衆咸曰："此盛德之事也，願大王自
努。"乞伏乾歸甚忌之，率騎二萬，攻之於赤水。樹洛干大敗，
遂降乾歸，乾歸拜爲平狄將軍、赤水都護，又以其弟吐護真爲
捕虜將軍、層城都尉。其後屢爲乞伏熾磐所破，又保白蘭，
慚憤發病而卒。在位九年，時年二十四。熾磐聞其死，喜曰：
"此虜矯矯，所謂有豕白蹢也。"

《通志》卷一百九十五《四夷傳二・西戎上・吐谷渾》頁
三一二八至三一二九

胡氏曰："漒川口在漒臺山東南，即洮水口也。前凉張
駿於此置漒川郡，後乞伏國仁亦置焉。"又吐谷渾爲乞伏乾
歸所敗，其王樹洛干帥衆奔莫何川，亦見洮州衛。沙漒諸戎悉

附之。

《讀史方輿紀要》卷四十六《陝西一‧封域山川險要》頁
二四八四

泣勤川……晉義熙十三年,熾磐遣其子安樂將軍木奕干擊吐谷渾
樹洛干,破其弟阿子干於堯杅川,樹洛干走保白蘭山。

《讀史方輿紀要》卷六十《陝西九‧臨洮府河洮岷三衛》
頁二八九四

西秦相國翟勍卒;勍,渠京翻。八月,以尚書令曇達爲左丞
相,左僕射元基爲右丞相,御史大夫麴景爲尚書令,侍中翟紹爲
左僕射。翟勍既卒,曇達皆序遷,《通鑑》即西秦舊史書之。曇,徒含翻。

《資治通鑑》卷一百一十八《晉紀四十‧安帝義熙十三
年》頁三七〇七

又遣曇達、元基東討姚艾,降之。

《册府元龜》卷二百三十一《僭僞部‧征伐》頁二七五二

西秦王熾磐遣左丞相曇達等擊秦故將姚艾,艾,秦上邽之
鎮將。將,即亮翻。艾遣使稱藩,使,疏吏翻。熾磐以艾爲征東大
將軍、秦州牧。徵王松壽爲尚書左僕射。十二年,熾磐遣松壽屯
馬頭以逼秦之上邽;上邽降,故徵還。

《資治通鑑》卷一百一十八《晉紀四十‧安帝義熙十三
年》頁三七一二

上邽城……明年（義熙十三年），上邽爲西秦所取。

《讀史方輿紀要》卷五十九《陝西八·鞏昌府》頁二八三四
至二八三五

公元四一八年　東晉安帝義熙十四年　北魏明元帝泰常三年　西秦文昭王永康七年　北涼武宣王玄始七年

秦王熾磐以乞伏木弈干爲沙州刺史，鎮樂都。樂，音洛。

《資治通鑑》卷一百一十八《晉紀四十·安帝義熙十四年》頁三七一七

二月，乙弗烏地延帥户二萬降秦。

《資治通鑑》卷一百一十八《晉紀四十·安帝義熙十四年》頁三七一七

姚艾叛秦，降河西王蒙遜，姚艾稱藩於乞伏，事見上年。降，户江翻。蒙遜引兵迎之。艾叔父儁言於衆曰：“秦王寬仁有雅度，自可安居事之，何爲從河西王西遷！”衆咸以爲然，乃相與逐艾，推儁爲主，復歸於秦。秦王熾磐徵儁爲侍中、中書監，賜【章：甲十一行本“賜”上有“征南將軍”四字；乙十一行本同；孔本同；退齋校同。】爵隴西公，以左丞相曇達爲都督洮罕以東諸軍事、征東大將軍、秦州牧，鎮南安。洮、罕，謂臨洮、枹罕也。曇，徒含翻。洮，土刀翻。

《資治通鑑》卷一百一十八《晉紀四十·安帝義熙十四年》頁三七一九至三七二〇

西秦王熾磐東巡；十二月，徙上邽民五千餘户于枹罕。
枹，音膚。

《資治通鑑》卷一百一十八《晉紀四十·安帝義熙十四
年》頁三七二三

公元四一九年　東晉恭帝元熙元年　北魏明元帝泰常
四年　西秦文昭王永康八年

又使征西他子討吐谷渾覓地於弱水南，大破之，覓地率
衆六千降於熾磐。

《册府元龜》卷二百三十一《僭僞部·征伐》頁二七五二

夏四月，秦征西將軍孔子帥騎五千討吐谷渾覓地於弱水
南，孔子，亦乞伏氏也。《禹貢》：導弱水至于合黎，餘波入于流沙。《地
志》云：弱水出删丹縣，亦謂之張掖河。合黎在酒泉會水縣東北。流沙，
張掖居延縣東北之居延澤是也。曾氏曰：弱水出窮谷。大破之，覓地
帥其衆六千降於秦，拜弱水護軍。

《資治通鑑》卷一百一十八《晉紀四十·安帝元熙元年》
頁三七二七

蓼泉城……弱水城……西秦乞伏熾磐遣兵破吐谷渾覓地於弱水
南，覓地降，置弱水護軍是也。

《讀史方輿紀要》卷六十三《陝西十二·甘肅行都司》頁
二九七五至二九七六

弱水……晉元熙元年，西秦將乞伏孔子擊吐谷渾覓地於弱水南，

大破之,覓地降,拜爲弱水護軍。

　　《讀史方輿紀要》卷六十三《陝西十二・甘肅行都司》頁
二九七八

　　秦左衛將軍匹達等將兵討彭利和于湤川,大破之,利和
單騎奔仇池;獲其妻子,徙羌豪三千户于枹罕,湤川羌三萬餘
户皆安堵如故。冬,十月,以尚書右僕射王松壽爲益州刺史,
鎮湤川。湤,其良翻。騎,奇寄翻。枹,音膚。

　　《資治通鑑》卷一百一十八《晉紀四十・安帝元熙元年》
頁三七三〇

　　湤川城……元熙元年,復遣將攻之,利和奔仇池,因置益州鎮湤川是也。

　　《讀史方輿紀要》卷六十《陝西九・臨洮府河洮岷三衛》
頁二八九二

　　元熙元年,立其第二子慕末爲太子,領撫軍大將、都督中
外諸軍事,大赦境内,其臣佐等多所封授。

　　《册府元龜》卷二百二十六《僭僞部・恩宥》頁二六九九

公元四二〇年　東晉恭帝元熙二年　劉宋武帝永初元年　北魏明元帝泰常五年　西秦文昭王建弘元年北涼武宣王玄始九年

　　乞伏熾磐既嗣僞位,立其第二子慕末爲太子。領撫軍大
將軍、都督中外諸軍事。

　　《册府元龜》卷二百二十五《僭僞部・世子》頁二六九二

乞伏熾磐時,立第二子慕末爲太子,大赦境内,其臣佐等多所封授。

　　《册府元龜》卷二百三十《僭僞部‧慶賜》頁二七三四

秦王熾磐立其子乞伏【章:甲十六行本無上二字;乙十一行本同;孔本同;退齋校同;熊校同。】慕末爲太子,熾,昌志翻。《考異》曰:《晉書》作"慕末",《宋書》作"乞佛茂蔓"。今從崔鴻《十六國春秋》。仍領撫軍大將軍、都督中外諸軍事,大赦,改元建弘。

　　《資治通鑑》卷一百一十九《宋紀一‧武帝永初元年》頁三七三二

甲辰,鎮西將軍李歆進號征西將軍,[五]平西將軍乞佛熾盤進號安西大將軍,征東將軍高句驪王高璉進號征東大將軍,鎮東將軍百濟王扶餘映進號鎮東大將軍。

【校勘記】

〔五〕鎮西將軍李歆進號征西將軍　《南史》《通鑑》作"征西大將軍"。此疑脱"大"字。

　　《宋書》卷三《本紀第三‧武帝下》頁五四、六一

甲辰,鎮西將軍李歆進號征西大將軍,平西將軍乞伏熾盤進號安西大將軍,征東將軍高句麗王高璉進號征東大將軍,鎮東將軍百濟王扶餘映進號鎮東大將軍。

　　《南史》卷一《宋本紀上第一‧武帝》頁二五

甲辰,詔以涼公歆爲都督高昌等七郡諸軍事、征西大將

軍、酒泉公；秦王熾磐爲安西大將軍。<small>熾，昌志翻。</small>

《資治通鑑》卷一百一十九《宋紀一·武帝永初元年》頁三七三六

乞伏熾盤進號安西大將軍、征東將軍。

《通志》卷十一《宋紀一·武帝》頁二一七

歆聞蒙遜南伐乞伏，乃起兵攻張掖。

《魏書》卷九十九《列傳第八十七·李歆》頁二二〇二

河西王蒙遜欲伐涼，先引兵攻秦浩亹；<small>浩亹，音告門。</small>既至，潛師還屯川巖。

《資治通鑑》卷一百一十九《宋紀一·武帝永初元年》頁三七三六

九月，秦振武將軍王基等襲河西王蒙遜胡園戍，俘二千餘人而還。<small>還，從宣翻，又如字。</small>

《資治通鑑》卷一百一十九《宋紀一·武帝永初元年》頁三七三八

公元四二一年　劉宋武帝永初二年　北魏明元帝泰常六年　西秦文昭王建弘二年　北涼武宣王玄始十年

秦王熾磐遣征北將軍木弈干、輔國將軍元基攻上邽，遇霖雨而還。

《資治通鑑》卷一百一十九《宋紀一·武帝永初二年》頁三七三九

吐谷渾王阿柴遣使降秦，使，疏吏翻。降，户江翻。秦王熾磐以阿柴爲征西大將軍、開府儀同三司、安州牧、白蘭王。秦蓋以吐谷渾之地爲安州。

《資治通鑑》卷一百一十九《宋紀一·武帝永初二年》頁三七四〇

河西王蒙遜遣右衛將軍沮渠鄯善、建節將軍沮渠苟生帥衆七千伐秦。秦王熾磐遣征北將軍木弈干等帥步騎五千拒之，敗鄯善等于五澗，五澗在洪池嶺北。《水經注》：五澗水出姑臧城東而西，北流注馬城河。敗，補邁翻。虜苟生，斬首二千而還。

《資治通鑑》卷一百一十九《宋紀一·武帝永初二年》頁三七四〇

十一月，遣右衛將軍鄯善、建節將軍苟生率衆伐西秦。西秦王乞伏熾磐遣征北將軍没奕干等率步騎五千來拒鄯善等，敗於五澗，苟生爲其所虜。

《十六國春秋》卷九十四《北凉録一·沮渠蒙遜》頁二〇

秦王熾磐遣征西將軍孔子等帥騎二萬擊契汗秃真於羅川。契，欺訖翻。汗，音寒。

《資治通鑑》卷一百一十九《宋紀一·武帝永初二年》頁三七四一

列渾城……宋永初二年，西秦乞伏熾磐遣乞伏孔子率騎擊鐵汗秃真於羅川，大破之。尋以乞伏是辰爲西胡校尉，築列渾城於汁羅以鎮之。

汁羅即羅川矣。

《讀史方輿紀要》卷六十《陝西九‧臨洮府河洮岷三衛》
頁二八八三

公元四二二年　劉宋武帝永初三年　北魏明元
帝泰常七年　西秦文昭王建弘三年　北涼武宣
王玄始十二年

秦征西將軍孔子等大破契汗禿真，契，欺訖翻，汗音寒。禿，
吐谷翻。獲男女二萬口，牛羊五十餘萬頭。禿真帥騎數千西
走，其別部樹奚帥戶五千降秦。帥，讀曰率。降，戶江翻。

《資治通鑑》卷一百一十九《宋紀一‧武帝永初三年》頁
三七四二

秦王熾磐以折衝將軍乞伏是辰爲西胡校尉。築列渾城
於汁羅以鎮之。汁羅蓋即羅川之地。

《資治通鑑》卷一百一十九《宋紀一‧武帝永初三年》頁
三七四四

河西王蒙遜遣前將軍沮渠成都帥眾一萬，耀兵嶺南，遂
屯五澗。蓋耀兵於洪池嶺南，而還屯五澗也。沮，子余翻。帥，讀曰
率，下同。九月，秦王熾磐遣征北將軍出連虔等帥騎六千擊之。

《資治通鑑》卷一百一十九《宋紀一‧武帝永初三年》頁
三七四七

九月，乞伏熾磐遣征北將軍出連虔一作没奕干。等，帥精

騎五千一作六千。來擊。

　　《十六國春秋》卷九十四《北凉録一·沮渠蒙遜》頁二〇

　　秦出連虔與河西沮渠成都戰，禽之。沮渠成都時屯五澗。

　　《資治通鑑》卷一百一十九《宋紀一·武帝永初三年》頁三七五〇

　　冬十月，成都爲出連虔所破，掠民三千餘户而去。

　　《十六國春秋》卷九十四《北凉録一·沮渠蒙遜》頁二一

　　秦王熾磐徵秦州牧曇達爲左丞相、征東大將軍。曇，徒含翻。

　　《資治通鑑》卷一百一十九《宋紀一·武帝永初三年》頁三七五一

　　未幾，乞伏熾磐遣騎五千來襲，至於孫猢嶺，聞有備而去。

　　《十六國春秋》卷九十四《北凉録一·沮渠蒙遜》頁二〇

　　西秦遣騎七千來襲，至於孫猴嶺，聞有備而還。此段《御覽》八百七十七引補。

　　《十六國春秋輯補》卷九十六《北凉録二·沮渠蒙遜》頁一〇七二至一〇七三

公元四二三年　劉宋營陽王景平元年　北魏明元帝泰常八年　西秦文昭王建弘四年　北涼武宣王玄始十二年

秦王熾磐謂其群臣曰："今宋雖奄有江南，夏人雄據關中，皆不足與也。獨魏主奕世英武，賢能爲用，且讖云，'恒代之北當有真人'，吾將舉國而事之。"讖，楚譖翻。乃遣尚書郎莫者阿胡等入見于魏，見，賢遍翻。貢黃金二百斤，并陳伐夏方略。見，賢遍翻。

《資治通鑑》卷一百一十九《宋紀一·營陽王景平元年》頁三七五七

　禿髮傉檀之死也，事見一百十六卷晉安帝義熙十年。傉，奴沃翻。河西王蒙遜遣人誘其故太子虎臺，許以番禾、西安二郡處之，誘，音西。番，音盤。處，昌呂翻。且借之兵，使伐秦，報其父讎，復取故地。虎臺陰許之，事泄而止。秦王熾磐之后，虎臺之妹也，熾磐待之如初。后密與虎臺謀曰："秦本我之仇讎，雖以婚姻待之，蓋時宜耳。先王之薨，又非天命。遺令不治者，欲全濟子孫故也。治，直之翻；不治，謂被鴆而不解也，事見一百十六卷晉安帝義熙十年。爲人子者，豈可臣妾於仇讎而不思報復乎！"乃與武衛將軍越質洛城謀弑熾磐。后妹爲熾磐左夫人，【章：甲十六行本"人"下有"有寵"二字；乙十一行本同；孔本同；張校同；退齋校同。】知其謀而告之，熾磐殺后及虎臺等十餘人。

《資治通鑑》卷一百一十九《宋紀一·營陽王景平元年》頁三七六〇

玄始十二年,秋八月,西秦乞伏熾磐遣太子暮末等率步騎三萬出貂渠谷來攻,遂陷白草嶺及臨松郡,徙民二萬餘口而去。

《十六國春秋》卷九十四《北凉録一·沮渠蒙遜》頁二一

癸亥。十二年,乞伏熾磐來攻,遂陷白草嶺及臨松郡。

《十六國春秋輯補》卷九十六《北凉録二·沮渠蒙遜》頁一〇七三

公元四二四年　劉宋營陽王景平二年　劉宋文帝元嘉元年　北魏太武帝始光元年　西秦文昭王建弘五年　北凉武宣王玄始十三年

秦王熾磐遣鎮南將軍吉毗等帥步騎一萬南伐白苟、車孚、崔提、旁為四國,皆降之。白狗國至唐猶存,蓋生羌也;其地與東會州接。車孚、崔提、旁為無所考。帥,讀曰率。騎,奇寄翻。降,户江翻。

《資治通鑑》卷一百二十《宋紀二·文帝元嘉元年》頁三七六六

太祖元嘉元年,[①]枹罕虜乞佛熾槃出貂渠谷攻河西白草嶺,臨松郡皆没,執蒙遜從弟成都、從子日蹄、頗羅等而去。[二八]

①《資治通鑑》將此事繫於元嘉二年。

【校勘記】

〔二八〕執蒙遜從弟成都從子日蹄頗羅等而去　"日蹄"
《通鑑》宋文帝元嘉二年作"白蹄"。

　　《宋書》卷九十八《列傳第五十八・氐胡》頁二四一五

　　秦王熾磐遣太子暮末帥征北將軍木弈干等步騎三萬出
貂渠谷,攻河西白草嶺、臨松郡,皆破之,《水經注》:西平鮮谷塞
東南有白草嶺。帥,讀曰率。騎,奇寄翻。徙民二萬餘口而還。還,
從宣翻。

　　《資治通鑑》卷一百二十《宋紀二・文帝元嘉元年》頁
三七七一

　　玄始十三年,[①] 夏四月。乞伏熾磐遣平遠將軍叱盧犍等
來攻,執蒙遜從弟成都及從子白蹄、頗羅等,徙民五千餘户
而去。

　　《十六國春秋》卷九十四《北凉録一・沮渠蒙遜》頁二一

　　甲子。十三年,熾磐執蒙遜從弟成都及從子白蹄、頗
羅等。

　　《十六國春秋輯補》卷九十六《北凉録二・沮渠蒙遜》頁
一〇七三

　　白草嶺……劉宋元嘉初,西秦乞伏熾磐遣太子暮末等出貂渠谷,

―――――――――――

①《資治通鑑》將此事繫於元嘉二年。

攻北涼白草嶺、臨松郡，皆破之。

《讀史方輿紀要》卷六十四《陝西十三·西寧鎮》頁
三○二○

公元四二五年　劉宋文帝元嘉二年　北魏太武帝始光二年　西秦文昭王建弘六年　北涼武宣王玄始十四年

夏四月，秦王熾磐遣平遠將軍叱盧犍等襲河西鎮南將軍沮渠白蹄於臨松，擒之，徙其民五千餘戶于枹罕。犍，居言翻。沮，子余翻。枹，音膚。

《資治通鑑》卷一百二十《宋紀二·文帝元嘉二年》頁
三七七六

臨松城……宋元嘉二年，西秦乞伏熾磐遣兵襲破臨松，徙其民五千餘戶於枹罕。

《讀史方輿紀要》卷六十三《陝西十二·西寧鎮》頁
二九七五

秋七月，秦王熾磐遣鎮南將軍吉毗等南擊黑水羌酋丘擔，大破之。黑水羌在鄧至西北。《水經注》曰：白水出臨洮縣西南西傾山，東南流，與黑水合。黑水出羌中，西南逕黑水城西，又西南入于白水。擔，都甘翻。

《資治通鑑》卷一百二十《宋紀二·文帝元嘉二年》頁
三七七六

黑水……宋元嘉二年，西秦乞伏熾磐遣將吉毗南擊黑水羌酋丘檐,大破之,即此。

　　《讀史方輿紀要》卷五十九《陝西八‧鞏昌府》頁二八五六

　　冬十月,丘擔以其衆降秦,降,户江翻。秦以擔爲歸善將軍;拜折衝將軍乞伏信帝爲平羌校尉以鎮之。

　　《資治通鑑》卷一百二十《宋紀二‧文帝元嘉二年》頁三七七六至三七七七

　　玄始十四年,[①]秋八月。乞伏熾磐率衆來攻,至廉川,其太子暮末等率步騎三萬攻西安,不克。又攻番禾,蒙遜發兵禦之,因遣使説夏主赫連勃勃,使乘虛襲枹罕,熾磐聞之引兵而去。

　　《十六國春秋》卷九十四《北涼録一‧沮渠蒙遜》頁二一

公元四二六年　劉宋文帝元嘉三年　北魏太武帝始光三年　西秦文昭王建弘七年　大夏德武帝承光二年　北涼武宣王玄始十五年

乞伏熾磐遣使朝貢,請討赫連昌。

　　《魏書》卷四《世祖紀第四上‧世祖太武帝》頁七一

　　三年春正月壬申,車駕至自北伐。乞伏熾盤遣使朝貢,請討赫連昌。

　　《北史》卷二《魏本紀第二‧世祖太武帝》頁四二

_____

①《資治通鑑》將此事繫於元嘉三年。

秦王熾磐復遣使如魏，請用師于夏。秦入貢于魏以請伐夏，事始上卷營陽王景平元年。復，扶又翻。使，疏吏翻。

《資治通鑑》卷一百二十《宋紀二·文帝元嘉三年》頁三七八一

乞伏熾磐遣使朝貢，請討赫連昌。

《通志》卷十五上《後魏紀十五上·太武帝》頁二七六

承光二年春正月，西秦王乞伏熾磐遣使如魏，請舉兵來伐。

《十六國春秋》卷六十七《夏錄二·赫連昌》頁一

秦王熾磐伐河西，至廉川，遣太子暮末等步騎三萬攻西安，不克，又攻番禾。河西王蒙遜發兵禦之，且遣使說夏主，騎，奇寄翻。番，音盤。使，疏吏翻。說，輸芮翻。使乘虛襲枹罕。枹，音膚。夏主遣征南大將軍呼盧古將騎二萬攻苑川，車騎大將軍韋伐將騎三萬攻南安。熾磐聞之，引歸。蒙遜借助於夏以退秦師。秦既敝於夏，夏亦償於魏，而涼亦不能以自立。是以親仁善鄰，國之寶也。九月，徙其境內老弱、畜產於澆河杜佑曰：澆河城在廓州達化縣西一百二十里。及莫河仍寒川，留左丞相曇達守枹罕。韋伐攻拔南安，獲秦秦州刺史翟爽、南安太守李亮。

《資治通鑑》卷一百二十《宋紀二·文帝元嘉三年》頁三七八七

氐池城……西安城……又宋元嘉三年，乞伏熾磐遣太子暮末伐河西王蒙遜，攻西安不克，又攻番禾是也。

《讀史方輿紀要》卷六十三《陝西十二·甘肅行都司》頁二九七四至二九七五

獂道城……西秦乞伏氏時嘗置東秦州治焉，亦曰南安郡。宋元嘉三年，夏赫連昌遣其叔韋代攻西秦南安，拔之。既而復爲秦所據。

《讀史方輿紀要》卷五十九《陝西八·鞏昌府》頁二八一一至二八一二

苑川城……宋元嘉三年，西秦王熾磐侵河西王蒙遜，夏主昌遣將呼盧古乘虚攻其苑川及南安，熾盤引還。

《讀史方輿紀要》卷六十二《陝西十一·寧夏鎮》頁二九六五

莫何川……宋元嘉三年，西秦乞伏熾磐爲沮渠蒙遜及赫連昌所敗，徙其境内老弱畜産於澆河及莫何、仍寒川是也。

《讀史方輿紀要》卷六十《陝西九·臨洮府河洮岷三衛》頁二八九四

澆河城……宋元嘉三年，西秦乞伏熾磐爲夏所侵，徙其境内老弱畜産於澆河。

《讀史方輿紀要》卷六十四《陝西十三·西寧鎮》頁三○一二

吐谷渾握逵等帥部衆二萬落叛秦，奔昴川，附於吐谷渾王慕瓆。史言乞伏兵勢漸衰。帥,讀曰率。瓆,姑回翻。

《資治通鑑》卷一百二十《宋紀二·文帝元嘉三年》頁
三七八七

　　秦左丞相曇達與夏呼盧古戰於嶘岷山,曇,徒含翻。嶘,丘岡翻。岷,盧當翻。曇達兵敗。十一月,呼盧古、韋伐進攻枹罕。枹,音膚。秦王熾磐遷保定連。呼盧古入南城,南城,枹罕南城。鎮京將軍趙壽生率死士三百人力戰,却之。呼盧古、韋伐又攻沙州刺史出連虔于湟河,虔遣後將軍乞伏萬年擊敗之。敗,補邁翻。又攻西平,執安西將軍庫洛干,阬戰士五千餘人,掠民二萬餘户而去。

《資治通鑑》卷一百二十《宋紀二·文帝元嘉三年》頁
三七八八至三七八九

　　嶘岷山……宋元嘉三年,夏主赫連昌遣其將呼盧古敗西秦將曇達於嶘岷山,進攻枹罕是也。

《讀史方輿紀要》卷六十《陝西九·臨洮府河洮岷三衛》
頁二八七五

　　定連城……宋元嘉三年,西秦乞伏熾磐爲夏主昌將呼盧古所攻,自枹罕遷保定連。呼盧古入枹罕南城,秦將趙壽生戰却之。

《讀史方輿紀要》卷六十《陝西九·臨洮府河洮岷三衛》
頁二八八三

　　廓州城……宋元嘉三年,夏主昌遣將伐西秦,攻其沙州刺史出連虔于湟河,不克。

　　《讀史方輿紀要》卷六十四《陕西十三·西寧鎮》頁
三〇一一至三〇一二

　　秦征南將軍吉毗鎮南漒,乞伏國仁置十二郡,漒川其一也;南
漒當又在漒川之南。漒,其良翻。隴西人辛澹帥户三千據城逐毗,
毗走還枹罕,澹南奔仇池。澹,徒覽翻。帥,讀曰率。

　　《資治通鑑》卷一百二十《宋紀二·文帝元嘉三年》頁
三七九〇

　　漒川城……亦謂之南漒,宋元嘉三年,西秦征南將軍吉毗鎮南
漒,隴西人辛澹據城逐之,澹旋奔仇池,熾磐因移置梁州於南漒,亦即此
城矣。

　　《讀史方輿紀要》卷六十《陕西九·臨洮府河洮岷三衛》
頁二八九二

公元四二七年　劉宋文帝元嘉四年　北魏太武帝始光四年　西秦文昭王建弘八年

　　山羌叛秦。羌分居武始、洮陽南山者曰山羌。二月,秦王熾磐
遣左丞相曇達招慰武始諸羌,征南將軍吉毗招慰洮陽諸羌。
晉惠帝置洮陽縣,屬狄道郡。曇,徒含翻。羌人執曇達送夏;吉毗爲
羌所擊,奔還,士馬死傷者什八九。

　　《資治通鑑》卷一百二十《宋紀二·文帝元嘉四年》頁
三七九一

臨潭城……宋元嘉四年,洮陽羌叛,西秦乞伏熾磐使其將吉毗招慰之,爲羌所敗。

《讀史方輿紀要》卷六十《陝西九·臨洮府河洮岷三衛》頁二八九〇

秦王熾磐以輔國將軍段暉爲涼州刺史,鎮樂都;樂,音洛。平西將軍麴景爲沙州刺史,鎮西平;寧朔將軍出連輔政爲梁州刺史,鎮赤水。

《資治通鑑》卷一百二十《宋紀二·文帝元嘉四年》頁三七九二

秦王熾磐還枹罕。夏既破,故熾磐還。枹,音膚。

《資治通鑑》卷一百二十《宋紀二·文帝元嘉四年》頁三七九六

秦王熾磐謂群臣曰:"孤知赫連氏必無成,冒險歸魏,事見上卷營陽王景平元年。今果如孤言。"八月,遣其叔父平遠將軍渥頭等入貢于魏。

《資治通鑑》卷一百二十《宋紀二·文帝元嘉四年》頁三七九六

氐王楊玄遣將軍苻白作圍秦梁州刺史出連輔政于赤水;城中糧盡,民執輔政以降。輔政至駱谷,逃還。

《資治通鑑》卷一百二十《宋紀二·文帝元嘉四年》頁三七九七

冬,十月,秦以驍騎將軍吳漢爲平南將軍、梁州刺史,鎮南澀。驍,堅堯翻。騎,奇寄翻。澀,其良翻。

《資治通鑑》卷一百二十《宋紀二·文帝元嘉四年》頁三七九七

十二月,秦梁州刺史吳漢爲群羌所攻,帥户二千還于枹罕。帥,讀曰率。

《資治通鑑》卷一百二十《宋紀二·文帝元嘉四年》頁三七九七

公元四二八年　劉宋文帝元嘉五年　北魏太武帝始光五年　北魏太武帝神麚元年　西秦文昭王建弘九年　西秦後主永弘元年　大夏德武帝承光四年　大夏平武帝勝光元年　北凉武宣王玄始十七年　北凉武宣王玄承元年

秦商州刺史領澆河太守姚濬叛,降河西,晉時,張祚以敦煌郡爲商州。時敦煌屬河西,熾磐蓋以濬遥領商州而守澆河也。澆,堅堯翻。隆,户江翻。秦王熾磐以尚書焦嵩代濬,帥騎三千討之。帥,讀曰率。騎,奇寄翻。二月,嵩爲吐谷渾元緒所執。

《資治通鑑》卷一百二十一《宋紀三·文帝元嘉五年》頁三七九八

乞伏熾盤死,子暮末僭立。

《魏書》卷四《世祖紀第四上·世祖太武帝》頁七四

是歲,魏神麚元年,太武皇帝伐赫連昌,滅之。乞伏熾盤死。

《南史》卷二《宋本紀中第二・文帝》頁四〇

五月,乞伏熾盤死。

《北史》卷二《魏本紀第二・世祖太武帝》頁四四

熾磐死,慕末嗣僞位。

《冊府元龜》卷二百二十五《僭僞部・世子》頁二六九二

五月,秦文昭王熾磐卒,太子暮末即位,大赦,改元永弘。

《資治通鑑》卷一百二十一《宋紀三・文帝元嘉五年》頁三八〇一

五月乞伏熾磐死。

《通志》卷十五上《後魏紀十五上・太武帝》頁二七七

葬秦文昭王于武平陵,廟號太祖。秦王暮末以右丞相元基爲侍中、相國、都督中外諸軍、錄尚書事,以鎮軍大將軍、河州牧謙屯爲驃騎大將軍,河州治枹罕,乞伏氏所都。驃,匹妙翻。騎,奇寄翻;下同。徵安北將軍、涼州刺史段暉爲輔國大將軍、御史大夫,段暉先鎮樂都。叔父右禁將軍千年爲鎮北將軍、涼州牧,鎮湟河,以征北將軍木弈干爲尚書令、車騎大將軍,以征南將軍吉毗爲尚書僕射、衛大將軍。

《資治通鑑》卷一百二十一《宋紀三・文帝元嘉五年》頁三八〇一

河西王蒙遜因秦喪，伐秦西平，西平太守麴承謂之曰："殿下若先取樂都，則西平必爲殿下之有；苟【章：甲十六行本"苟"上有"西平"二字；乙十一行本同。】望風請服，亦明主之所疾也。"蒙遜乃釋西平，攻樂都。相國元基帥騎三千救樂都，元基自枹罕救樂都。樂，音洛。甫入城，而河西兵至，攻其外城，克之；絕其水道，城中飢渴，死者太半。東羌乞提從元基救樂都，陰與河西通謀，下繩引内其兵，登城者百餘人，鼓譟燒門；元基帥左右奮擊，河西兵乃退。帥，讀曰率。

《資治通鑑》卷一百二十一《宋紀三·文帝元嘉五年》頁三八〇一至三八〇二

元嘉五年，攻西秦樂都郡。

《讀史方輿紀要》卷三《歷代州域形式三·十六國·北涼》頁一四〇

初，文昭王疾病，謂暮末曰："吾死之後，汝能保境則善矣。沮渠成都爲蒙遜所親重，汝宜歸之。"至是，暮末遣使詣蒙遜，許歸成都以求和。成都爲秦禽，事見一百十九卷武帝永初三年。沮，子余翻。使，疏吏翻；下同。蒙遜引兵還，遣使入秦吊祭。暮末厚資送成都，遣將軍王伐送之。蒙遜猶疑之，使恢武將軍沮渠奇珍伏兵於抳天嶺，執伐并其騎士三百人以歸。既而遣尚書郎王杼送伐還秦，并遺暮末馬千匹及錦罽銀繒。遺，于季翻。罽，音計。繒，慈林翻。秋七月，暮末遣記室郎中馬艾如河西報聘。

《資治通鑑》卷一百二十一《宋紀三·文帝元嘉五年》頁三八〇二

承玄元年夏六月,蒙遜遣兵伐西秦。時乞伏熾磐死,暮末即位,遣使詣蒙遜,許歸成都以求和親。蒙遜遣使入西秦吊祭,暮末厚資成都,遣將軍王伐送之。蒙遜猶疑之,執伐以歸,既而遣還,并遺暮末甚厚。

《十六國春秋》卷九十四《北涼録一·沮渠蒙遜》頁二二

秋九月,暮末遣使報聘。

《十六國春秋》卷九十四《北涼録一·沮渠蒙遜》頁二二

戊辰。承玄元年蒙遜遣兵伐西秦,時乞伏熾磐死,慕末送成都歸以求和親。於是大赦境内,改元承玄。蒙遜復伐西秦。

《十六國春秋輯補》卷九十六《北涼録二·沮渠蒙遜》頁一〇七四

秦凉州牧乞伏千年,嗜酒殘虐,不恤政事,秦王暮末遣使讓之,千年懼,奔河西。<small>奔河西工蒙遜也。</small>暮末以叔父光禄大夫沃陵爲凉州牧,鎮湟河。

《資治通鑑》卷一百二十一《宋紀三·文帝元嘉五年》頁三八〇三

冬十月,西秦凉州牧乞伏千年來奔。

《十六國春秋》卷九十四《北涼録一·沮渠蒙遜》頁二二

河西王蒙遜伐秦,至磐夷,秦相國元基等將騎萬五千拒

之。蒙遜還攻西平,征虜將軍出連輔政等將騎二千救之。將,
即亮翻。騎,奇寄翻。

《資治通鑑》卷一百二十一《宋紀三·文帝元嘉五年》頁
三八〇三

十二月,蒙遜復率衆伐西秦,至磐夷。西秦相國乞伏元
基等將騎一萬五千來拒,蒙遜還攻西平,暮末遣騎來援,蒙遜
乃引而還。

《十六國春秋》卷九十四《北凉録一·沮渠蒙遜》頁二二

盤夷戍……宋元嘉五年,河西王蒙遜伐秦至盤夷,秦乞伏元基將
兵拒之,蒙遜還攻西平克之是也。

《讀史方輿紀要》卷六十四《陝西十三·西寧鎮》頁三〇二八

樂都城……宋元嘉五年,河西王蒙遜攻樂都,克其外城,絕城中水
道,乞伏元基擊却之。

《讀史方輿紀要》卷六十四《陝西十三·西寧鎮》頁
三〇〇九

公元四二九年　劉宋文帝元嘉六年　北魏太武帝神麚二年　西秦後主永弘二年　北凉武宣王承玄二年

秦出連輔政等未至西平,河西王蒙遜拔西平,執太守麴
承。蒙遜去年攻西平。

《資治通鑑》卷一百二十一《宋紀三·文帝元嘉六年》頁
三八〇六

二月，秦王暮末立妃梁氏爲皇【章：甲十六行本“皇”作“王”；乙十一行本同；孔本同。】后，子萬載爲太子。

　　《資治通鑑》卷一百二十一《宋紀三·文帝元嘉六年》頁三八〇六

崔鴻《西秦録》曰：辛進，字國都，隴西人。建弘初爲散騎常侍，從乞伏熾盤遊于後園霄觀，彈鳥，丸傷暮末母之面。至是，末問母面傷之由，母曰：“辛進彈鳥所傷。”末怒，故誅之。

　　《太平御覽》卷三五〇《兵部八一·彈》頁二三四

初，秦尚書隴西辛進從文昭王遊陵霄觀，彈飛鳥，誤中秦王暮末之母，傷其面。觀，古玩翻。中，竹仲翻。及暮末即位，問母面傷之由，母以狀告。暮末怒，殺進并其五族二十七人。史言暮末以虐亡國。

　　《資治通鑑》卷一百二十一《宋紀三·文帝元嘉六年》頁三八〇七

河西王蒙遜伐秦，秦王暮末留相國元基守枹罕，遷保定連。南安太守翟承伯等據罕开谷以應河西，《水經注》：隴西白石縣東有腔开溪，又東則枹罕縣故城；枹，音膚。开，若堅翻。暮末擊破之，進至治城。魏收《地形志》：涼州東陘郡有治城縣，其地當在黄河。又涼州有建昌郡，亦有治城縣。西安太守莫者幼眷據汧川以叛，此汧川非扶風之汧，當亦在枹罕左右。汧，口堅翻。暮末討之，爲幼眷所敗，敗，補邁翻。還于定連。

　　《資治通鑑》卷一百二十一《宋紀三·文帝元嘉六年》頁三八一〇至三八一一

治城……宋元嘉六年,西秦南安太守翟伯承等據罕开谷以叛,西秦王暮末擊破之,進至治城。

《讀史方輿紀要》卷六十《陝西九·臨洮府河洮岷三衛》頁二八八三

定連城……六年,河西王蒙遜伐秦,秦王暮末復自枹罕遷保定連。既而所署西安太守莫者幼眷據汧川以叛,暮末討之,敗還定連。

《讀史方輿紀要》卷六十《陝西九·臨洮府河洮岷三衛》頁二八八三

葵谷……罕开谷……宋元嘉六年,河西王蒙遜伐西秦,西秦南安太守翟承伯等據罕开谷以應河西。

《讀史方輿紀要》卷六十《陝西九·臨洮府河洮岷三衛》頁二八八六

六年,蒙遜征枹罕,時乞佛熾槃死矣,子茂蔓大破蒙遜,生禽興國,殺三千餘人。

《宋書》卷九十八《列傳第五十八·氐胡》頁二四一五

蒙遜至枹罕,遣世子興國進攻定連。六月,暮末逆擊興國於治城,擒之,追擊蒙遜至譚郊。吐谷渾王慕璝遣其弟没利延將騎五千會蒙遜伐秦,没利延,即慕利延,没、慕聲相近也。璝,古回翻。暮末遣輔國大將軍段暉等邀擊,大破之。

《資治通鑑》卷一百二十一《宋紀三·文帝元嘉六年》頁三八一一

明年,遣世子興國攻秦,爲秦王暮末所禽。復立興國母弟菩提爲世子。

《通志》卷一百九十二《載記七·沮渠蒙遜》頁三〇九二

承玄二年夏五月,乞伏暮末遷保定連,蒙遜遣世子興國攻之。六月,暮末率衆迎擊,至於治城,興國戰敗被擒,殺軍士三千餘人,追擊蒙遜至譚郊。吐谷渾王慕璝遣其弟没利延帥騎來援,暮末遣輔國大將軍段暉逆擊之,大敗而歸。

《十六國春秋》卷九十四《北凉録一·沮渠蒙遜》頁二二

承玄二年,蒙遜濟河伐乞伏暮末於枹罕,以世子興國爲前驅,爲暮末所禽。

《十六國春秋》卷九十七《北凉録四·曇無讖》頁三

己巳。二年暮末遷保定連,蒙遜遣世子興國攻之。暮末率衆迎擊,興國戰敗被擒,殺軍士三千餘人。

《十六國春秋輯補》卷九十六《北凉録二·沮渠蒙遜》頁一〇七四

治城……既而河西王蒙遜至枹罕,遣子興國攻定連,暮末逆擊興國於治城,擒之。

《讀史方輿紀要》卷六十《陝西九·臨洮府河洮岷三衛》頁二八八三

治城……譚郊城……宋元嘉六年,河西王蒙遜遣子興國攻乞伏暮末於定連,暮末擊擒之於洽城,追擊蒙遜至譚郊是也。

《讀史方輿紀要》卷六十《陝西九·臨洮府河洮岷三衛》頁二八八三

河西王蒙遜遣使送穀三十萬斛以贖世子興國于秦,使,疏吏翻。秦王暮末不許。蒙遜乃立興國母弟菩提爲世子,蒙遜取佛書以名其子。梵言菩提,華言正道也。菩,薄乎翻。暮末以興國爲散騎常侍,散,悉亶翻。騎,奇寄翻;下同。以其妹平昌公主妻之。妻,七細翻。

《資治通鑑》卷一百二十一《宋紀三·文帝元嘉六年》頁三八一二

秋七月,遣使送穀三十萬斛以贖世子興國於西秦,暮末不許。

《十六國春秋》卷九十四《北凉録一·沮渠蒙遜》頁二二

蒙遜遣使送穀三十萬斛,以贖世子興國於西秦。慕末不許,蒙遜乃立興國弟菩提爲世子。

《十六國春秋輯補》卷九十六《北凉録二·沮渠蒙遜》頁一○七四

秦王暮末之弟軻殊羅烝於文昭王左夫人禿髮氏,下淫上曰烝。暮末知而禁之。軻殊羅懼,與叔父什寅謀殺暮末,奉沮渠興國以奔河西。沮,子余翻。使禿髮氏盗門鑰,鑰誤,門者以告暮末。暮末悉收其黨,殺之,而赦軻殊羅。執什寅,鞭之,什寅曰:"我負汝死,不負汝鞭!"暮末怒,刳其腹,投尸于河。

《資治通鑑》卷一百二十一《宋紀三·文帝元嘉六年》頁三八一三

十二月，蒙遜下書曰："乞伏暮末頻年失信，終日言笑，要當一舉剿其巢穴。"軍次沃干嶺，枹罕城中餓死大半。

《十六國春秋》卷九十四《北凉錄一·沮渠蒙遜》頁二三

捫天嶺……宋元嘉六年，乞伏暮末遣將王伐送沮渠成都還北凉，蒙遜使沮渠奇珍伏兵於捫天嶺，執伐以歸，即此處也。①

《讀史方輿紀要》卷六十《陝西九·臨洮府河洮岷三衛》頁二八七五

公元四三〇年　劉宋文帝元嘉七年　北魏太武帝神䴥三年　西秦後主永弘三年　大夏平武帝勝光三年

己亥，帝幸安定，獲乞伏熾磐質子及定車旗，簿其生口、財畜，班賜將士各有差。

《魏書》卷四《世祖紀第四上·世祖太武帝》頁七七

己亥，帝幸安定，獲乞伏熾槃子資及定車、旗、簿，其生口、財畜頒賜將士各有差。

《冊府元龜》卷一百十六《帝王部·親征一》頁一三八七

己亥，世祖入安定，獲乞伏熾磐質子及定車、旗、簿其生

---

①《資治通鑑》《十六國春秋》將此事繫於元嘉五年。

口財畜,班賜將士各有差。

　　　　《十六國春秋》卷六十八《夏録三·赫連定》頁四

　　秦乞伏什寅母弟前將軍白養、鎮衛將軍去列,以什寅之死,有怨言,秦王暮末皆殺之。暮末淫刑以逞,衆叛親離,不亡得乎!

　　　　《資治通鑑》卷一百二十一《宋紀三·文帝元嘉七年》頁三八一七

　　吐谷渾王慕璝將其衆萬八千襲秦定連,璝,古回翻。將,即亮翻。秦輔國大將軍段暉等擊走之。

　　　　《資治通鑑》卷一百二十一《宋紀三·文帝元嘉七年》頁三八一八

　　定連城……七年,吐谷渾慕璝襲秦定連不克,尋没於吐谷渾。

　　　　《讀史方輿紀要》卷六十《陝西九·臨洮府河洮岷三衛》頁二八八三

　　秦自正月不雨,至于九月,民流叛者甚衆。

　　　　《資治通鑑》卷一百二十一《宋紀三·文帝元嘉七年》頁三八二一

　　秦王暮末爲河西所逼,遣其臣王愷、烏訥闌請迎於魏,闌,徒賢翻,又徒見翻。魏人許以平涼、安定封之。暮末乃焚城邑,毁寶器,帥户萬五千,東如上邽。帥,讀曰率。《考異》曰:《後魏乞

伏國仁傳》云："爲赫連定所逼,遣烏訥等求迎。"《宋氏胡傳》云："茂蔓
聞赫連定敗,將家户及興國東征欲移居上邽。"今從《十六國春秋》。至
高田谷,高田谷當在南安郡界,未及至上邽也。給事黄門侍郎郭恒
謀劫沮渠興國以叛;事覺,暮末殺之。恒,户登翻。夏主聞暮末
將至,發兵拒之。暮末留保南安,其故地皆入於吐谷渾。自苑
川至西平、枹罕皆乞伏氏故地。晉孝武帝太元八年,歲在癸未,乞伏國仁
據隴西,南安亦其地也。

　　《資治通鑑》卷一百二十一《宋紀三·文帝元嘉七年》頁
三八二二

　　十一月,茂蔓聞定敗,將家户及興國東征,欲移居上邽。
　　《宋書》卷九十八《列傳第五十八·氐胡》頁二四一五

　　魏尚書庫結帥騎五千迎秦王暮末。《魏書·官氏志》:北方
諸姓,庫傉官氏後改爲庫氏。帥,讀曰率;下同。騎,奇寄翻;下同。秦
衛將軍吉毗以爲不宜内徙,暮末從之,庫結引還。

　　《資治通鑑》卷一百二十一《宋紀三·文帝元嘉七年》頁
三八二五

　　南安諸羌萬餘人叛秦,推安南將軍、督八郡諸軍事、廣
甯太守焦遺爲主,魏收《地形志》:廣甯郡治隴西郡縣。"甯",當作
"甯"。郡縣,後漢所置,唐爲渭州隴西縣地。遺不從;乃劫遺族子長
城護軍亮爲主,《五代志》:平涼郡百泉縣,後魏置長城郡。帥衆攻
南安。暮末請救於氐王楊難當。難當遣將軍苻獻帥騎三千
救之,暮末與之合擊諸羌。諸羌潰,亮奔還廣甯,暮末進軍攻

之。以手令與焦遺使取亮,十二月,遺斬亮首出降,暮末進遺
號鎮國將軍。秦略陽太守弘農楊顯以郡降夏。晉武帝分天水置
略陽郡。降,户江翻;下同。

《資治通鑑》卷一百二十一《宋紀三‧文帝元嘉七年》頁
三八二五

十二月,西秦略陽太守楊顯以郡降定。
　　　《十六國春秋》卷六十八《夏録三‧赫連定》頁四

公元四三〇年　劉宋文帝元嘉七年後　北魏太武帝神麚三年後　西秦後主永弘三年後　大夏平武帝勝光三年後 ①

乞伏熾磐以暉爲輔國大將軍、涼州刺史、御史大夫、西海
侯。磐子暮末襲位,國政衰亂,暉父子奔吐谷渾暮瑣,暮瑣内
附,暉與承根歸國。

《魏書》卷五十二《列傳第四十‧段承根》頁一一五八

(段承根)仕乞伏熾盤爲輔國大將軍、涼州刺史、御史大
夫、西海侯。熾盤子慕末襲位,政亂,暉父子奔吐谷渾。

《北史》卷三十四《列傳第二十二‧段承根》頁一二六六

---

① 《魏書》卷五十二《段承根傳》載 “磐子暮末襲位,國政衰亂,(段)暉
父子奔吐谷渾暮瑣”。然《資治通鑑》卷一百二十一《元嘉七年》載
“吐谷渾王慕瑣將其衆萬八千襲秦定連,秦輔國大將軍段暉等擊走
之”。此事當發生於該年之後。

仕乞伏熾盤,爲輔國大將軍、涼州刺史、御史大夫、西海侯。熾盤子慕末襲位,政亂。暉父子奔吐谷渾。

《通志》卷一百四十八《列傳六十一·段暉》頁二三六六

公元四三一年　劉宋文帝元嘉八年　北魏太武帝神䴥四年　西秦後主永弘四年　大夏平武帝勝光四年

八年正月至南安,定率衆禦茂蔓,大破之,殺茂蔓,執興國而還。

《宋書》卷九十八《列傳第五十八·氐胡》頁二四一五

是月,乞伏慕末爲赫連定所滅。

《魏書》卷四《世祖紀第四·世祖太武帝》頁七八

是時,赫連定轉攻西秦,戮其君乞伏慕末。

《魏書》卷一百五之三《天象志一之三第三》頁二四〇一

是月,赫連定滅乞伏慕末。

《北史》卷二《魏本紀第二·世祖太武帝》頁四六

阿豺死,弟慕瓌立,瓌音環。遣軍擊乞伏茷蔓,[一〇]敗之,茷音戎。東奔隴右,慕瓌據有其地。

【校勘記】

〔一〇〕乞伏茷蔓　“茷蔓”《宋書·鮮卑吐谷渾傳》二三七二頁作“茂蔓”,《魏書·乞伏國仁傳》二一九九頁《通鑑》卷一一九三七三二頁作“暮末”,《晉書·乞伏熾磐傳》《御覽》

卷一二七作“慕末”。《太平寰宇記》卷一八八與《通典》同。

　　《通典》卷一百九十《邊防六·西戎二·吐谷渾》頁五一六四、五一八〇

　　阿豺死，弟慕瓆瓆音瓊。遣兵擊乞伏茷音戎。蔓，茷蔓東奔隴右，慕瓆據有其地。

　　《太平寰宇記》卷一百八十八《四夷十七·西戎九·吐谷渾》頁三六〇七

　　夏主擊秦將姚獻，敗之；將，即亮翻。敗，補邁翻。遂遣其叔父北平公韋伐帥衆一萬攻南安。去年暮末保南安。城中大饑，人相食。秦侍中·征虜將軍出連輔政、侍中·右衛將軍乞伏延祚、吏部尚書乞伏跋跋踰城奔夏；秦王暮末窮蹙，輿櫬出降，乞伏氏四主，四十九年而滅。櫬，初覲翻。降，户江翻。并沮渠興國送於上邽。興國爲秦所禽，見上卷六年。沮，子余翻。秦太子司直焦楷奔廣寧，太子司直，掌糾劾宮僚及率府兵。《晉志》無是官，當是二趙、燕、秦所置。泣謂其父遺曰：“大人荷國寵靈，荷，下可翻。居藩鎮重任。今本朝顛覆，豈得不率見衆唱大義以殄寇讎！”朝，直遥翻。見，賢遍翻。遺曰：“今主上已陷賊庭，吾非愛死而忘義，顧以大兵追之，是趣絶其命也。趣，讀曰促。不如擇王族之賢者，奉以爲主而伐之，庶有濟也。”楷乃築壇誓衆，二旬之間，赴者萬餘人。會遺病卒，卒，子恤翻。楷不能獨舉事，亡奔河西。

　　《資治通鑑》卷一百二十二《宋紀四·文帝元嘉八年》頁三八二八至三八二九

八年,定遣其叔父韋伐攻秦主乞伏慕末於南安,以慕末歸殺之。

《通志》卷一百九十三《載記八·赫連定》頁三一〇〇

是月,赫連定滅乞伏慕末。

《通志》卷十五上《後魏紀十五上·太武帝》頁二七七

勝光四年,春正月,定擊西秦將姚獻敗之,遂遣叔父北平公韋代帥騎一萬攻南安。乞伏暮末窮蹙,輿櫬出降。夏六月,定殺暮末及其宗族五百餘人。

《十六國春秋》卷六十八《夏録三·赫連定》頁五

八年,定攻南安,滅西秦。

《讀史方輿紀要》卷三《歷代州域形式三·十六國·夏》頁一四五

貚道城……八年,赫連定復遣韋代攻秦王暮末於南安,暮末窮蹙出降。

《讀史方輿紀要》卷五十九《陝西八·鞏昌府》頁二八一二

夏主殺乞伏暮末及其宗族五百人。

《資治通鑑》卷一百二十二《宋紀四·文帝元嘉八年》頁三八三二

是歲,魏神麚元年太武皇帝伐赫連昌,滅之。乞伏熾盤死。①

　　　　《通志》卷十一《宋紀十一‧少帝》頁二一九

　　乞佛日連、〔二〇〕窟略寒、張華等三人家弱在此,分乖可憫,願并敕遣,使恩洽遐荒,存亡感戴。

【校勘記】

　〔二〇〕乞佛日連　諸本“佛”作“拂”,《北史》卷九六作“佛”。按“拂”“佛”譯音無定字,但此《傳》下文載群臣議也作“佛”,一篇之中,不應歧異,今據《北史》改。

　　《魏書》卷一百一《列傳第八十九‧吐谷渾》頁二二三六、二二五四

　　乞佛曰連、窟略寒、張華等三人家弱在此,分乖可憫,願并敕遣,使恩洽遐荒,存亡感戴。

　　　　《北史》卷九十六《列傳第八十四‧吐谷渾》頁三一八一

　　所請乞佛三人,昔爲賓國之使,來在王庭,國破家遷,即爲臣妾,可勿聽許。

　　　　《魏書》卷一百一《列傳第八十九‧吐谷渾》頁二二三六

　　所請乞佛三人,昔爲賓國之使,來在王庭,國破家遷,即爲臣妾,可勿聽許。

　　　　《北史》卷九十六《列傳第八十四‧吐谷渾》頁三一八二

---

①乞伏熾磐死於元嘉五年(428),此處應爲乞伏暮末之誤。

散見未繋年史料

　　先是晉末，金城東允街縣胡人乞伏乾歸擁部衆據洮河、罕开，自號隴西公。乾歸死，子熾磐立，遣使詣晉朝歸順，以爲使持節、都督河西諸軍事、平西將軍，公如故。高祖即位，進號安西大將軍。熾磐死，子茂蔓立。慕璝前後屢遣軍擊，茂蔓率部落東奔隴右，慕璝據有其地。

　　《宋書》卷九十六《列傳第五十六·鮮卑吐谷渾》頁二三七二

　　父坦，乞伏世鎮遠將軍、大夏鎮將、顯美侯。

　　《魏書》卷八十四《列傳儒林第七十二·常爽》頁一八四八

　　乞扶氏，後改爲扶氏。

　　《魏書》卷一百一十三《官氏志九第十九》頁三〇〇九

　　父坦，乞伏世鎮遠將軍、大夏鎮將、顯美侯。

　　《北史》卷四十二《列傳第三十·常爽》頁一五五四

賀蘭祥字盛樂,其先與魏俱起,有乞伏者,爲賀蘭莫何
弗,因以爲氏。

《北史》卷六十一《列傳第四十九·賀蘭祥》頁二一七九

西秦乞伏國仁都苑川,南涼禿髮烏孤都廣武,皆此地也。
苑川在今五泉縣。至乞伏慕末,爲赫連定所滅。廣武即今廣武縣。至禿
髮耨檀,爲乞伏熾盤所滅也。

《通典》卷一百七十四《州郡四·古雍州下·金城郡》頁
四五四七

西秦乞伏乾歸都苑川,南涼禿髮烏孤都廣武,皆此地也。
苑川在今五泉縣,至乞伏慕末爲赫連定所滅。廣武,[四五]至禿髮傉檀,
爲乞伏熾磐所滅。

【校勘記】

〔四五〕今五泉縣(至)廣武　今按:殿本無"今五泉縣"
句。"廣武"下岱南閣本,《畿輔》本有"縣也"二字。

《元和郡縣圖志》卷第三十九《隴右道上·蘭州》頁
九八七、一〇〇八

或云:禿髮利鹿孤有子樊尼,其主傉檀爲乞伏熾盤所滅,
樊尼率餘種依沮渠蒙遜,其後子孫西魏時爲臨松郡丞今張掖
郡張掖縣界。與主簿,皆得衆心,因魏末中華擾亂,招撫群羌,
日以強大,遂改姓爲宲勃野宲,蘇骨反,至今故其人號其主曰贊
府,[四四]貴臣曰主簿。

【校勘記】

〔四四〕至今故其人號其主曰贊府　"至今"原在"人"下，據北宋本、明抄本、明刻本移上。

《通典》卷一百九十《邊防六·西戎二·吐蕃》頁五一七〇、五一八四

後乞伏熾磐，又自金城郡都於此。

《元和郡縣圖志》卷第三十九《隴右道上·河州》頁九八九

南涼禿髮烏孤自稱武威王，徙都於此。弟傉檀遷於姑臧，後復徙理於此，爲乞伏熾磐所併。

《元和郡縣圖志》卷第三十九《隴右道上·鄯州》頁九九一

或云：南涼禿髮利鹿孤之後也。利鹿孤有子曰：樊尼，及利鹿孤卒，樊尼尚幼，弟傉檀嗣位，以樊尼爲安西將軍。後魏神瑞元年，傉檀爲西秦乞伏熾盤所滅，樊尼招集餘衆以投沮渠蒙遜，而蒙遜以爲臨松太守。及蒙遜滅，樊尼乃率衆西奔，濟黃河，踰積石於羌中建國，開地千里。樊尼威惠夙著，爲群羌所懷，皆撫以恩信，歸之如市，遂改姓爲窣勃野，以禿髮爲國號，語訛謂之吐蕃。

《太平御覽》卷七九八《四夷部十九·西戎七·吐蕃》頁一四四至一四五

《秦州記》曰：乞佛虜乾歸未移枹罕，金城見鼠有數萬頭，將諸小鼠各銜馬屎群移，而渡洮、麗二水，悉上枹罕。自是二年而乾歸徙焉。

　　　　《太平御覽》卷九一一《獸部二三·鼠》頁一六二至一六三

又《載記》曰：乞伏國仁，隴西鮮卑人也。昔有如弗斯、出連、叱盧三部自漠北南出太陰山，遇一巨蟲於路，狀若神龜，大如阜，乃殺馬而祭之。祝曰："若善神也，便開路；惡神也，遂塞不通。"俄而不見，乃有一小兒在焉。

　　　　《太平御覽》卷九三一《鱗介部三·龜》頁三二〇

《沙洲記》曰：乞佛虜不識五穀，惟食蘇子。

　　　　《太平御覽》卷九百七十七《菜茹部二·蘇》頁六二〇

西秦乞伏乾歸自苑川徙都焉，十六國南凉禿髮烏孤都廣武，皆此也。

　　　　《太平寰宇記》卷一百五十一《隴右道二·蘭州》頁二九二六

廣武縣……又爲南凉禿髮烏孤所都，至傉檀，爲乞伏熾磐所滅于此。

　　　　《太平寰宇記》卷一百五十一《隴右道二·蘭州·廣武縣》頁二九二七

禿髮利鹿孤子樊尼，其王傉檀爲乞伏熾磐所滅，樊尼率餘種依沮渠蒙遜,其後子孫西魏時爲臨松今張掖郡張掖縣界。
郡丞與主簿,皆得衆心,因魏末中華擾亂,招撫群羌,日以强
大,遂改姓爲宰蘇骨切。勃野,至今其人號其主曰贊府,貴臣
曰主簿。

《太平寰宇記》卷一百八十五《四夷十四·西戎六·吐
蕃》頁三五三五

乞伏國仁憑河湟之奧而爲西秦。

《册府元龜》卷二一十九《僭僞部·總序》頁二六二一

西秦乞伏國仁年十歲,驍勇善騎射,彎弓五百斤,四部服
其雄武。乞伏乾歸雄武英傑沉雅有度量。乞伏熾磐性勇果
英毅臨機能斷。

《册府元龜》卷二百二十《僭僞部·才藝》頁二六四五

西秦乞伏乾歸嗣兄國仁位,自稱河南王,僞諡國仁宣烈
王,廟號烈祖。乞伏熾盤嗣父乾歸位,僞諡乾歸武元王。

《册府元龜》卷二百二十四《僭僞部·奉先》頁二六七六

西秦乞伏乾歸僭稱河南王。有弟益州爲前將軍、秦州
牧,軻殫爲涼州牧,軻殫與益州不平,奔于呂光。又有弟廣武
智達、揚武木奕于乾歸長子熾磐、次子中軍審虔。熾磐襲僞
位,署弟延祚爲禁中録事。

《册府元龜》卷二百二十四《僭僞部·宗族》頁二六八二

段暉字長祚,身長八尺餘,師事歐陽湯,湯甚器愛之。後爲乞伏熾盤輔國將軍。

　　《册府元龜》卷八百八十三《總録部·形貌》頁一〇四六一

吐渾,本號吐谷渾,或曰乞伏乾歸之苗裔。

　　　《新五代史》卷七十四《四夷附録第三》頁九一〇

乞伏氏,乞伏國仁本鮮卑乞伏部酋帥也。晉孝武時,僭號西秦王、大單于。弟乾歸生熾磐,熾磐生慕末,四主四十七年,赫連勃勃滅之,見《載記》。宋端揆登科有乞伏矩。

　　　《通志》卷二十九《氏族略五·代北複姓》頁四七四

出連氏,改爲畢氏。《西秦録》乞伏國仁之先如弗與出連斯引叱靈二部,自漠北出陰山。有丞相出連乞,都尉、雍州刺史出連本,右僕射出連虔,右輔將軍出連高明。

　　　《通志》卷二十九《氏族略五·代北複姓》頁四七五

斯引氏,《西秦録》乞伏氏與斯引氏自漠北出陰山。

　　　《通志》卷二十九《氏族略五·代北複姓》頁四七五

叱靈氏,乞伏與斯引、出連、叱靈三部至隴西。

　　　《通志》卷二十九《氏族略五·代北複姓》頁四七五

扶氏,漢有廷尉扶嘉河南。《官氏志》乞扶氏改爲扶氏,望出京兆河南。

《通志》卷二十九《氏族略五·平聲》頁四七六

乞扶之爲扶。

《通志》卷三十《氏族略六·變夷第五》頁四八三

父坦，乞伏世鎮遠將軍、大夏鎮將、顯美侯。

《通志》卷一百五十上《列傳六十三上·常爽》頁二四〇〇

賀蘭祥，字盛樂。其先與魏俱起，有乞伏者，爲賀蘭莫何弗，因以爲氏。

《通志》卷一百五十六《列傳六十九·賀蘭祥》頁二五二三

禿髮利鹿孤有子樊尼，其主傉檀爲乞伏熾盤所滅，樊尼率餘種依沮渠蒙遜。其後，子孫西魏時爲臨松郡丞與主簿，皆得衆心，因魏末中華擾亂，招撫群羌，日以强大，遂改姓宰，悉骨反。勃野，以爲郡丞故，因號其主曰：贊府，貴臣曰：主簿。

《通志》卷一百九十五《四夷傳二·西戎上·吐蕃》頁三一三二

西秦乞伏國仁都苑川，南涼禿髮烏孤都廣武，皆是地也。苑川在今五泉縣。廣武即今廣武縣。

《文獻通考》卷三百二十二《輿地八·古雍州·蘭州》頁八八三〇

或云：禿髮利鹿孤有子樊尼，其主傉檀爲乞伏熾盤所滅，樊尼率餘種依沮渠蒙遜。其後子孫西魏時爲臨松郡丞，今張掖郡張掖縣界。與主簿皆得衆心。因魏末中華擾亂，招撫群羌，日以强大，遂改姓爲窣蘇骨反。勃野。至今故其人號其主曰：贊府，貴臣曰：主簿。

《文獻通考》卷三百三十四《四裔十一・西・吐蕃》頁九二二七

參考文獻

紀傳體史料

（唐）房玄齡等撰：《晉書》，中華書局，一九七四年。

（梁）沈約撰：《宋書》，中華書局，一九七四年。

（北齊）魏收撰：《魏書》，中華書局，一九七四年。

（唐）李百藥撰：《北齊書》，中華書局，一九七二年。

（唐）令狐德棻撰：《周書》，中華書局，一九七一年。

（唐）姚思廉撰：《陳書》，中華書局，一九七二年。

（唐）魏征撰：《隋書》，中華書局，一九七三年。

（唐）李延壽撰：《北史》，中華書局，一九七四年。

（唐）李延壽撰：《南史》，中華書局，一九七五年。

（宋）鄭樵撰：《通志》，中華書局，一九八七年。

（北魏）崔鴻撰，（明）屠喬孫、項琳之等修訂：《十六國春秋》，
　　明萬曆三十七年蘭暉堂刻本，巴伐利亞國家圖書館藏。

（北魏）崔鴻撰，（清）湯球輯補：《十六國春秋輯補》，中華書
　　局，二〇二〇年。

（北魏）崔鴻撰：《十六國春秋別本》，《景印文淵閣四庫全
　　書·史部二二一》，臺灣商務印書館，一九八六年。

編年體史料

（北宋）司馬光編著，（元）胡三省音注：《資治通鑑》，中華書局，一九五六年。

典制體史料

（唐）杜佑撰：《通典》，中華書局，一九八八年。

（元）馬端臨撰：《文獻通考》，中華書局，二〇一一年。

類　書

（宋）李昉等撰：《太平御覽》，《景印文淵閣四庫全書·子部》第八百九十三冊至九百零一冊，臺灣商務印書館，一九八六年。

（宋）王欽若等編：《册府元龜》，中華書局，一九六〇年。

地理類史料

（唐）李吉甫撰：《元和郡縣圖志》，中華書局，二〇〇五年。

（宋）樂史撰：《太平寰宇記》，中華書局，二〇〇七年。

（清）顧祖禹撰：《讀史方輿紀要》，中華書局，二〇〇五年。

後　記

　　《乞伏鮮卑資料輯録》即將付梓,希望能對研究兩晉十六國時期乞伏鮮卑的歷史有所裨益。真正做好一部資料輯録既需要熟悉掌握相關歷史,還需要具備一定的古文字、版本目録學知識。該資料輯録涉及紀傳體、編年體、典制體、大型類書、地理總志等多類古籍,内容龐雜、分布零散、謬誤繁多、生僻字及異體字大量存在,無疑大大增加了完成難度。作爲資料類工具書,可貴的是其準確性、全面性和系統性。工作伊始,我們就明確了這樣的目標,並不斷强化、逐步完善。但是,能否達到預先設想,爲研究者所用,助益專業研究,還要實踐檢驗。

　　在編輯出版過程中,責編陳喬付出了大量辛勤勞動,謹致以誠摯的謝意!

　　書中難免有錯誤紕漏,敬祈讀者批評指正。

編者 2024 年 4 月 10 日